光明社科文库
GUANGMING DAILY PRESS:
A SOCIAL SCIENCE SERIES

·经济与管理书系·

中国国有企业
混合所有制改革的路径研究

张飞雁 ｜ 著

光明日报出版社

图书在版编目（CIP）数据

中国国有企业混合所有制改革的路径研究 ／ 张飞雁
著．－－北京：光明日报出版社，2021.4
ISBN 978－7－5194－5859－1

Ⅰ.①中… Ⅱ.①张… Ⅲ.①国有企业—混合所有制
—企业改革—研究—中国 Ⅳ.①F279.241

中国版本图书馆 CIP 数据核字（2021）第 059066 号

中国国有企业混合所有制改革的路径研究
ZHONGGUO GUOYOU QIYE HUNHE SUOYOUZHI GAIGE DE LUJING YANJIU

著　者：张飞雁

责任编辑：李　倩　　　　　　　　责任校对：袁家乐
封面设计：中联华文　　　　　　　责任印制：曹　诤

出版发行：光明日报出版社
地　　址：北京市西城区永安路 106 号，100050
电　　话：010－63169890（咨询），63131930（邮购）
传　　真：010－63131930
网　　址：http：//book. gmw. cn
E－mail：gmcbs@ gmw. cn
法律顾问：北京德恒律师事务所龚柳方律师

印　　刷：三河市华东印刷有限公司
装　　订：三河市华东印刷有限公司
本书如有破损、缺页、装订错误，请与本社联系调换，电话：010－63131930

开　　本：170mm×240mm
字　　数：242 千字　　　　　　　印　　张：17
版　　次：2021 年 4 月第 1 版　　　印　　次：2021 年 4 月第 1 次印刷
书　　号：ISBN 978－7－5194－5859－1
定　　价：95.00 元

序

中国国有企业作为中国国民经济的重要载体，在创造"中国奇迹"的伟大进程中发挥着重要的作用，取得了巨大成就。回顾中国国企发展和改革路径，改革开放前，建成了"统购统销""统分统包""一大二公"的单一公有制国有企业。改革开放后，中国国有企业基本上围绕控制权进行改革，从"简政放权""股份制"，到目前的混合所有制改革，国有企业基本上具备了现代企业特征的基本构件。中国经过40年的改革，当前中国的国有企业再也不是单一公有制企业了，已是产权多元化的现代企业组织，基本上已经同市场经济相融合。但是，国有企业也积累了一些问题、存在一些弊端，需要进一步推进改革。党的十八届三中全会提出"积极发展混合所有制经济""允许更多国有经济和其他所有制经济发展成为混合所有制经济"，并把混合所有制经济提升到制度层面，作为基本经济制度的重要实现形式写进国家重要文件，这为中国国有企业未来发展提出了明确的发展路径——混合所有制。

本书就国有企业混合所有制改革路径问题进行分析，从国有企业发展改革的实践路径入手，对国企改革路径以及典型案例进行分析，借鉴中西方的相关企业理论，提出国企混改的理论框架，用以分析国有企业混合所有制改革路径中的问题，并结合国内外国有企业混合所有制改革典型案例进行分析，最终提出混合所有制改革实现路径的优化方式。

本书主要研究方法包括文献研究法、描述性分析法、案例分析法、比较分析法。笔者比较分析国内外国企改革的路径特点以及国外成熟市场经济的国有企业改革实践，为构建中国国有企业混合所有制改革理论与实践路径提供有益的借鉴。

本书主要包括五部分内容：第一部分，即绪论部分，主要论述中国国企混改的背景和理论与现实意义。时国内外关于国有企业改革的文献和研究现状进行梳理，总结既有的研究成果，分析现有研究的不足。厘清本书写作的可行性、目的及意义，确定本书的研究方法，明确本书可能的创新点和难点。

第二部分，即第一章，首先梳理国内外国有企业改革的相关理论，为分析国有企业改革奠定理论基础；其次分析国有企业混合改革的逻辑发现，公有制制度前提下可以实现生产资料所有权和经营权的分离，从理论上解决了公有制与市场经济融合的问题，由此国有企业混合所有制改革的问题就成为现代企业制度的治理问题，在此基础上提出中国混合所有制企业改革的分析框架。

第三部分，即第二章，主要梳理中国国有企业的来源、发展历程，从整体和局部对国有企业治理的现状、运行状况进行统计性描述分析。从整体上看国有企业改革发展的过程就是中国国有企业混合所有制萌芽、形成、发展并不断向成熟推进的过程，国有企业的发展在特定历史阶段表现出不同的内容和特征。

第四部分，即文章的第三、四、五章，主要对国有企业混合所有制改革的实践分析。首先，分析现阶段实现国有企业混合所有制改革的几种主要路径和模式的内涵、特征，并从整体上对各种路径的效果进行统计性描述分析；其次，分析国有企业改革中的两个典型案例和国外比较成熟的市场经济中国有企业改革实现路径中的典型模式特点研究，总结国有企业在实践的路径中出现的问题及启示；最后，通过对国有企业混合所有制改革的模式和国内典型案例进行分析，提出混合所有制改革的问题。

　　第五部分，即第六章，在以上理论和实践的基础上，提出国企混改优化的具体路径和政策建议，为国企改革实践提供切实可行的方案，并提出混合所有制改革的政策建议。

目　录
CONTENTS

绪　论

一、研究背景及意义

（一）选题背景

目前世界上很难找到不存在国有经济的国家，不同制度下国有经济承担的功能和作用不同，而国有企业（以下简称"国企"）是承担国有经济的重要载体。纵观世界上国有企业历史演变历程，几乎都经历了不同程度的改革，资本主义国家的国有企业是为其利益集团服务，而社会主义国家的国有企业是为人民服务，所以在不同制度下国有企业的改革发展路径必然不同。资本主义制度下的国有企业私有化改革有其制度的必然性，而社会主义制度下的国有企业改革必然不能走私有化的道路，这是由社会主义公有制性质所决定的。

中国的国有企业作为国民经济的重要载体之一，其在创造"中国奇迹"的伟大进程中发挥着重要作用，取得了巨大成就。中国国有企业发展和改革进程，从新中国成立到目前，以改革开放为分界点，分成新中国成立到改革开放前30年与改革开放后40年两个阶段。新中国成立到改革开放前，建成了"统购统销""统分统包""一大二公"的单一公有制国有企业。不可否认，这段时期的国有企业为新中国成立初期经济恢复、国民经济体系的建立做出了巨大贡献，但也为改革开放后国企改革埋下了困难的种子。改革开放后，中国的国有企业基本围绕控制权进行改革，从"简政放权""股份制改革"，到目前的混合所有制改革（以下简称"混改"），国企基本上具备了现代企业特征的基本构件。当前的国企再也不是单一公有制的国有企业，已经是产权多元化的现代企业组织。党的十八届三中全会提出："积极发展混合所有制经济"，"允许更多国有经济和其他所有制经济发展成为混合所有制经济"，并把混合所有制经济提升到制度层面，作为基本经济制度的重要实现形式写进国家重要文件，这为国企未来发展提出了明确的发展路径——混合所有制。在新一轮的国企混改中，上海是较早进行混改的省份之一，然后，山东、江西、湖北、新疆、广东等省纷纷推出混改方案。2015 年关于国有企业混合所有制改革两份文件正式出台，即《关于深化国有企业改革的指导意见》《关于国有企业发展混合所有制经济的意见》，为推进国企混改提供了政策支持与保障。

党的十九大开启中国发展的新时代，党中央对国有经济赋予新的历史使命。习近平指出："使国有企业成为贯彻新发展理念、全面深化改革的重要力量，成为实施'走出去'战略、'一带一路'建设等重大战略的重要力量，成为我们党赢得具有许多新的历史特点的伟大斗争胜利的重要力量。"[1] 习近平进一步强调国企是中国特色社会主义的重要物质基础和政治基础，是党执政兴国的重要支柱和依靠力量，在推动经济社会发展和巩固党的执政地位上起着极为重要的作用。党的十九大报告要求"推动国有资本做强做优做大"，国有企业发展目标与方向非常明确，"强优大"的顺序一目了然。

从 2018 年 7 月份公布的财富世界 500 强名单中，中国企业上榜数量已升至 120 家，其中国有企业 83 家，占 16.6%。这充分说明：中国的国有企业与世界上其他国家的企业相比，"大"企业的数量相对较多。但是，对历年上榜企业的关键财务指标净资产收益率、销售收益率数据进行比较，2015 年上榜中国公司销售收益率、净资产收益率分别为 5.6%、10.7%，而到 2017

---

① 决胜全面建成小康社会 夺取新时代中国特色社会主义伟大胜利：单行本［M］. 北京：人民出版社，2017.

年只有 5.1%、8.9% ①。再看 2017 年世界 500 强的前 10 强的公司盈利状况（表 1-1），在世界 500 强的前 10 强中，中国的企业有 3 家，分别是：国家电网、中国石油化工集团、中国石油天然气集团，其销售利润分别是 2.73%、0.47%、-0.21%；而世界前 10 强中的第 10 名，美国的伯克希尔-哈撒韦公司，其销售利润最高达到 18.56%，销售利润约是中国国家电网的 7 倍；除中国之外，销售利润最低的英国的石油公司为 1.39%，也超过中国石油化工集团将近 1%。这些数据说明，中国的企业特别是国有企业已经足够"大"，但还不是真正的"强"，距离"优"也还差很远。

另外，在 2017 年世界 500 强的中国 83 家国有企业中，有 48 家央企，24 家地方国有企业，11 家财政部出资的国企 ②，这充分说明国企在国家经济发展中不可或缺，在国民经济中发挥着主导作用，是中国建设社会主义市场经济，确保以公有制为基础的基本经济制度顺利运行的必要前提。然而，随着经济的发展，尤其是改革开放以来，国企管理模式越来越难以适应市场经济的要求，有些国有企业主业不清、产业布局结构趋同、经营混乱、创新不足等弊端日益凸显，有些国企经营不善、亏损面较大，国企中出现诸多"僵尸企业" ③。中共中央对国企混改的重大决策，是在国企多年改革的基础上，依据国企的现实运行状况以及目前经济发展现状所制定的改革方案，积极推进国有企业发展混合所有制成为本次改革的关键。本书选取"中国国有企业混合所有制改革实现路径"作为研究主题，通过对国内外国企改革的实现路径进行系统梳理和深入考察，试图厘清在公有制前提下的国有企业发展路径，并以此来分析当代中国国有企业混合所有制改革的可行路径，为解决中国当前国有企业混合所有制改革问题提供一种新的视角和思路。

---

① 2018 年世界 500 强 120 家中国上榜公司完整名单 [EB/OL]. 财富中文网, 2018-07-19.

② 国资报告独家解读 2018 年《财富》世界 500 上榜国企 [EB/OL]. 国务院国有资产监督管理委员会网, 2018-07-22.

③ 陆娅楠. 处置"僵尸企业"要戒拖延症 [J]. 支部建设, 2019 (2): 13.

表 1 – 1　2017 年《财富》世界 500 强前 10 强公司状况

排名	公司名称	营业收入（百万美元）	利润（百万美元）	国家	销售利润（%）
1	沃尔玛（WALMART）	500343.00	9862.00	美国	1.97
2	国家电网公司	348903.10	9533.40	中国	2.73
3	中国石油化工集团	326953.00	1537.80	中国	0.47
4	中国石油天然气集团	326007.60	– 690.60	中国	– 0.21
5	荷兰皇家壳牌石油	311870.00	12977.00	荷兰	4.16
6	丰田汽车公司	265，172	22，510.10	日本	8.49
7	大众公司	260，028.40	13，107.30	德国	5.04
8	英国石油公司	244，582	3，389	英国	1.39
9	埃克森美孚	244，363	19，710	美国	8.07
10	伯克希尔 – 哈撒韦	242，137	44，940	美国	18.56

注：表中数据是作者根据 2018 年《财富》世界 500 强排行榜整理①。

（二）研究意义

1. 在理论上，有助于提炼和总结国有企业发展的基本趋势和一般规律

国有企业一直是国内外学者关注的焦点问题，尤其是中国国有企业改革，这主要是由中国特色社会主义制度的性质决定的；其次"社会主义基本制度和市场经济的有机结合、公有制经济和非公有制经济共同发展，是我们党推动解放和发展社会生产力的伟大创举"②，从经济发展逻辑看，私有制与市场经济被认为是"天然融合"，而公有制与市场经济的结合是前所未有的制度创新。中国国有企业的发展没有完善的理论与实践支持，中国国有企业混合所有制改革一方面遵循市场规律，另一方面遵循企业运行的规律，因此，研究中国的国有企业改革路径，有助于从理论上把握社会主义国家的国

---

① 2018 年《财富》世界 500 强排行榜［EB/OL］. 财富中文网，2018 – 07 – 19.

② 中共中央文献研究室编. 十八大以来重要文献选编：中［M］. 北京：中央文献出版社，2016：556.

有企业在发展中出现的现象，解释社会主义国家国有企业运行的深层次问题。笔者在吸收和借鉴当前中国国企的理论与实践以及当前西方经济学的有关理论和观点的基础上，解释在公有制制度体系内国有企业的组织形式，力图能够全面和准确地研究分析以公有制为基础的国有经济的构成和形式，探索和揭示社会主义国家国有企业发展的基本趋势和一般规律。

2. 在实践上，研究和探索当前中国国有企业改革路径中出现的问题

国有企业的问题一直是理论界和学术界关注的重要课题，西方比较成熟的市场经济国家对国有企业的改革是建立在私有制的制度前提下的，国有企业私有化成为西方国有企业改革的主流，理论上认为，在私有制制度体系下私营企业与市场经济具有"天然融合"的特性。相比较而言，建立在公有制制度基础上的国有企业与市场经济结合不具备私营企业与市场经济相结合的优势，由于苏联国企改革的失败，世界对中国的国有企业改革也不断地产生争议。目前中国国有企业改革已不是某一方面的调整，而是全面深化经济体制的改革，是关系中国整个经济体系系统性的改革。深入研究中国国有企业改革路径问题，有助于我们探索公有制制度体系下的国有企业发展路径，科学分析当前中国国企发展的阶段性特征，有利于解决公有制制度体系下国有企业发展的问题，促进中国国有经济健康发展，为公有制与市场经济的融合以及公有制的多种实现形式提供实践依据。

二、国内外相关文献综述

对国有企业的研究一直是学术研究和关注的焦点问题，国内外学者围绕国有企业改革的理论与实践，形成大量关于国有企业改革的学术成果和学术观点。

（一）混合经济思想

学术界认为混合经济思想理论归功于英国经济学家约翰·梅纳德·凯恩斯（John Maynard Keynes），他在《就业、利息和货币通论》（以下简称《通论》）中提出"国家当局可以和私人的主动性结合起来""让国家之权威与

私人之策动力量互相合作"① 的混合经济思想。19 世纪 20、30 年代西方"大萧条"出现,"看不见的手"无法解释实际问题,西方亟须寻找新的理论,《通论》的思想在西方迅速被广泛地认可,"为国家垄断资本主义提供了一种新的理论基础"②,"由于凯恩斯主义的大力推行以及在资本主义市场经济条件下造就了一种新的运行机制"③,西方资本主义所信奉的仅由一只"看不见的手"调节市场的观点彻底转向由"看得见的手"和"看不见的手"两只手共同调节整个市场经济,"二战"后西方资本主义国家经济再次走向繁荣。

阿尔文·汉森(Alvin H. Hansen)在凯恩斯思想的基础上,进一步发扬了这个思想,他认为,19 世纪末,大多数资本主义国家的经济已经不再是单纯的资本主义经济,而是与私人经济共存的社会化的公共经济,他把这种经济称为"双重经济"(dual economy),这里的双重经济发展方向并不是从私人经济向公有制经济过渡,而是由私人资本主义向以社会福利为重点的混合经济过渡。保罗·A. 萨缪尔森(Paul A. Samuelson)在继承和发扬前人的基础上形成了比较完整的混合经济论,他在《经济学》一书中提道:"在先进国家内……纯粹的资本主义已经逐渐演变成保持公私两个方面主动性和控制权的混合经济。……新政以后,美国原有的经济生活方式已经一去不复返。我们和西欧一起合流成为混合经济。"④ 他主要从两个方面解释混合经济,一方面是"政府限制私人的主动性",另一个方面是"垄断成分限制完全竞争的作用"⑤。在书中他把混合经济看作一种新的社会制度,并认为在混合

---

① 约翰·梅纳德·凯恩斯. 就业、利息和货币通论 [M]. 北京:商务印书馆,2011:391.
② 胡希宁,郭威,杨振. 当代西方经济学流派 [M]. 北京:中共中央党校出版社,2016:37.
③ 胡希宁,郭威,杨振. 当代西方经济学流派 [M]. 北京:中共中央党校出版社,2016:37.
④ 萨缪尔森. 经济学:下册 [M]. 北京:商务印书馆,2011:332.
⑤ 萨缪尔森. 经济学:上册 [M]. 北京:商务印书馆,2011:82.

经济中，政府拥有生产资料是"社会主义国家的一般情况"①。在资本主义政府对经济干预的情况下，他这里所称"社会主义国家"是不能成立的。此外，萨缪尔森还否定马克思的社会主义发展规律，把五种社会形态的依次更迭说成是混合经济出现所创造的奇迹，他的这种混合经济思想的实质在于掩盖资本主义国家国有经济的阶级性，并掩盖资本主义政府对经济的干预。

瑞典学派的"混合经济"理论的主要特征是："在所有制方面实行公私混合，在经济运行体制方面实行计划与市场的'有机结合'"②，"强调在原市场经济的基础上引入计划体制"③。他们还认为在现代发达的经济体中，计划与市场二者共同调节能使经济比较有效地运行，资源充分利用。

美国著名经济学家杰弗里·萨克斯（Jeffrey Sachs）认为现代经济应当是混合经济，即市场经济体系必须得到政府组织的补充。他在《文明的代价：回归繁荣之路》一书中对自由市场经济的谬误思想进行批判，美国人所赞同的、应当实现的三重目标，即效率、公平以及可持续发展，"如果我们关闭政府并听任市场来解决所有时期，那么我们整个社会就无法达到这三重目标当中的哪怕任何一个目标。只有建立混合经济，即部分由市场引领、部分由政府引领的方式，才能达到上述三重目标"④。

总之，混合经济的思想源于西方资本主义私有制的基础，主要是指政府与市场调节经济手段的混合。后来，世界各国的经济实践越来越多地受政府干预，混合经济的使用、内涵也不断地被引申和扩大。大多数文献和学者对混合经济的研究是在资本主义私有制的框架下进行研究，是资本主义发展到高级阶段的一种表现形式，资本主义政府把混合所有制经济作为宏观调控经

---

① 萨缪尔森. 经济学：上册［M］. 北京：商务印书馆，2011：75.

② 胡希宁，郭威，杨振. 当代西方经济学流派［M］. 北京：中共中央党校出版社，2016：89.

③ 胡希宁，郭威，杨振. 当代西方经济学流派［M］. 北京：中共中央党校出版社，2016：89.

④ 杰弗里·萨克斯. 文明的代价：回归繁荣之路［M］. 杭州：浙江大学出版社，2014：37.

济的一种手段，用来缓和资本主义内部发展的主要矛盾。所以，西方经济学中的混合经济是以私有制为基础的、有国家干预的社会经济与私人经济混合的经济。

（二）国外国有企业改革相关文献

1. 部分发达市场经济国家的国有企业改革路径

英国的国有企业改革是随着英国执政党的交替进行的，带有很强的政党特征。从 1979 年 5 月开始，以撒切尔夫人为首的保守党连续执政了 10 多年，在这期间英国进行了彻底的国有企业民营化改革，其民营化的途径达 20 多种，主要有出售（依据企业的情况部分出售、整体出售），公共服务项目承包给私营承包商，鼓励私营部门参与公共产品项目建设，政府给予私人权利鼓励私人办学，限制政府行使的权利，鼓励民众转向私人健康保险，向私人购买服务，建立特区试点等①。

在 20 世纪全世界国有企业改革的浪潮中，法国同样也进行着国有企业改革，其国有企业具有典型的混合所有制企业性质，法国的混合股份所有制是指国家和私人共同持有同一个企业的股份，主要体现的是国有经济和私人经济的混合性质。法国的混合经济的形成途径有三种：第一，主要通过私人企业在国有化过程中实行"非完全"国有化形成，后来企业"再国有化"过程中企业的控制权被国家所控制；第二，国有企业私有化过程中出售给私人、私营企业以及国外的企业；第三，在国有企业的发展中形成的，主要是由国有企业和非国有企业共同出资兴建的企业②。

美国政府在美国经济发展中起着非常重要的作用，无论是经济管制、社会管制还是国有企业的组建以及私人企业的兼并重组，都离不开政府。美国政府通过各种经济管控机构、财政的预算收支对经济进行调控，政府作为最大的经济实体和经济仲裁者为市场经济运行提供政策支持和保障。"二战"

---

① 陈宝明. 国有企业之路：英国 [M]. 兰州：兰州大学出版社，1999：300.
② 杨开峰. 国有企业之路：法国 [M]. 兰州：兰州大学出版社，1999：103 – 104.

以后，美国对国有企业进行了改革，美国介入市场的程度取决于产业的性质，即产业提供的产品和劳务的性质，公共性越强，政府对产业介入的就越多。经济学家把美国政府介入的产业或公共产品和服务分成十一类，包括国防、游人不饱和的公园和旅游业、水泥及污染严重的产业、天然垄断产业如自来水和电、社会的文物保护、基础设施工程如公路和港口、重要的但是风险高的产业如高科技产业等①。美国政府依据不同时期对十一类产业进行必要的干预，整体趋势是政府介入这些产业的程度是不断加深的。在国有企业改革过程中，主要采用兼并重组、行业管制等方式。

新加坡是市场经济与国有经济相结合比较成功的国家，其国有资本的投资股东回报率无论是短期还是长期都非常高。淡马锡 2018 年年报披露，截止到 2018 年 3 月 31 日，1 年期股东回报率高达 12%，10 年期股东回报率 5%。新加坡是唯一的一个国家，国有企业经过私有化改革后，其国有经济成分仍然保留较高的国家，新加坡的国有经济在其国民经济中占有比较高的比重，约 50%。其新加坡是世界上国有资本运作较成功的模式，其运作模式被称为"淡马锡模式"，其主要特点是政企分离、独立的外部董事管理方式、高效的治理模式。

2. 相关文献研究

伴随着 20 世纪世界范围的国有企业改革浪潮，大多数国家采取了国有企业私有化路径，这主要是因为当时的理论和实践者认为私营企业的效率高于国有企业，并且在市场经济中私营企业能够使资源配置效率最大化，而国有企业受政府的干预使企业效率低下，所以将国有企业产权完全私有化才能提高企业的效率。

Boardman 和 Vining（1989）对除美国以外的世界上 500 大家公司 1983 年的财务指标进行了实证分析，他们把这些公司分成了三类：国家完全控股公司、国家参股公司和私营公司（没有国有股）。他们的研究结果表明，私

---

① 董有德. 国有企业之路：美国［M］. 兰州：兰州大学出版社，1999：315 – 316.

营公司的运营指标和盈利指标都高于其他两类公司，而且国家完全控股和参股的公司其财务指标并没有出现明显的差别，所以，要提高国有企业的效率，国有企业就应该完全私有化①。

然而，一部分学者不赞成这种全部私有化的观点，John Vickers 等人（1991）对英国、波兰和智利三个国家的国有企业私有化进行了分析，结果表明，简单的私有化并不能提高企业的绩效水平，国有企业私有化后，效率的提高应建立在充分的市场竞争基础之上，并且需要政府提供完善的与企业运行相关的制度保障②。

LIU G S 等人（2001）研究中国国企改革问题，研究发现，中国大型国企的所有权结构将逐渐改变，即从国有独资不断向多元化股权结构和混合所有制结构方向变动，引入的非国有股份越来越多，这种股权多元化和引入其他非国有股的方式，对大型企业改善公司治理有显著的促进作用，同时对企业获取资金和其他资源也有一定的改善③。

O. Hart（2002）用不完全契约的框架分别对美国和英国的国有产权和私有产权问题进行了研究，在弥补政府缺陷方面，引入私有产权取得的效果更好④。

John Bennett 和 James Maw（2003）对转型国家的国有企业私有化进行了研究，他们发现，在国有企业私有化过程中，一些企业继续保留部分国有股份，形成了混合所有制企业，结论表明在一定的条件下，混合所有制是国有

---

① BOARDMAN A，VINING A. Ownership and Performance in Competitive Environments：A Comparison of Private. Mixed and State－owned Enterprise［J］. The Journal of law and economics，1989，32（1）：1－33.

② VICKERS J，YARROW G. Economic Perspectives on privatization［J］. The Journal of Economic Perspectives，1991，5（2）：111－132.

③ LIU G S，WOO W T. How will ownership in China's industrial sector evolve with WTO accession［J］. China Economic Review，2001，12（2）：137－161.

④ Hart O. Incomplete Contracts and Public Ownership：Remarks，and an Application to Public－Private Partnerships［J］. Economic Journal，2003，3（12）：119.

企业改革的一种相对较好的制度选择①。

Peeter Peda 和 Daniela Argento 等人（2013）对爱沙尼亚最大的水务公司进行研究，主要研究其公司的治理结构和企业运行绩效问题，该水务公司是公私混合所有制公司。研究发现，该水务公司的治理结构对企业的运行绩效产生明显的正面影响，其混合所有制的治理结构具有借鉴意义，对混改企业的财务绩效、非财务绩效治理具有一定的启示作用②。

从国外有关国有企业的文献可以看出，国外的国有企业改革大都经历了以下几个方面的改革：首先，在国民经济发展的动力机制上体现为自由主义和国家干涉主义的结合；其次，在宏观经济调控手段上体现为市场和计划的并用；再次，在所有制结构上体现为私人所有制和公有制的并存；最后，在企业资本构成上体现为私人资本、国有资本以及社会资本的混合。

（三）国内国有企业改革相关文献

1. 国有资本退出的观点

有学者认为目前在一些领域中仍然存在着单一所有制，混合所有制改革的突破口应该在这些单一所有制领域打开。单一所有制领域存在的国有企业在很大程度上"扼杀了市场竞争并破坏了市场竞争秩序，降低全社会的资源配置效率，扭曲了政府的行为"③，这些企业垄断着行业的资源，削弱或者降低资源在市场中的配置效率，抑制这些行业的资本放大功能，并给一些人提供"寻租"空间，导致腐败，不利于这些行业的发展。所以，应根据单一所有制领域的不同，划分国有资本的控股比例，实现国有资本在不同领域的控股、参股甚至可以全部退出。张维迎（2014）对国有企业的公司制改造、国有企业的债务危机进行了分析，他认为国有企业"解决过度负债的唯一办

① BENNETT J, MAW J. Privatization, partial state ownership, and competition [J]. Journal of Comparative Economics, 2003, 31 (31): 58 – 74.

② PEDA P, ARGENTO D, GROSSI G. Governance and Performance of a Mixed Public – Private Enterprise: An Assessment of a Company in the Estonian Water Sector [J]. Public Organization Review, 2013, 13 (2): 185 – 196.

③ 常修泽. 混合所有制新论 [M]. 合肥：安徽人民出版社，2017：150.

法是引入新的、非国有的权益资本"。随着改革的深入，在位官员的"寻租"空间减少，导致在位官员对所在的企业赋予更多的自主权，最终是官员下海，企业被官员收买，国有资产流失。所以他认为，解决国有企业问题就要引导国有资本退出，即民营化①。谢莉娟等（2016）通过行业比较与对批发业效率机制的分析，认为国有资本的进退决策需要结合行业特征进行审慎权衡。在国有资本相对具有更高效率的批发流通领域，可以通过"增资扩容"来放大国有资本的功能，不宜轻易做出国有资本应加快退出的论断②。

国有企业退出在学术界一直存在争议，一部分人认为国有企业自身产权主体不清晰，产权内生激励不足，必然导致国有企业资源配置效率低下。在追求经济目标层面，国有企业很难像私营企业一样为经营管理层提供充足的激励机制，促使经营管理者致力于提高企业运行效率、提高产品质量以及不断地对产品进行创新，并且，国有企业还承担着非经济的目标。中国的实践证明，国有企业的效率并不是一些学者所描述的低下，要看到国有企业退出的积极效果，但也要看到国有企业退出的许多失败的案例，造成大量国有资产流失的惨痛教训。

2. 国民共进改革观点

赵晶（2006）提出进行国有企业的产权调整，就要实现国有企业股权结构多元化，推进企业经营机制的转变③。李政（2010）认为"国进民退"是一个伪命题，在社会主义市场经济条件下，国有经济与非公有制经济之间不是此消彼长的关系，而应是和谐共生、协调发展的关系，中国国有经济的功能决定了国有经济必须有"进"有"退"④。刘建华（2011）等主张用马克思的国家所有制的观点，重新审视国有企业的性质，国有企业改革中的"有进有退"主要是以国有经济布局的战略性调整为背景，是指在国有经济命脉

---

① 张维迎．企业理论与中国企业改革［M］．上海：上海人民出版社，2014：166．
② 谢莉娟，王诗桴．国有资本应该退出竞争性领域吗：基于行业比较与批发业效率机制的分析［J］．财贸经济，2016（02）：127－144．
③ 赵晶．国有经济布局的现状及调整方向［J］．科技经济市场，2006（4）：92．
④ 李政．"国进民退"之争的回顾与澄清［J］．社会科学辑刊，2010（5）：98－102．

领域的"进"退",其主体是国有企业,机制是市场机制或价值规律的作用机制,结果是实现产业结构的优化。不能简单地用"国进民退"或者"民进国退"解释国有经济的"有进有退"①。陈东琪等人（2015）认为,国有经济应该向关键领域集中,要合理地减少国有经济布局的范围,放开自然垄断领域的竞争性环节,消除各种行政垄断,大力发展混合所有制经济,实现国有企业与市场经济的融合②。

3. 分类改革观点

党的十八届三中全会以来,我国国有企业改革走向"深水区",提出要"深化国有企业改革必须采用科学的方法""分类推进国有企业的改革"③。学术界分类改革的观点认为:我国的国有企业改革应分两类推进,对于特殊企业关键领域的国有企业必须保持国有性质,其余的国有企业应当加快市场化改革。

杨瑞龙（1995）提出提供公共产品的国有企业应采取国有独资的形式,垄断性国有企业主要运用国有控股模式,竞争性国有企业则在一定的政府干预下实行放权放利经营④。

董辅礽（1995）总结出应从国有企业的功能出发,将国有企业划分为非竞争性企业与竞争性企业,前者不以营利为目标,主要考核对社会的贡献,后者主要考核企业公平参与市场竞争的盈利能力⑤。

金碚（2002）等在《国有企业根本改革论》一书中把国有企业分为竞争性国有企业和非竞争性国有企业,他们认为:"只有把必须实现国有制的企业按照特殊的法律和政策进行严格的行为规范,才能对大多数可以改制为一

---

① 刘建华,付宇,周璐瑶,等．我国国有企业性质的重新审视：由"国进民退"或"民进国退"引发的思考［J］．经济学家,2011（12）：57－62.
② 陈东琪,臧跃茹,刘立峰,等．国有经济布局战略性调整的方向和改革举措研究［J］．宏观经济研究,2015（1）：3－17.
③ 新华社．中共中央、国务院关于深化国有企业改革的指导意见［EB/OL］．中华人民共和国中央人民政府官网,2015－09－13.
④ 杨瑞龙．国有企业股份制改造的理论思考［J］．经济研究,1995（2）：13－22..
⑤ 董辅礽．中国国有企业改革的基本思路［J］．新疆社会科学,1995（4）：18－27.

般企业的国有企业进行大胆的制度变革，即改革为非国有企业，完成按民法和公司法的原则来规范其行为。"① 他们还认为，对于一般竞争性国有企业，进行改革后，要遵循市场经济运行的一般规律，原则上国有企业应该退出该类产业，继续发展的任务应交给民营企业。

蓝定香（2006）认为建立现代产权制度的整体思路应按照分类深化国企改革的原则，把国企业分为公共领域和非公共领域，公共领域是事关国民经济命脉的重要行业和关键领域。进一步调整国有产权，使其向公共领域集中，处于非公共领域的国有企业要加快产权转让和重组，降低国有产权比重，转向相对控股和参股，建立相互制衡的产权结构②。

钱津（2011）的观点是改革进入攻坚阶段以后，要对国有企业进行分类改革，他把国有企业分成公营企业和国有企业两类。公营企业是指关键领域的国有企业，他主张要把这部分企业从国有企业中剥离出去，明确这部分企业的性质就是国有资本，这部分企业不参与市场竞争，继续在非竞争领域内经营③。

中国社会科学院工业经济研究所课题组（2014）通过研究认为，目前国有经济出现瓶颈的根本原因是国有企业目标多元与定位不清，对国有企业进行分类是解决这一问题的关键，把国有企业分为公共政策性国有企业、特定功能性国有企业、一般商业性国有企业④。中国社会科学院工业经济研究所课题组（2014）还论述了党的十八届三中全会以后，新时期全面深化改革的目标是市场在资源配置中起决定性作用的条件下，处理好国有经济与成熟的市场经济体制的全面融合。从而提出了新时期要对不同的国有企业功能进行准确的界定，把当前的国有企业按功能分成三个类型，即特定功能性国有企

①　金碚. 国有企业根本改革论［M］. 北京：北京出版社，2002：66.

②　蓝定香. 建立现代产权制度与国有企业分类改革［J］. 经济体制改革，2006（1）：48－52.

③　钱津. 国有经济评论［M］. 北京：经济科学出版社，2011：62.

④　中国社会科学院工业经济研究所课题组. 论新时期全面深化国有经济改革重大任务［J］. 中国工业经济，2014（9）：5－24.

业、公共政策性国有企业和一般商业性国有企业。目前的国有企业要按照这三种功能进行分类，建立不同的国有企业治理机制，即"三层三类"的经济管理体制①。

高明华等（2014）采用调研的方式，提出国有企业可以按照本身功能分为公益性国有企业、垄断性国有企业与竞争性国有企业②。

李维安（2014）提出国有企业改革要明确国企的功能定位和分类，并针对不同类型的国有企业设计不同的治理机制，分类治理机制的实施是深化整个国有企业改革的重点③。

宋方敏（2014）认为全面深化改革要从政治和战略的高度把握国有企业改革的出发点和方向，提出国有企业改革要坚持问题导向，在宏观层面要构建与基本经济制度相适应的国家政策导向体系，对公有制经济和非公有制经济要区分主辅并公平对待；在所有权制度层面，要彻底改变政企、政资不分的状况，构建与真正所有者相匹配的全民所有制实现形式④。

陈小红（2015）认为国有经济分类改革的基础是国有企业的分类，明确各类国有经济的功能、变化趋势，才能确定比较切实可行的改革政策。他基于市场失效、国家战略、政治经济现实条件三个方面探讨了中国国有经济的功能和布局理论；从中国的国有企业现状出发，展望了国有经济的功能、布局、作用和变化趋势⑤。

周娜等（2016）通过对比商业类与公益类国有企业，认为应该根据主业

---

① 中国社会科学院工业经济研究所课题组．论新时期全面深化国有经济改革重大任务［J］．中国工业经济，2014（9）：5－24.
② 高明华，杨丹，杜雯翠，等．国有企业分类改革与分类治理：基于七家国有企业的调研［J］．经济社会体制研究，2014（3）：19－34.
③ 李维安．深化国企改革与发展混合所有制［J］．南开商业评论，2014（6）.
④ 宋方敏．深化国有企业改革要构建中国特色社会主义国有经济治理体系［J］．红旗文稿，2014（23）：18－21.
⑤ 陈小洪．国有经济的功能和分类：理论趋势和政策［J］．产业经济评论，2015（1）：11－25.

性质，把国有企业分类细化①。周娜等（2016）在另一篇文章中探讨了特殊国有企业在新一轮国企改革中分类改革的方向与分类治理机制的设计。在特殊国有企业分类改革上既要强调国有企业在商业板块中的营利性，又要考虑国有企业在公益板块的社会作用和公共属性，同时在公司治理评价方面要制定符合各自属性的评价指标体系和治理准则②③。

中国宏观经济分析与预测课题组（2017）认为中国社会主义市场经济体制的性质决定了国有经济与民营经济是可以共同发展的，而不是互相排斥的，关键是要确认不同性质的经济在各自适宜发展的领域内发挥作用，他们依据产品的不同类型和所在行业的特性，制定功能导向的分类方法，不同类型的企业选择不同的混合所有制改革模式，"即提供公共产品的国有企业宜选择国有国营模式，垄断性国有企业宜选择国有国控模式，竞争性国有企业一部分宜进行产权多元化的股份制改造，一部分宜实行民营化"④；公共产品领域宜进行"长期导向"的混合，自然垄断领域选择"控制权导向"的混合，竞争领域选择"流动性导向"的混合。

石玉军（2016）认为，中国的国有企业改革存在的最大问题是混淆了公营企业与国有企业。中国的国有企业既是国有企业又是社会主义性质的企业，具有国有企业的一般性同时又具有资本主义国有企业所不具有的特殊性。目前中国的国有企业中没有区分国有企业与公营企业，但是中国的国有企业承担了国有企业本身独特的责任，又承担了公营企业所有的职能，所以中国的国有企业要兼顾特殊性和一般性的逻辑进行分类，遵循国际分类规范，分成国有企业和公营企业⑤。

---

① 周娜，庄玲玲. 分类推进国有企业改革研究［J］. 财会月刊，2016（31）：36 - 39.
② 周娜，庄玲玲. 新一轮国企改革的功能定位：沪渝两地城投集团比较［J］. 改革，2016（2）：116 - 124.
③ 苏小和. 中国企业家黑皮书［M］. 重庆：重庆出版社，2010：41.
④ 中国宏观经济分析与预测课题组. 新时期新国企的改革思路：国有企业分类改革的逻辑、路径与实施［J］. 经济理论与经济管理，2017（05）：5 - 24.
⑤ 石玉军. 供给侧结构性改革的政治经济学分析［J］. 未来与发展，2016（11）：62 - 68.

穆艳杰、张忠跃（2018）认为我国的国有企业既承担着世界国有企业都必须承担的弥补市场失灵等一般责任，同时又要承担社会主义保障、共同富裕等特殊职能，依据我国国有企业的特殊战略定位和发展目标，以及结合国民经济状况、功能把国有企业分成商业类和公益类，是中国国有企业改革的伟大创举，是提高国有企业经济活力、影响力、控制力的先决条件①。

中国国有企业分类改革的提出是符合当前生产力发展水平的要求，同时是进一步深化国有企业的要求，分类改革的提出有利于在理论层面上促进社会主义生产方式与市场关系相适应，提高生产力的效率；有利于在实践层面促进政企关系，防止市场失灵。我国国有企业分类改革是按行业的细化分类，既要通过商业类国有企业做强做优做大国有经济，还要通过公益类国有企业突出社会主义制度的优越性②。

4. 混合所有制的实现路径研究

国企混合所有制改革是在新的时代背景下提出的新一轮改革，所以在国企混合改革的路径方面，学者们持有不同的观点。目前，一部分人认为我国"四梁八柱"都已经搭建完成，国企混合改革要在这个框架中进行，即混合改革应与顶层设计相一致，不能偏离顶层设计的路线，应遵循社会主义基本方向（夏小林，2014）③，按照党的十八届三中全会的要求，必须用马克思主义的基本原理解释国企的混合所有制改革。此外，党的十八届三中全会表明，国企的混合改革并不会削弱国企的力量，反而能增强国企的力量。本轮的国企混合所有制改革，不仅要收益、股权之间的混合，公司的治理结构也要混合（匡贤明，2014）④，不是人们字面意义理解的简单的"国退民进、

---

① 穆艳杰，张忠跃. 新时期我国国有企业分类改革问题研究［J］. 当代经济研究，2018（03）：75-80.

② 穆艳杰，张忠跃. 新时期我国国有企业分类改革问题研究［J］. 当代经济研究，2018（03）：75-80.

③ 夏小林. 2014年：国企与改革（上）：兼评被污名化的"国资一股独大"［J］. 管理学刊，2014（03）：1-15.

④ 匡贤明. 为何重提混合所有制［J］. 中国经济报告，2014（04）.

中退外进",也不是人们误解、曲解的"只混不控""以卖代混"(蒋海曦、田永,2014)①,而是解决目前国企"所有者缺位"的突出问题(杨红英、童露,2015)②。只片面地讲国有企业"一股独大"是不符合我们改革指导精神的,改革必须有一定的约束条件,在符合中国经济经济制度与满足国家和人民利益的前提下进行。未来具有多元化产权、自主经营、公司治理体系规范的混合所有制经济将成为我国市场经济主要的微观主体(张卓元,2013)③。

国有企业混合所有制改革的途径很多,一些学者认为国有企业向民营企业出售股份是最重要的途径之一。国有企业与私营企业的体制不同、管理方式不同,国有企业向私营企业转让股权存在不确定性风险(陈仕华等人,2017④;黄速建,2014⑤)。混合所有制改革的目标是建立相互制衡的公司治理机制、打破行业垄断,使政府从"管企业"为主向"管资本"为主转变以及充分发挥不同性质资本的综合优势,从而完善我国的现代企业制度,促进各类资本进行公平的市场竞争,提高国有资本效率实现国有资本保值增值(高青松、唐芳,2016)⑥。所以,在国有企业向非公企业转让股权之前,要充分了解受让方企业的详细信息,了解国有企业与非公企业运行规则的区别,消除这种"二元体制"障碍,使这种混合所有制改革途径取得预期效果。国有企业改革要做到四个方面的结合,即公有制与市场经济、党的领导

---

① 蒋海曦,田永.用《资本论》研究成果推进我国全面深化改革:全国高等财经院校《资本论》研究会第31届年会综述 [J].经济纵横,2014(10):122-124..

② 杨红英,童露.国有企业混合所有制改革中的公司内部治理 [J].技术经济与管理研究,2015(5):50-54.

③ 张卓元.十八大后经济改革与转型 [M].北京:中国人民大学出版社,2014:119.

④ 陈仕华,卢昌崇.国有企业高管跨体制联结与混合所有制改革:基于"国有企业向私有企业转让股权"的经验证据 [J].管理世界,2017(5):107-118,169,188.

⑤ 黄速建.中国国有企业混合所有制改革研究 [J].经济管理,2014(07):1-10.

⑥ 高青松,唐芳.国有企业混合所有制改革理论研究进展及评述 [J].改革与战略,2016(12):149-154.

与现代企业制度、公有资本与非公资本以及顶层设计与基层探索创新的结合
(谢鲁江，2017)①。

(四) 文献分析

从文献中可以看出，国有企业改革的问题一直都存在争议，但问题的实质是我国经济体制进行改革的进程中，作为国有经济支柱和引导作用的国有企业的地位和作用问题。国有经济的"进"与"退"不能简单理解成国有经济与非公经济所占比例多少，而要从国有经济所在的领域与行业去理解。国有经济必须要占主导地位而且必须具有控制力，针对国有经济的"进""退"，在实践中已经没有必要争论。有些观点不适应目前我国的国有企业，主要是我国国有企业改革到现在，剩下的都是"精兵强将"而且大部分处于关键领域。但是学界的观点对我国领导层产生的影响不容忽视，毕竟早期国企改革现实的状况摆在眼前。笔者认为，国有经济的"进"与"退"，其本质是国有企业是否能遵循市场规律自由进入和退出，而不是政策性、人为地强行推入市场或者退出市场，要在市场经济规律的作用下有序进与出。

"国民共进"改革的主要观点基本符合我国目前的国有企业改革方向，但是其观点中要求对民营企业开放更多的领域和准入政策，与目前中国国有企业运行状况并不适合。而"分类改革"派的观点更符合我国目前国有企业改革的方向，其理论是指导我国国有企业分类改革的基础。但是"分类改革"的理论不够细化，对央企及垄断行业的研究较多，对地方国有企业的研究相对较少。央企与地方国有企业有较大的差别，所以要全面地对国有企业进行研究与分类。要以《中共中央、国务院关于深化国有企业改革的指导意见》(2015 年 8 月) 和《国务院关于国有企业发展混合所有制经济的意见》(国发〔2015〕54 号) 以及党的十九大报告相关中央文件为指导，不断地丰富其理论内容，为我国的国有企业改革奠定理论基础，提出有针对性的改革

---

① 谢鲁江. 论中国社会主义公有制经济发展的历史逻辑［J］. 人民论坛学术前沿，2017（09）：90－95.

思路。

国有经济是社会主义制度的体现，是国家性质的保障，是人民当家做主的权力体现，是实现发展成果由全体人民共享的经济基础。国有企业改革理论，要用"三个有利于"的标准评价，以指导实践。党的十八大、十八届三中全会的有关文件，以及党的十九大报告明确提出："必须坚持和完善我国社会主义基本经济制度和分配制度，毫不动摇巩固和发展公有制经济，毫不动摇鼓励、支持、引导非公有制经济发展""加快国有经济布局优化、结构调整、战略性重组，促进国有资产保值增值，推动国有资本做强做优做大"[1]，这就为以后国有经济的发展和战略布局提供了明确的方向。

三、研究内容与研究方法

（一）研究内容

绪论部分首先对中国国企混改的背景和意义进行了阐述，中共中央对国企混改的重大决策，是在中国国有企业多年改革的基础上，根据目前中国经济发展的现实状况所制定的改革方案，国有企业混改的提出是为了国有企业能更好地适应市场经济发展的要求；国有企业混改的意义是探索公有制制度创新的实现形式，为公有制与市场经济融合提供实践依据。其次，分析国内外相关国有企业改革的文献和研究现状，为中国的混改提供一定的借鉴和参考。

第一章首先通过梳理国内外国有企业改革的相关理论，为分析国有企业改革奠定理论基础；其次，通过分析国有企业混合改革的逻辑发现公有制制度前提下可以实现生产资料所有权和经营权的分离，从理论上解决公有制与市场经济融合的问题，国有企业混合所有制改革的问题就成为现代企业制度的治理问题，在此基础上提出中国混合所有制企业改革的分析框架。

---

[1] 决胜全面建成小康社会 夺取新时代中国特色社会主义伟大胜利：单行本［M］. 北京：人民出版社，2017.

第二章主要梳理中国国有企业的来源、发展历程，并且从整体和局部对国有企业治理的现状、运行状况进行统计性描述分析。从整体上把国有企业改革发展分成四个阶段，通过分析国有企业政策理论以及实践演变过程，发现国有企业改革发展的过程就是中国国有企业混合所有制萌芽、形成、发展并不断向成熟推进的过程，国有企业发展的特定历史阶段表现出不同的内容和特征。

第三章主要分析国有企业改革中的几种主要路径模式的内涵、特征和效果。

第四章通过对国有企业的发展过程与国有企业改革中几种路径模式的分析发现，国有企业在实现路径改革中存在改革的基本概念上的误区、理论上的误区以及比较有争议的问题，然后从国有企业治理的三个维度进行了分析国企改革实践中出现的这些问题。

第五章对国有企业改革中的两个典型案例和国外比较成熟的市场经济中国有企业改革实现路径中的典型模式特点进行研究，分析国有企业在实践的路径中出现的问题及国企改革的启示。

第六章在前面分析的基础上提出国企混改优化的具体路径和政策建议，为国企改革实践提供切实可行的方案，并提出混合所有制改革的政策建议。

（二）研究方法

1. 文献研究法。利用现有书籍与网络资源，收集、整合相关领域的最新成果和前沿动态，总结、归纳普遍规律，作为理论相关研究和行业发展的参考。广泛收集国有企业推进改革的论文、专著、案例和政策，将收集的资料综合运用，结合本人对国有企业有关理论和实践的思考，探讨国有企业改革实践的有效途径。

2. 描述性分析。依据从改革开放以来到论文写作阶段的国有企业改革的有关数据，对国有企业改革的效果进行分析。

3. 案例分析。具体分析中国联通和中钢集团的改革案例，以及分析国外典型的国有企业改革的路径特点，总结国有企业改革的经验特点，为国有企业混合所有制改革提供参考和借鉴。

4. 比较分析法。比较分析国内外国企改革的路径特点以及国外成熟市场经济的国有企业改革路径的实践，为构建中国国有企业混合所有制改革理论与实践路径提供有益的借鉴。

四、文章创新与进一步研究的意义

本书可能的创新之处主要表现为以下几点：

第一，许多学者认为微观层面的混合所有制企业是国有经济的主要载体和实现形式。笔者认为国有经济的实现形式并不仅仅通过国有企业这种企业组织形式实现，国有企业改革的目的是改变国有资本的功能，其功能可以从资本不同的组织形式实现，只要是符合三个"有利于"标准的实现形式都可以是国有经济的实现形式。

第二，实践中认为混合所有制改革是国有企业改革的突破点，笔者认为，混合所有制改革路径的突破点是要注重人力资本在价值增长中的作用，形成人力资本与物质资本的要素利益共同体。

第三，学术界与理论界一致认为，混合所有制改革的关键是市场化改革，引入市场化体制机制打破行政垄断，而没有指出切实可行的实现市场化的路径。笔者认为职业经理人的市场化机制是实现市场化的重要方式，即政府把企业的用人权还给市场，最主要的就是政府要放弃对企业人事的行政垄断权，取消对职业经理人的限薪，使职业经理人的薪酬激励与约束完全由市场决定。

进一步探讨的意义：一是目前世界上很难找到不存在国有经济的国家，承担国有经济的载体是国有企业，在不同制度下国有企业承担的功能和作用不同，资本主义制度下国有企业的存在是为其政党服务，而社会主义制度下的国有企业是为人民服务，所以不同制度下国有企业的发展路径不同。不同的制度下国有企业的改革目的与路径必然不同，资本主义制度下的国有企业私有化改革有其制度的必然性，而社会主义制度下的国有企业改革必然不能走私有化的道路，这是由社会主义公有制性质所决定的。企业的运行在一定程度上需要市场经济作为驱动，但政府也要发挥作用，并不是有些人所认为的私有化或者国有化，而是需要市场与政府共同协调。随着经济的演化与发展，国有经济的运行在资本主义国家和社会主义国家都是必须面临的新的课题，而国有企业作为国有经济载体，在不同所有制国家的改革路径必然不同。进一步深入研究国有企业改革问题，有助于解决公有制制度体系下国有企业发展的问题，揭示社会主义国家国有企业发展的一般规律，探索公有制的多种实现形式，具有重要的理论和实践意义。

第一章

中国混合所有制改革的理论来源与理论分析

第一节　混合所有制改革的相关概念界定

一、所有制、所有权和产权

（一）所有制

依据马克思经典著作中的描述，马克思的所有制定义是：所有制是人们围绕一定的财产客体而形成和建立起来的经济关系。所有制包括：生产资料归谁所有、归谁支配、归谁占有、归谁使用等一系列的权利，以及围绕这些权利获得的经济利益归谁支配的关系。人们在生产的过程中所使用、占用的物质生产资料，并不一定属于自己，可以是租来的、借来的。而生产资料的所有者，可能因时间、能力或者利益的比较，对自己所拥有的生产资料无法充分使用，所以，在能获得一定的利益的前提下，他们便会把自己的生产资料租给或者借给需要使用这些生产资料的人，这样生产资料的使用权、占有权就转移到租用或者借用人，归其使用和支配。因此，人们在占有、使用、支配生产资料时，不但同生产资料发生直接联系，并且通过物质生产资料相互之间产生了经济利益关系①。

生产资料所有制是社会经济制度的基础，除在生产过程中发挥作用之外，还在分配、交换、消费等领域与其他物质资料一起发生作用，人们围绕这些物质资料或通过这些物质资料也会形成一定的所有制，如消费资料所有制、流动资料所有制以及劳动产品所有制等。马克思在研究生产关系时，指出各个社会都是以一定的生产资料所有制作为生产关系的基础，它决定着生产的全部性质和全部运动，"为了进行生产，人们便发生一定的联系和关系；只有在这些社会的联系和关系的范围内，才会有他们对自然界的关系，才会有生产。生产者相互发生的这些社会关系……依照生产资料的性质而有所不同"②。

（二）所有权

所有权是财产主体围绕或者通过财产客体所形成的经济权利关系。所有权是一个极其复杂的财产权利体系，具有排他性、收益性、可让渡性、可分割性等特征。所有权具有保护产权主体、界定交易边界、规范交易行为、形成稳定预期、激励以及提高资源配置等功能。

所有制体现人们在生产资料上形成的客观经济关系，是生产关系的基础和核心；所有制关系得到社会承认、共同遵守，在国家和法律出现后，得到法律的保护，"法的关系，是一种反映着经济关系的意志关系。这种法的关系或意志关系的内容是由这种经济关系本身决定的"③，在权力关系上的反应就成为所有权。所有制属于经济范畴，所有权属于法律范畴；所有制是所有权的经济基础，所有权是所有制的法律表现。一般而言，一定的所有制决定一定的所有权，所有制的性质、内容决定了所有权的性质、内容，所有制

---

① 王天义．马克思主义经济学教程［M］．北京：中共中央党校出版社，2006：42 - 43.

② 马克思，恩格斯．马克思恩格斯全集：第 6 卷［M］．北京：人民出版社，1982：486.

③ 马克思，恩格斯．马克思恩格斯全集：第 23 卷［M］．北京：人民出版社，1982：102.

的变化引起所有权的变化。没有不存在所有制的所有权，也没有不存在所有权的所有制，所有权的法律作用能够保护所有制、发展所有制。

（三）产权

产权，即财产权利，也称财产权，是人们围绕或通过财产形成的经济权利关系。产权主体在行使权能时，要受一定的约束和限制，即承担一定的责任和义务。经济生活中存在多种产权主体，在一定的契约下，行使各自的权利时必然互相影响，并通过一定的财产建立一系列的产权关系，这就构成了产权的权利体系，这些权利既可以分开使用也可以单独使用。这些权利体系要界定清晰，否则容易引起产权关系混乱，容易造成财产受损，即侵权行为的发生。所以，产权受到法律保护后，具有了排他性，就能保障产权主体享有合法的产权收益权。有了法律保障，在市场经济中，产权可以有选择地在不同的产权主体之间相互转让，既可以转让全部权能也可以转让部分权能，因此产权就具有了可让渡性和可分离性，这种流动大大提高了产权的资源配置效率。所以，产权具有收益性、排他性、可让渡性、可分割性，成了复杂的财产权利体系，既可以是一套完整的产权体系、一束或一组产权，也可以是单个产权或是产权派生的产权①。例如，股份公司的出现，产权就体现出公司的股权。所以，产权的复杂性和多样性是现实的复杂的经济关系的直接反映，在不同的情况下，对产权有着不同的理解是正常的，但是要把细小的产权清楚地区分开，就不会在产权的性质、定义上产生分歧，从而更有利于保护产权主体合法权益。

二、混合所有制

（一）混合所有制

混合所有制是 20 世纪 80 年代随着我国经济体制的转变而出来的一个概

---

① 王天义. 马克思主义经济学教程［M］. 北京：中共中央党校出版社，2016：225 - 226.

念，即单一的公有制向以公有制为主体转变。随着国有企业改革的推进，中国的经济已是混合所有制经济。十八届三中全会，提出混合所有制是国有企业改革的方向，所以最近几年对混合所有制的有关研究成为讨论的热点，呈现出大量有关混合所有制改革的相关文献，所以说混合所有制改革并不是最近几年才提出的国企改革的实现路径之一，不论是混合所有制经济改革还是国企的混合所有制企业改革都不是新提法①。对于混合所有制的定义，在我国学术界观点不一。李维安（2014）认为，现代企业制度的存在环境只要不存在资本拥有者的所有权歧视，那么现代企业制度天然就是混合所有制②。而大部分学者认为我国现阶段的混合所有制企业是国有、集体、非公资本等交叉持股、相互融合而组成的企业组织形式，其混合所有制组织形式兼有国有和民营的某些特点，这种混合企业组织形式能够较好地适应现阶段我国经济发展的要求③。

从有关混合所有制改革的文献可以看出，新一轮的国企混合所有制改革的范围不仅强调混合改革主要是指微观层面的国有股份与其他非公有股份共同组成的产权混合状态的所有制企业④，还包括混合所有制企业运行机制的发展与不断完善，以不断使我国国有资本保值、增值、放大，从而进一步提高国企的活力、竞争力，在一定程度上不断地实现多种性质的所有制资本取长补短、相互促进、相互融合、共同发展。因此，新一轮的国企混合所有制改革是国企的一个动态的、不断完善的、不断变革的过程⑤。

---

① 黄速建. 中国国有企业混合所有制改革研究 [J]. 经济管理，2014，36（07）：1 –
10.

② 李维安. 深化国企改革与发展混合所有制 [J]. 南开经济评论，2014，17（03）：
1.

③ 刘崇献. 混合所有制的内涵及实施路径 [J]. 中国流通经济，2014，28（07）：
52 – 58.

④ 黄速建. 中国国有企业混合所有制改革研究 [J]. 经济管理，2014，36（07）：1 –
10.

⑤ 李春玲，李瑞萌，李念. 国有企业混合所有制改革中高管激励方式选择 [J]. 财会
月刊，2016（33）：33 – 36.

(二) 混合所有制经济

混合所有制经济的概念有宏观和微观上的区别，龙斧（Frank Long，2016）认为，能否正确界定混合所有制经济的概念，对中国改革的方向、性质、目的会产生直接影响①。

从宏观层面上看，国家的国有经济结构由性质不同的所有制经济成分组成；从微观层面上看，混合所有制经济是指股份制企业的股权结构由不同性质的所有制资本构成②。卫兴华（2015）在《发展混合所有制经济的新视角》一文中指出，"混合所有制经济既是公有制的重要实现形式，又是非公有制的重要实现形式"③，混合所有制经济与多种所有制经济不是完全相同的概念，混合所有制经济是指在一个企业微观层面的资本组织形式中，同时有国有、私有两种资本的交叉持股；他把企业股份制作为多种所有制经济的形式。所以，我国以公有制为主体、多种所有制经济共同发展的所有制经济结构，是宏观意义上的混合所有制经济④。在宏观层面上，中国混合所有制经济的探索可以从政策变化上看出：一是党的十二大决议明确个体经济存在和发展；二是十二届六中全会进一步强调了私营经济的合法存在和发展；三是十四大和十五大都强调非公经济是国民经济的重要组成部分；四是十六大进一步强调坚持混合所有制结构；五是党的十八届三中全会把混合所有制经济上升到制度层面的高度，即混合所有制经济是基本经济制度的重要实现形式。按照这个逻辑，改革开放以后，允许非公有制经济发展，混合所有制经济就已经开始存在和发展⑤。宏观经济领域的混合所有制经济是指在一国的

---

① 龙斧. 对"混合所有制经济""交叉持股"概念科学性的唯物主义再认识［J］. 华南师范大学学报（社会科学版），2016（05）：44－56，189－190.
② 荣兆梓. 发展混合所有制经济视角的国有经济改革新问题［J］. 经济纵横，2014（09）：71－74.
③ 卫兴华. 发展混合所有制经济的新视角［N］. 人民日报，2015－07－27（007）.
④ 黄群慧. 新时期如何积极发展混合所有制经济［J］. 行政管理改革，2013（12）：49－54.
⑤ 刘伟. 发展混合所有制经济是建设社会主义市场经济的根本性制度创新［J］. 经济理论与经济管理，2015（01）：3－17.

经济制度（以公有制为主还是以私有制为主）中不同性质的经济实体（国有企业和非公企业）共同存在，其国有企业和非公有制企业在经济体中的比例由国家的基本性质决定①。从中国的发展实践看，中国改革开放后，打破了单一公有制形式的国有企业，形成了国有企业、私营企业、个体企业、外商独资、外商合资等多种类型的企业，其中国有经济本身已经是混合所有制经济，即多种所有制经济并存的经济。事实上，当前的经济体中，单一的所有制经济几乎不存在。西方的经济制度中，也基本上不存在单一私有制形式的私营经济，也是国有经济与非公经济混合的混合所有制经济。笔者认为，从宏观层面上看，混合所有制并不是一种独立的经济制度，也不是一种独立的所有制结构，实际上是在某种经济制度内的不同所有制的不同组织形式，混合所有制既不是私有制也不是公有制，既可以存在于私有制中也可以存在于公有制中，因此，混合所有制在资本主义社会可以有，社会主义社会也可以有。

从微观层面上看，混合所有制经济是指在同一个经济组织中，不同所有制的产权主体多元化投资、交叉持股、融合发展的经济形式（常修泽等，2017）②。混合所有制经济是指在同一个经济体或经济组织中，由两个或者两个以上不同所有制的产权主体通过参股、控股等交叉持股方式，融合发展的一种经济组织形式。

在文献中许多学者对"混合所有制经济"的内涵进行界定，其中概括较为全面的是：混合所有制经济主要指在同一经济组织或经济体中，不同性质的产权主体通过控股、参股、并购重组、合资合作等不同方式进行整合，实现多元化投资、相互贯通、相互融合、相互渗透而形成的新的多元化的产权配置结构和经济组织形式。混合所有制经济的特征有：财产来源社会化、投

① 龙斧. 对"混合所有制经济""交叉持股"概念科学性的唯物主义再认识 [J]. 华南师范大学学报（社会科学版），2016（05）：44–56，189–190.

② 常修泽. 新阶段国企发展混合所有制经济的推进方略研究 [J]. 经济社会体制比较，2017（06）：4–7.

资主体多样化、产权结构层次化、出资者责权有限化、企业管理科学化等，是一种优势互补、内在兼容、富有效率的现代企业组织形式，其主要借助股份制形式，实现公有资本与非公有资本、国内资本与国外资本、货币资本与人力资本的融合，通过参股、相互渗透、优势互补的运行方式。

总之，在宏观领域中，混合所有制经济属于经济运行层次的范畴，是不同所有制性质共同存在的一种形式。在微观领域中，混合所有制经济是资本的一种组织方式，与之对应的是所有权与经营权相分离的企业组织形式即混合所有制企业。

在这里做一说明，目前的混合所有制改革主要是指微观层面的国有企业改革，即公有资本与非公资本在企业层面的混合①，这也是笔者在文中所要研究的对象。

三、企业

（一）企业

凡勃伦在《企业论》中提道："企业的动机是金钱上的利益，它的方法实质上是买和卖，它的目的和通常的结果是财富的积累。谁要是目的并不在于增加财产，他就不会参加企业，更不会在独立的基础上经营企业。"② 科斯从企业与市场的关系出发，认为企业是雇主与雇员的契约关系，与市场契约的不同之处在于企业契约中包括了劳务的利用，企业拥有比一般市场更优越的权力③。

一般定义上的企业是以盈利为目的，运用各种生产要素（土地、劳动力、资本、技术和企业家才能等），向市场提供商品或服务，实行自主经营、自负盈亏、独立核算的法人或其他社会经济组织。现代经济学理论认为，企

---

① 刘长庚，张磊.理解"混合所有制经济"：一个文献综述［J］.政治经济学评论，2016（6）.
② 凡勃伦.企业论［M］.北京：商务印书馆，2012：16.
③ 科斯.生产的制度结构［M］.上海：上海三联书店，1994：11.

业本质上是一种资源配置的机制，其能够实现整个社会经济资源的优化配置，降低整个社会的交易成本。

（二）国有企业

国有企业在资本主义国家中也有，并不是社会主义国家才有国有企业，但是对于国有企业并没有世界性的普适定义。西方国家认为国有企业和公营企业不同，在欧共体中比较能说明国有企业定义的是欧洲共同体法规中的有关公营企业（Public undertaking）的定义，即"政府当局可以凭借它对企业的所有权、控制权或管理条例，对其施加直接或间接支配性影响"①，这里的政府包括中央政府和地方政府。一般认为国有企业（State－owned Enterprise，SOE）是所有权归属国家的企业，大部分国家通常指中央政府或联邦政府投资或控制的企业②。资本主义国家的国有企业主要是政府用来发挥社会职能，进行宏观调控的一种手段。再者，一些投资大的基础设施所需的成本大，其部分投资是沉没成本，收回的周期长，一般的私人企业不愿意也没有能力经营，其建设很难满足社会的需求，这些领域一般都由国家来承担。此外，涉及国民经济命脉的部门，政府通过控制这些部门作为影响和调节国民经济的手段。

（三）中国国有企业

1. 定义

中国的国有企业官方的认定是2003年财政部公布的（财企函〔2003〕9号）国有企业的认定，其从企业的控制力和资本构成两个角度认定国有企业：一是从资本构成看，国有企业的所有者权益都归国家所有，各类全民所有制企业、按公司法注册的国有独资企业、多个国有单位组建的股份公司和有限责任公司都属于国有企业；二是从控制力看，国有企业应包括国有控股

---

① 亨利·帕里斯，皮埃尔·佩斯蒂奥，彼得·赛诺. 西欧国有企业管理［M］. 张冀湘，卢奇，译. 大连：东北财经大学出版社，1991：2.
② 李维安，郝臣. 公司治理手册［M］. 北京：清华大学出版社，2015：356.

的企业，国有股超过50%的绝对控股企业就是国有企业，而相对控股要依据其他判断标准。2004年国家统计局也出台了国有企业的认定标准（国统函〔2003〕44号），该标准认为，国有企业有广义、狭义之分。广义的国有企业是指具有国家资本金的企业，可分为三个层次：一是纯国有企业。包括国有独资企业、国有独资公司和国有联营企业三种形式，企业的资本金全部为国家所有。二是国有控股企业。根据国家统计局《关于统计上国有经济控股情况的分类办法》的规定，国有控股包括国有绝对控股和国有相对控股两种形式，国有绝对控股企业是指在企业的全部资本中，国家资本（股本）所占比例大于50%的企业。国有相对控股企业（含协议控制）是指在企业的全部资本中，国家资本（股本）所占的比例虽未大于50%，但相对大于企业中的其他经济成分所占比例的企业（相对控股）；或者虽不大于其他经济成分，但根据协议规定，由国家拥有实际控制权的企业（协议控制）。三是国有参股企业。是指具有部分国家资本金，但国家不具有控股权的企业。

2. 国有企业的分类

2011年"中国企业领袖年会"提出："国有经济结构调整将使得国有企业向两个方向集中，这两个方向分别是公益性质的国有企业和竞争领域的国有大企业。"此后，各地方国资关于国企分类的文件相继出台。2013年12月上海出台的《关于进一步深化上海国资改革促进企业发展的意见》中提出，按照国企的功能定位不同，从国企战略功能和经营目标出发，把国企分成竞争类、功能类、公共服务类三大类。随后，天津也在2014年出台了天津市国企国资改革的办法，提出了与上海相同的分类方法。2015年8月中共中央、国务院出台的《关于深化国有企业改革的指导意见》中指出："国有企业可以分为'商业类国有企业'与'公益类国有企业'两个类别。公益性国有企业包括石油石化、电网、通信服务、供水、供气、公共交通等领域的企业。作为公益性企业，必须发挥社会效益，落实国有企业的社会责任。商业类国有企业的主要任务是实现国有资产的保值和升值，通过高效的经营，提高企业的经营利润，从而促进企业的扩大规模再生产，为社会创造财富。"2015

年 12 月 7 日《关于国有企业功能界定与分类的指导意见》（以下称"国资发研究〔2015〕170 号文"）强调国有企业功能界定是新形势下深化国企改革的重要内容，是推进国企改革因企施策的前提，"立足国有资本的战略定位和发展目标，结合不同国有企业在经济社会发展中的作用、现状和需要，根据主营业务和核心业务范围，将国有企业界定为商业类和公益类"。并提出："商业类国有企业和公益类国有企业作为独立的市场主体，经营机制必须适应市场经济要求。"①

在国资发研究〔2015〕170 号文中强调了商业类国企的功能为"以增强国有经济活力、放大国有资本功能、实现国有资产保值增值为主要目标，按照市场化要求实行商业化运作，依法独立自主开展生产经营活动，实现优胜劣汰、有序进退。其中，主业处于关系国家安全、国民经济命脉的重要行业和关键领域，主要承担重大专项任务的商业类国有企业，要以保障国家安全和国民经济运行为目标，重点发展前瞻性战略性产业，实现经济效益、社会效益与安全效益的有机统一"②。商业类国有企业的目标在于通过自身的经营发展，保值、增值，来为保证国家繁荣、稳定、安全和发展提供坚实的物质基础，为提高人民物质文化生活水平、实现共同富裕提供物质保障。

从文件对公益类企业的要求看，"公益类国有企业作为独立的市场主体，经营机制必须适应市场经济要求"③，既然作为独立的市场主体，就必然要遵循市场中企业运行的一般规则，就必须要盈利，那么，公益类国有企业不盈利在企业中是有问题的，或者说称为公益类企业是不恰当的。高明华（2017）也曾指出"由于不盈利，因此公益性国有企业不应该称之为'企业'，最好定位特殊法人。特殊法人不受公司法和一般商法规范的约束，而

---

① 关于国有企业功能界定与分类的指导意见［EB/OL］. 国务院国有资产监督管理委员会，2015 – 12 – 29.

② 关于国有企业功能界定与分类的指导意见［EB/OL］. 国务院国有资产监督管理委员会，2015 – 12 – 29.

③ 关于国有企业功能界定与分类的指导意见［EB/OL］. 国务院国有资产监督管理委员会，2015 – 12 – 29.

应当依照专门法律设立，受专门法律调整"①。

所以，从以上研究和国家的有关政策文件对国有企业的界定可以看出：首先，中国国有企业的属性是企业，就应该具备企业的一般特征，即盈利；其次，国有企业又应该具有国有企业的特殊性，即政府用来发挥社会职能、进行宏观调控的一种手段；最后，中国国有企业是指与其他国家国有企业的区别，指与私有制度下的国有企业的区别，中国国有企业是公有制制度框架下的国有企业。

中国的国有企业与西方的国有企业有着明显的不同，中国的国有企业在公有制框架下不仅具有企业的一般特征，从事生产经营活动，使国有资本保值、增值，推动国有企业做大、做优、做强，推动国有资本优化布局调整，同时还应具备特殊的功能，即承担国家的战略负担、公共服务的责任，用下面的公式可以清晰表达国有企业：中国国有企业＝"保值增值"＋供给国计民生＋服从国家战略。这是完美的、理想的社会主义国有企业的性质。

从这种对中国国有企业的描述看，国有企业的职责是全方位的，功能是完美理想的，但是这么完美和宏大的目标，在当前的发展阶段，怎么去实现？这是当前要思考和解决的。中国现阶段的发展特征决定一个国企还不能承担这么完美的功能，所以，要通过分类来实现，分成承担保值增值、供给国计民生、服务国家战略功能的国有企业。按照这种功能分类，针对具体国企的问题，采用"一企一策"的方法进行国有企业改革。

---

① 高明华. 公司治理与国有企业改革：高明华文集［M］. 北京：中国出版集团，2017：202.

第二节 混合所有制改革的理论来源

一、马克思的相关理论

（一）所有制理论

所有制的理论最早由圣西门学派提出，他们认为"所有制最一般的含义是财产构成……就这个含义说，所有制包括地产和资本，用经济学家的语言来表示，就是生产基金"①。他们在批判各种学派的基础上，提出他们的所有制观点，他们认为"所有制是社会制度的基础，这是所有精通政治科学的人所宣称的信条。我们从自己方面认为，所有制是社会制度的物质基础……所有制这个意义重大的词，在每一个历史时期表现着不同的事物；虽然在所有下述场合，即当人类的平静尚未被普遍的变革所破坏的时候，当新的权利、新的利益寻求社会承认的时候，所有制是由风俗和法律维持的，但是产生了不同的概念。因此，例如有权使用和滥用人、人的劳动乃至人的生命——一句话，奴隶制被公认为是希腊和罗马社会的基础"②。在当时的历史条件下，能够提出所有制是社会的物质基础、社会制度的基础，以及所有制在不同历史时期表现出不同的形式，并且指出许多经济学家先驱没有意识到所有制是可以变革的观点，这是圣西门学派在所有制领域的巨大贡献。

马克思把所有制作为一个范畴来使用，把所有制贯穿到他的思想之中。马克思认为"所有制的最初形式，无论是在古典古代世界或者中世纪，都是

---

① 巴扎尔，安凡丹，罗德里格．圣西门学说释义［M］．北京：商务印书馆，1986：125.

② 巴扎尔，安凡丹，罗德里格．圣西门学说释义［M］．北京：商务印书馆，1986：148.

部落所有制"①，这种所有制是由部落的生产方式决定的，比如罗马人是由战争决定的，而日耳曼人则是由畜牧业决定的。一个地区由几个部落组成那么就会出现国家形式，这里的所有制则是国家所有制。"在古典古代民族中，一个城市里聚居着几个部落，因此部落所有制就具有国家所有制的形式，而个人的权利则局限于简单的占有，但是这种占有也和一般部落所有制一样，仅仅涉及地产。"② 马克思认为这个阶段的部落所有制不是私有制，"真正的私有制只是随着动产的出现才开始的"③。"一切所有制关系都经历了经常的历史更替、经常的历史变更"④，源于中世纪的部落所有制也经历了不同的发展阶段，从"封建地产，同业公会的动产，工场手工业资本"⑤，最终发展成现在的纯粹私有制。所以，马克思认为所有制是随着人类发展不断地发展的，在人类社会的早期，所有制是人与自然的关系，是人对自然（土地）简单的占有，这主要是由于人类早期阶段，人类依赖自然界并受自然界的支配。马克思认为"财产最初无非意味着这样一种关系：人把他的生产的自然条件看作是属于他的、看作是自己的、看作是与他自身的存在一起产生的前提；把它们看作是他本身的自然前提，这种前提可以说仅仅是他身体的延伸"⑥。随着社会的发展，到封建社会、资本主义社会，所有制表现的是对他人财产的占有，马克思认为这种对别人财产的占有不是独立的、简单的关系，而是生产关系的总和。

马克思比较重视所有制理论，其原因是所有制是社会生产的前提条件，决定在生产过程中劳动和生产资料的不同结合方式，以及人们在生产过程中

---

① 马克思，恩格斯. 马克思恩格斯文集：第1卷［M］. 北京：人民出版社，2009：583.

② 马克思，恩格斯. 德意志意识形态：节选本［M］. 北京：人民出版社，2018：78.

③ 马克思，恩格斯. 德意志意识形态：节选本［M］. 北京：人民出版社，2018：78.

④ 马克思，恩格斯. 共产党宣言［M］. 北京：人民出版社，2014：42.

⑤ 马克思，恩格斯. 马克思恩格斯文集：第1卷［M］. 北京：人民出版社，2009：583.

⑥ 马克思，恩格斯. 马克思恩格斯文集：第8卷［M］. 北京：人民出版社，2009：142.

所处的地位和在再分配、交换中的关系，"一定的生产关决定一定的消费、分配、交换和这些不同要素相互间的一定的关系"①。生产关系的特征和本质是由一定社会中的生产资料所有制的性质决定的，这种所有制性质决定了该社会生产的目的以及社会中人们的经济利益关系。一旦生产资料所有制发生变化，其生产关系的其他方面也随着发生变化。

马克思认为所有制与所有权是两个有密切联系的不同范畴。所有制是经济范畴，主要是指人们围绕生产资料形成的经济利益关系，是生产关系的基础和核心，所有制是在一定的社会中人们围绕财产客体形成和建立的经济利益关系，表现出复杂的财产关系，包括生产资料归谁所有、使用、支配、占有等，以及这些权能所发生作用产生的经济利益归谁使用、支配和占有的关系；而所有权的关系需要得到人们认可、共同遵守，随着国家法律出现得到法律保护，在法权上的反映就是所有权，所以，所有权是法权范畴。所有制在不存在阶级和国家的条件下仍然存在，而所有权只在国家和社会出现后才存在②。所有制先于所有权存在，只要有生产活动，就必然存在所有制形式，"任何所有制形式都不存在的地方，就谈不上任何生产，因此也就谈不到任何社会"③。

马克思理论认为，社会关系包括生产关系，政治、经济、文化组成的上层建筑，以及与之相适应的由政治制度、经济制度、文化制度构成的社会制度。在这个体系中，作为经济关系的生产资料所有制及其法权的反映，生产资料所有权制度起着决定性作用。所有制是人们围绕财产客体形成和建立的经济关系，生产资料的客体主要包括生产资料、劳动力、技术、劳动产品等，所以产生了生产资料所有制、劳动力所有制以及劳动产品所有制等，由于所有制是历史范畴，所以随着经济发展，所有制客体也不断地延伸和发展，但是生产资料所有制一直起着主导作用。在人们使用生产资料进行生产

---

① 马克思．政治经济学批判：序言、导言［M］．北京：人民出版社，1971：22.
② 曹立．混合所有制研究［D］．北京：中共中央党校，2002.
③ 马克思．政治经济学批判：序言、导言［M］．北京：人民出版社，1971：10.

的过程中，所占有、使用的生产资料不一定属于自己所有，可以是借来的、租来的。这可能是生产资料的主人由于时间、能力等限制无法使用这些生产资料，也可能是生产资料的主人无法占有这些生产资料，生产资料的主人在获得一定利益的前提下，把生产资料租、借给其他人占有、使用、支配①。

(二) 分工、分类理论

马克思认为："在产品普遍采取商品形式的社会里，也就是在商品生产者的社会里，作为独立生产者的私事而各自独立进行的各种有用劳动的这种质的区别，发展成一个多支的体系，发展成社会分工。"② 而且，列宁认为："商品经济的发展使单独的和独立的生产部门的数量增加。这种发展趋势是，不仅把每一种产品的生产，甚至把产品的每一部分的生产，都变成专门的生产部门；而且不仅把产品的生产，甚至把产品准备好以供消费的各个工序都变成单独的生产部门。"③ 由此可见，马克思主义者认为，社会分工本身就是一种"类"活动，即社会性质的劳动，是人类生产活动的具体方式④。"社会分工是多种多样劳动的整体，这些劳动正是由于它们之间的差别，由于它们的差别性而相互补充。"⑤ 由于每个劳动力从事职业的不同，行业的差距，这种差别形成了不同的行业，行业的出现提高了劳动生产率，这些行业互相补充，互相促进。"一个产业部门利润率的提高，要归功于另一个产业部门劳动生产力的发展……生产力的这种发展，归根结底总是来源于发挥着作用的劳动的社会性质，来源于社会内部的分工，来源于智力劳动特别是自然科学的发展，在这里，资本家利用的是整个社会分工制度的优点。"⑥

---

① 王天义. 马克思主义经济学教程 [M]. 北京：中共中央党校出版社，2004：43.

② 马克思. 资本论：第1卷 [M]. 北京：人民出版社，2008：56.

③ 列宁. 列宁选集：第1卷 [M]. 北京：人民出版社，2012：164.

④ 崔向阳，钱书法. 论马克思社会分工制度理论的科学内涵及其理论贡献 [J]. 马克思主义与现实，2010 (04)：142－148.

⑤ 马克思，恩格斯. 马克思恩格斯全集：第42卷 [M]. 北京：人民出版社，1982：438.

⑥ 马克思，恩格斯. 马克思恩格斯全集：第25卷 [M]. 北京：人民出版社，1982：97.

由于劳动的分工和协作，资本能够坐享其成，"由于协作和分工产生的生产力，不费资本分文，这是社会劳动的自然力"①。

马克思在《资本论·序言》中也指出："社会的物质生产力发展到一定阶段，便同它们一直在其中运动的现存生产关系或财产关系发生矛盾。于是这些关系便由生产力的发展形式变成生产力的桎梏。那时社会革命的时代就到来了。随着经济基础的变更，全部庞大的上层建筑也或慢或快地发生变革。"② 这是马克思从动态的角度出发分析社会的基本方法，这里包含着两组社会基本矛盾的变化，即生产力与生产关系、经济基础与上层建筑。首先，生产力与生产关系的矛盾说明生产力决定着生产关系的性质、形态的变化；生产关系对生产力具有反作用，当生产关系与生产力发展水平相适应时，生产关系会促进生产力的发展，反之，则阻碍生产力的发展。所以，我们要遵守"生产关系一定要适应生产力发展水平"的规律。其次，经济基础与上层建筑之间的矛盾说明经济基础决定着上层建筑的性质和形态的发展变化，变革的上层建筑或者说是改革的上层建筑促进生产力的发展；当生产力的水平发展了，而维持或者保护上层建筑不变，不去变革，那么上层建筑就会阻碍生产力的发展。

从生产关系和生产力二者之间的关系看国有企业当前的发展，笔者认为，国有企业的生产关系在某种程度上阻碍了生产力的发展，主要表现在两个方面：一方面，国有企业的生产关系阻碍生产力潜能的发挥，这是由于传统的国有企业生产关系落后于当前生产力的发展，使生产力无法充分地发挥和释放；另一方面，当前的生产关系发展水平相比生产力的发展水平超前，这是由于生产力的发展没有得到充分解放和发展，生产力水平没有得到平稳提高。此外，由于中国的国有企业特殊的功能和战略使命，当前国有企业并没有明确分类，国有企业的经营目标与其功能错位，这就决定了国有企业改

① 马克思. 资本论：第 1 卷 [M]. 北京：人民出版社，2008：443.
② 马克思，恩格斯. 马克思恩格斯文集：第 1 卷 [M]. 北京：人民出版社，2009：591.

革要进行分类，使国有企业的职能与目标相一致，这样才能充分释放国有企业的生产力。

马克思的这些论述告诉我们，社会的发展要按比例发展，按比例分配社会劳动，这都是由社会分工决定的，只有分工的差别，才能形成多元化、专业化的优势，才能"不费分文"地提高经济效益和社会生产力。再者，从世界一流的企业看，都有专业化的竞争优势。例如，为什么中国人跑到日本去买马桶、去日本买电饭锅？再者，世界上最好的电子产品、奢侈品几乎都来自专业化的企业生产。从这个角度看，要发展世界一流有竞争力的国有企业，就要坚决打破"大而全""小而全"的国有企业模式，彻底杜绝疯狂的、杂乱的、"重组"的模式。目前国有企业所涉及行业出现的"大而全"的"大杂烩"现象，国有企业之间的行业分布过度趋同。所以，要对国有企业进行"一企一策"分析归类，界定企业的功能，然后清晰分类，要坚决克服企业产业布局结构趋同的现象，要充分发挥企业的专业化优势与"工匠"精神。由此可见，分类改革要遵循生产关系一定要适应生产力发展水平规律的要求，当前，对国有企业进行分类是生产力发展的必然要求，是马克思主义中国化的必然产物，因此，国有企业功能界定与分类在理论层面与现实层面都将成为新形势下深化国有企业改革的重要内容。

（三）资本集中和股份制理论

马克思在《资本论》中多处提到股份经济，他认为股份制是生产力发展的必然结果，而股份制是资本快速集中的一种手段。"积累，即由圆形运动变为螺旋形运动的再生产所引起的资本的逐渐增大，同仅仅要求改变社会资本各组成部分的量的组合的集中比较起来，是一个极缓慢的过程。"[1] 集中补充了积累的作用，资本积累的这种缓慢的过程，"通过集中而在一夜之间集合起来的资本量，同其他资本量一样，不断再生产和增大，只是速度更

---

① 马克思. 资本论：第 1 卷［M］. 北京：人民出版社，2008：724.

快，从而成为社会积累的新的强有力的杠杆"①，"使工业资本家能够扩大自己的经营规模"，"假如必须等待积累使某些单个资本增长到能够修建铁路的程度，那么恐怕直到今天世界上还没有铁路。但是，集中通过股份公司转瞬之间就把这件事完成了"。② 资本的集中通过两种途径，一种是"通过吞并这条强制的途径来实现"，另一种是"通过建立股份公司这一比较平滑的办法把许多已经形成或正在形成的资本融合起来，经济作用总是一样的"。通过这两种途径能迅速实现资本的集中，个别资本或者单个资本不能建立的企业出现了，生产规模迅速地扩大了。马克思还认为，随着资本主义生产的发展，"竞争和信用——集中的两个最有力的杠杆，也同样程度地发展起来"。通过竞争和信用资本的集中可以迅速实现，而这种资本的"集中可以通过单纯改变既有资本的分配，通过单纯改革社会资本各组成部分的量的组合来实现。资本所以能在这里，在一个人手中增长成巨大的量……在一个生产部门中，如果投入的全部资本已融合为一个资本时，集中才算达到了极限"③。马克思这里集中起来的资本，只有量的差别没有质的差别，集中起来的资本在一个职能资本家手中行使资本的职能，体现资本的逐利性，不断地用来使资本增值，而如果在一个部门中集中的资本被一个人使用时，这可以说是资本的集中达到了一个庞大的程度——"托拉斯"式的具有垄断特权的股份公司就会出现。

马克思的资本积累与集中理论对当前的混合所有制改革具有非常重要的意义。首先，混合所有制改革必须保障国有资本量的增加。国有企业的存量可以看成发展中资本的积累。任何社会的发展都必须要积累，积累是社会发展的直接推动力和源泉。当前的国有企业混合所有制改革也必须重视积累，改革的过程中不能动资本的存量，而只能是增量的改革。所谓增量，就是指新创造的部分，每年的新增加额。资本主义的积累，首先内部主要是靠资本

① 马克思.资本论：第1卷［M］.北京：人民出版社，2008：724.

② 马克思.资本论：第1卷［M］.北京：人民出版社，2008：724.

③ 马克思.资本论：第1卷［M］.北京：人民出版社，2008：723.

家的积累即剩余价值来增值，其次是外界环境的竞争。社会主义市场经济条件下的积累也就是资本的增值，同样也要靠企业的不断增值和市场的竞争来实现。同时社会主义还要通过国家的宏观调控来整合资本，使国家的公有资本不断地增值。而混合所有制改革就是通过整合各类资本，发挥各种不同性质资本的作用，使这些不同性质的资本能够起到协同作用，使公有资本不断地增值。现在国有企业存在很多问题，如亏损面比较大以及长期亏损的企业，这类企业应该是改革的重中之重，同时这类企业如果处理不好，将是我国国有企业混合所有制改革的一大障碍。积累的数量取决于剩余价值的数量。剩余价值的量越大，用来积累的量也就可能越大。而亏损的企业是没有积累的，所消耗的是企业的存量，也就是说企业的资产量是不断地减少的。所以，要加快亏损企业改革的步伐，使其扭亏为盈，使公有资本增值。

马克思论述的股份制的显著特点是："实际执行职能的资本家转化为单纯的经理，即别人的资本的管理人，而资本所有者则转化为单纯的所有者，即单纯的货币资本家。……在股份公司内，职能已经同资本所有权相分离，因而劳动也已经完全同生产资料的所有权和剩余劳动的所有权相分离。"① 所以，股份制可以实现所有权和经营权的分离。随着社会的发展，管理者的出现使管理成为一种专业化的职业，在科学的管理下，生产力得到极大的提高。此外，在资本主义生产条件下，股份公司的两权分离，使得"它再生产出了一种新的金融贵族，一种新的寄生虫——发起人、创业人和徒有其名的董事；并在创立公司、发行股票和进行股票交易方面再生产出了一套投机和欺诈活动"②。所以，只要是股份公司，就会出现"即使是职能资本家，其对资本的支配权也被经理和管理者所取代"③。正如在马克思论述靠信用发展起来的股份制企业时所指出的："与信用事业一起发展起来的股份企业，

---

① 马克思. 资本论：第1卷 [M]. 北京：人民出版社，2008：493.
② 马克思. 资本论：第3卷 [M]. 北京：人民出版社，2008：496.
③ 李燕.《资本论》中的产权理论与我国国企产权制度改革 [J]. 当代经济研究，2002（03）：12－16.

一般的说也有一种趋势就是使这种管理劳动作为一种职能越来越同自有资本或借入资本的所有权相分离。"① 所以，在国企股份制改造中，所有权和经营权的分离对中国国有产权改革起着非常重要的作用。党的十五大指出："股份制是现代企业的一种资本组织形式，有利于所有权和经营权的分离，有利于提高企业和资本的运行效率，资本主义可以用，社会主义也可以用。不能笼统地说股份制是公有还是私有，关键看控股权掌握在谁手中。国家和集体控股，具有明显的公有性，有利于扩大公有资本的支配范围，增强公有制的主体作用。" 所以，马克思的关于股份制和两权分离的有关理论，为中国的国有企业改革提供了理论基础，按照马克思的产权相关理论进行国有企业改革，即按照产权的权利统一和分离的辩证统一的观点解决问题，而不是走私有化道路解决企业的产权问题，即在坚持社会主义性质的基本前提下，对国有财产的生产关系进行调整，绝不是改变国有财产的性质，要正确处理国有企业所有权和经营权之间的矛盾问题，防止个别人对国有企业经营权的无端干预，或者对国有企业所有权的变相侵蚀这两种倾向；这种两权分离是相对的，并非绝对的，就其统一性而言，其意义就是必须保证而不是弱化国家对国有企业的合理合法的监督管理②。

总之，马克思的股份经济的基本观点有以下几点。其一，马克思认为股份公司是生产力强大的杠杆。他认为股份经济促进了生产力的发展，促进了社会的进步，"通过集中而在一夜之间集合起来的资本量，同其他资本量一样，不断再生产和增大，只是速度更快，从而成为社会积累的新的强有力的杠杆"③。其二，股份公司是大公司控制小公司的途径。资本主义社会生产力的大力发展是建立在私有制基础上的，资本主义的经济运行是私有制条件下的市场经济，这种社会制度与市场经济是天然的融合，能够极大地促进社

① 马克思.资本论：第3卷［M］.北京：人民出版社，2008：436.
② 王义勇.马克思主义产权理论与国有企业产权制度改革［D］.合肥：合肥工业大学，2013.
③ 马克思.资本论：第1卷［M］.北京：人民出版社，2008：724.

会大生产的发展，而这种发展是通过竞争实现的。马克思认为："竞争斗争是通过使商品便宜来进行的。在其他条件不变时，商品的便宜取决于劳动生产率，而劳动生产率又取决于生产规模。因此，较大的资本战胜较小的资本"①，"随着生产方式的发展，在正常条件下经营某种行业所需要的单个资本的最低限量提高了。因此，较小的资本挤到那些大工业还只是零散地或不完全地占领的生产领域中去"②。从而，一些零散的小资本被大资本吞并。

其二，股份公司的股份资本的获取方式是平滑的方式，"通过建立股份公司这一比较平滑的办法把许多已经形成或正在形成的资本融合起来，经济作用总是一样的"③，股份公司融资方式能使社会上分散的资本在较短的时间内不断地结合，用相对科学的方式使资本聚集起来。

马克思的股份制与股份制基本原理的论述，对目前我国国有企业的混合所有制改革具有重要的意义。我国的国有企业改革的最终目的是建立现代企业制度，而现代企业制度的典型特点是实现了资本所有权和经营权有效分离。投资者（资本的所有者）把集中的资本投入公司，投资者拥有公司股权（以实际投入的资本额界定实际股权数量，但是投资者的这些股权数量不能兑换股票），并且投资者依据所投入的资本份额承担相应的有限责任。公司作为一个经济实体，对参与投资的混合资本（马克思称为联合资本）拥有统一的法人财产权，公司依据市场的需要，自主进行生产经营活动。在公司进行经营决策的过程中，投资者不能随意干扰公司经营活动。但公司并没有把资本的所有权和经营权完全隔离开来，而是建立二者之间的相互制衡的治理机制，把二者之间的关系有效地联系起来。首先，投资者拥有投资收益权；其次，投资者通过公司的董事会、股东大会等，参与公司决策（用手投票）。此外，对于上市公司而言，投资者通过股票交易，操纵或者通过其他方式影响股票的价格，对公司的经营决策施加压力（用脚投票）。股份制经过多年

---

① 马克思．资本论：第1卷 [M]．北京：人民出版社，2008：722．
② 马克思．资本论：第1卷 [M]．北京：人民出版社，2008：722．
③ 马克思．资本论：第1卷 [M]．北京：人民出版社，2008：723．

的实践表明，参与投资的资本可以是公有资本、集体资本以及私人资本等其他性质的资本，这些资本的结合并没有阻碍股份制企业发展成为独立的市场运行主体。再者，在市场经济条件下股份制作为企业的一种财产组织形式，其控股权掌控在不同的所有者手中，这是由资本的社会属性决定的。这就给我们很大的启示：通过股份经济的形式，既可以坚持以公有制为主体，以国有经济为主导，发展多种所有制的资本联合，又能使国有企业成为与市场经济相适应的微观运行主体，从而实现社会主义公有制与市场经济的有机融合。

在社会主义市场经济条件下，依据马克思股份制的有关理论与股份制理论的发展和实践，大力发展多种形式的股份制企业，特别是要大力发展以公有制为主体，公有资本参股控股所形成的股权多元化的混合所有制企业，这种企业具有很多优势。其一，有利于拓宽融资渠道，更大范围地筹集资金，促进资本市场发展；其二，有利于资本的合理配置，增加资本的流动性，从而有利于资本更快地联合与集中，提高资本的规模效益；其三，有利于政企分开，使国有企业改造为独具竞争力的独立运行的市场运行主体，建立企业相互制衡的治理机制；其四，有利于促进公有经济和非公经济共同发展，形成"国民共进"的微观市场运行主体，使各类资本在社会主义市场经济条件下充分发挥各自的优势，共同发展、共享发展成果①。

（四）不变资本和可变资本

资本家为了进行生产，把他的资本分成两部分，一部分用来购买生产资料，另一部分用来购买劳动力。马克思通过工人的劳动过程剖析新产品价值形成过程，认为资本主义生产过程是劳动过程和价值增值过程的统一，新产品价值形成过程是"劳动过程的不同因素在产品价值的形成上起着不同的作用"②，这是指生产资料和劳动力两种资本在新产品价值形成中的职能不同，

① 杨瑞龙，周业安，闫衍，等．国有企业分类改革的逻辑、路径与实施［M］．北京：中国社会科学出版社，2017：18.

② 马克思．资本论：第1卷［M］．北京：人民出版社，2008：232.

马克思把这两种资本区分为不变资本和可变资本。不变资本是指在生产过程中没有改变自身价值量的那部分资本，用来购买生产资料的资本，即原料、辅料和劳动资料。可变资本是指在生产过程中改变自身价值量的那部分资本，即购买劳动力的那部分资本，"转变为劳动力的那部分资本，在生产过程中改变自己的价值。它再生产自身的等价物和一个超过这个等价物而形成的余额，剩余价值。这个剩余价值本身是可以变化的，是可大可小的。这部分资本从不变量不断转化为可变量"①。马克思解释不变资本和可变资本在价值中的作用时，用劳动的二重性原理，即在同一劳动过程中，具体劳动把生产资料加工成使用价值，把生产资料的价值转移到新产品中；抽象劳动，通过脑力的一般消耗，创造出劳动力的等价值和剩余价值。马克思把资本区分为不变资本和可变资本，说明这两种资本在剩余价值中的不同作用，揭示了工人不仅创造自身劳动力的价值而且也创造剩余价值。

马克思把资本家用来生产的资本分成不变资本和可变资本两部分，主要揭示资本家剥削工人的实质。当代的资本主义与马克思所处时代的资本主义虽然有很大的进步，但资本家剥削工人的本质没有变化，资本家进行生产的目的仍然是榨取工人剩余劳动时间内创造的剩余价值。但是，社会主义社会生产实践表明，社会主义的生产也是劳动过程与价值增值过程的统一，社会主义的生产过程中同样存在工人的剩余劳动。投入与产出是经济效益的两个重要指标，产出大于投入是一个社会生产最起码的要求，是维系人类社会生存发展的最基本的条件。剩余劳动在资本主义社会存在，在社会主义社会同样存在，其区别是资本主义社会中的剩余劳动被资本家无偿占有，结果必然是贫富两极分化，社会主义社会中的剩余劳动由国家用来积累、改善人民的生活，对社会进行建设，取之于民用之于民，体现的是国家、集体和个人三者之间根本利益基础上的收入分配关系和使用关系，其结果有利于全体人民

---

① 马克思．资本论：第1卷［M］．北京：人民出版社，2008：243.

逐步达到共同富裕①。

二、西方经济学相关理论

(一) 产权理论

1. 科斯的交易成本及产权理论

关于产权理论科斯有过专门论述,他的产权理论思想在其 1937 年发表的《企业的性质》和 1960 年发表的《社会成本问题》两篇文章中得以集中体现。科斯的产权理论揭示企业存在的原因在于"交易成本","交易成本"认为运行价格机制的成本是交易成本的表现形式,进而形成可靠的市场信息成本以及谈判和履行合约的成本。如果没有企业制度,交易成本就会非常高昂,而如果把分散的要素组织成为一个企业,再以企业为单位进入市场,则可以降低交易成本,减少交易摩擦②。同时产权界定的问题也伴随着交易成本问题的触发而显现,因此,可以说产权理论的基础源自科斯关于"交易成本"概念的提出。

学术界把科斯的思想总结为科斯第一定理、第二定理,统称为"科斯定理",用来分析在私有产权存在条件下资源的配置问题、企业与市场为什么存在的问题,以及企业的规模与市场的边界,这是现代产权理论的主要部分。其理论认为,产权具有多层次性和多样性的特点,包括所有权、占有权、使用权、支配权、收益权以及处置权等,产权是一系列的权力束,在一般的情况下产权可以分离,这些权力可以归属不同的经济主体,其权力相互制约、相互统一。产权理论还认为,不同制度结构的产权结构安排是不同的,其直接影响资本运营和资源配置的效率。所以,研究经济问题必然要关注产权和产权制度安排。

---

① 鲁从明. 资本论的思想精华和伟大生命力 [M]. 北京:中共中央党校出版社,2016:71.
② 罗纳德·H. 科斯. 企业、市场与法律 [M]. 盛洪,陈郁,译. 上海:格致出版社,2014:34-58.

2. 阿曼·A. 阿尔钦的产权理论

阿曼·A. 阿尔钦认为，"私有产权是给予人们对物品那些必然发生矛盾的各种用途进行选择的权利"①，较强的私有产权要比较弱的私有产权更有价值。举个例子说，如果一个卖主拥有某种物品与两个拥有同种类似的物品的买主进行物品之间的相互交换，那么，他对拥有较弱的私有产权的买主要价要高于拥有较强的私有产权的买主。这就是说要使我们手中的物品更有价值，我们对我们的物品的私有产权越大越好，如果你对一件物品的产权较弱，就是说这个物品并不完全属于你，那么这个物品严格来讲，它的归属就会存在争议。从总体福利或者政策的角度来讲，对存在产权争议的物品，虽然名义上他属于两个人或者更多的人，但实际上还不如把这个产权交予一个人。属于两个人的话，当他们都需要使用这个物品的时候，这两个人就会针对这个物品进行谈判或者争执，这样就会浪费一定的成本在这个物品上，即谈判成本就会提高，也就是说交易成本就会提高，如果把这个物品的产权交予一个人的话，这部分的产权争议所产生的交易成本显然是不存在的。科斯提出了产权的分割性、排他性和外部性，他把产权具体化为三种产权形式，即国有产权、共有产权和私有产权，并将不同产权主体的产权界定视为这三种产权的实质。在此基础上他提出，"企业是受合约约束，通过投入各种要素而组合起来的契约团体，现代公司不仅可以大规模、专业化地生产，还增强了各部分私有产权的可转让性和可分割性，这并没有削弱私有产权的基础。私有产权的制度能够在很大程度上克服共有产权和国家产权所固有的外部性，达到资源配置和效率最优，因此，私有产权是不应该被限制的"②。

阿曼·A. 阿尔钦等人在《生产、信息费用与经济组织》中提道："经济组织通过所有者的合作，将会更好地利用它们的比较优势，这在一定程度上

---

① 罗纳德·H. 科斯，等. 财产权利与制度变迁：产权学派与新制度学派译文集［M］. 刘守英，译. 上海：格致出版社，2014：49.

② 罗纳德·H. 科斯，等. 财产权利与制度变迁：产权学派与新制度学派译文集［M］. 刘守英，译. 上海：格致出版社，2014：68.

促进了报酬的支付与生产率的一致性。如果报酬的支付是随机的，也不考虑生产者的努力，这种组织就没有提供生产努力的激励；如果报酬的支付与生产率负相关，这种组织是具有破坏性的。"① "为了对队员进行纪律约束以减少偷懒，享有剩余索取权的人必须具有修改合约以及在不终止或改变其他投入合约的情况下，给予个别成员激励的权力。因此，队员成员在寻求增加他们的生产率时，不仅向监督者分派了享有剩余索者的权力，而且还给予了他改变个别成员资格及团队的绩效的权力。"②

(二) 公司治理理论

企业制度理论中一个比较重要的理论就是公司治理结构理论，"治理结构"最早并不是企业治理的术语，它源于法语（governance structure)，是一个法律专用术语，主要从法权关系的视角研究企业有关权力结构的设置，主要用来制衡这些结构的权力关系，使代理人的行为清晰化，更大可能地提高委托人的利益，同时，对激励机构的研究也是治理结构的重要内容。后来，经济学家用"治理结构"来替代契约制度，有时还把"治理结构"称为"市场治理结构"。

关于公司治理的定义有很多，国外学者给出了很多定义，但是归纳起来有以下几点：其一，逐渐注重对相关利益者的考虑，但股东仍是问题分析的逻辑出发点；其二，强调管理者的创新自由和对股东及其他相关利益者的责任；其三，寻求从企业内部改善公司治理结构，以达到前面两个目标。

国内学者也对公司治理进行了广泛的研究，其中有代表性的定义有：吴敬琏认为公司治理结构是指由公司的所有者、公司董事会，以及高级经理人员所形成的一种企业组织结构形式。刘伟认为公司治理结构是指具有一定联系的并且能够规范约束企业所有者（股东）、企业支配者（董事会）、管理者

---

① 罗纳德·H. 科斯，等. 财产权力与制度变迁：产权学派与新制度学派译文集 [M]. 刘守英，译. 上海：格致出版社，2014：45.

② 罗纳德·H. 科斯，等. 财产权力与制度变迁：产权学派与新制度学派译文集 [M]. 刘守英，译. 上海：格致出版社，2014：51.

（经理）、使用者（工人）的相互权力和利益关系的制度框架。陈清泰认为合理有效的公司治理体系能够较好地保障所有者权益，这种对所有者权益的保障使所有者能够出让所有权，而且是公司的所有权与经营权得以分离的制度基础，是企业竞争力最重要的基础软件，是现代市场经济必不可少的制度安排。

总的来说，从以上对公司治理体系或者公司治理结构的概念可以看出，公司治理在中西方都主要是对公司内部权力关系制衡的安排，而在西方的文献中，"corporate governance"（公司治理）一词的提出就为了研究企业内部和外部各方相关利益主体的契约安排，他们对公司治理的研究主要包括企业运行的市场和企业内部治理体系这两个主要部分。国内的文献对"公司治理结构"的一般研究，都是把公司治理理解为涵盖多方面内容，其包括了企业治理机构、企业治理体系以及企业治理控制机制体制等多方面的含义。

综上所述，公司治理结构是一套既能够约束和激励经营者同时又能够对股东负责的公司运行机制，是确保公司有效经营的一系列的举措。其含义是在出资人的财产所有权与经营权相分离的基础上，建立一套有效的权力制衡机制，即企业的股东、监事会、董事会、经理层和其他利益相关者，激励约束机制及市场机制之间的制度安排。具体来说，公司治理结构既是一种经济关系、契约关系，又是一种权力的制衡机制。公司治理结构包括公司治理的内部结构和公司治理的市场机制，是把企业各相关利益主体联系在一起，并构造各利益主体之间的制衡机制。通过一定的治理结构使得资产诸方面权力在分离的状态中能保持有效的约束及监督，使诸方面资产权利的掌握及运用严格受到相应资产责任的制约，从而达到诸方面利益的均衡，以保证效率的提高。

（三）委托—代理理论

20世纪30年代，美国经济学家伯利和米恩斯发现如果一个企业所有者同时又是企业的经营者，那么这两者兼具一身的做法对企业的运营极不利，于是他们二人共同提出"委托—代理理论"，主要倡导把企业的所有权和经营权分开，使企业的所有者保留剩余索取权，把企业的经营权利让渡出去或者交给其他人进行代管。他们的委托—代理理论被认为是现代公司治理问题研究的逻辑起点。

委托—代理理论的主要观点有：在企业规模化大生产和不同分工的基础上产生了委托代理关系，一方面是社会生产力发展形成规模化大生产，从而使各种分工进一步细化，对拥有所有者权利一部分人，由于自身的知识、能力、时间和精力等多方面的因素，他们对自己的所有的对象不行使所有的权利，把它交付给其他人代管；而另一方面企业的规模化大生产带来了各个工种的专业化分工，这种专业分工的细化，就促使在工厂内部造就了一大批技术专业、管理精干的人，他们具备较专业的知识技能，他们有精力、有能力替代所有者把被委托的物或者事情管理好、行使好被委托的权利，这就产生了委托—代理关系。但在这种关系中，委托人和代理人所追求的目标是不一样的，委托人委托的目的是放弃经营权以便换来更多的剩余索取权，即财富的最大化增值，然而代理人的目标是通过代理权的实施，追求自身的薪水收入、闲暇时间等个人行为最大化，委托人和代理人之间的不同目的，就必然导致这两个阶层产生利益冲突。如果没有有效的制度约束代理人的行为，以及这两者之间的制衡关系，那么最终会损害委托人的利益。

委托—代理理论在 20 世纪 80 年代成为企业治理研究的对象并成为其重要研究的成果，其主要研究企业委托人（股东）对企业代理人（管理者、工人）进行激励、约束、控制和相互制衡的管理理论。委托—代理理论虽然提供了对公司治理有价值的思想，但企业内部的很多关系是不能被正式契约决定的，而且大量的偶然性是无法从完全契约中反映出来的，这促使不完全契约思想的产生。不完全契约理论认为公司治理问题源于契约的不完全性，这种不完全性使得公司治理变得有必要，通过公司治理可以解决契约中无法明确规定的及遗留的问题。这必须依赖代理人的"道德自律"，但这存在着"道德风险"，表现在两个方面：一是偷懒行为，二是机会主义，这时激励机制和约束机制就变得很有必要了。

委托—代理理论和不完全契约理论的出现，为公司治理模式的完善和发展提供了重要的理论基础。从这个方面看国有企业治理问题，国有企业建立现代企业制度，要从委托代理人角度，建立一套相互制衡的治理机制，才能保证委托人的效益最大化以及代理人的个人利益最大化，从而使各类资源配置最大化，进而国有企业的治理机制和运行体制得以有效、良好的运行。

（四）利益相关者理论

Penrose（1959）在其《企业成长理论》（*The Theory of the Growth of the Firm*）一书中提出企业是人力资产和人际关系的集合的观点，被认为是研究利益相关者理论（stakeholder theory）的基础。此后，利益相关者的研究不断增多，其理论的发展得益于斯坦福国际咨询研究所，1963 年该研究所对利益相关者进行了描述：组织的生存依靠利益相关者的支持，没有利益相关者支持组织将不能生存。首次使用利益相关者这个词语的是 Rhenman（1964），他对利益相关者进行了界定，利益相关者是指那些为实现自己目的的需要，依存企业的那部分人或群体，如企业的投资者、员工、供应商、顾客等，而企业为自身的生存发展也依靠这些人或者群体的支持者，他把利益相关者单边关系扩展到双边关系，并强调企业与利益相关者之间的相互影响。在管理学和经济学中最早引入利益相关者的是 Ansoff（1965），他把利益相关者理论与企业战略目标结合在一起，在 1979 年提出要制定理想的企业战略目标，必须要综合考虑和平衡企业的众多利益相关者之间的利益关系，并且平衡他们之间的剩余索取权，即股东、管理人员、工人、客户及供应商等之间的关系，最终企业目标的实现，是不同的利益相关者之间相互协调的结果①。Freeman（1984）的《战略管理：利益相关者视角》一书，提出了利益相关者的管理理论，主要指与传统的股东至上主义相比较的公司治理理念，任何公司的发展都与公司的诸多利益相关者的参与或投入有关，企业应该追求利益相关者的整体利益，而不应该是某些主体的利益，所以，公司的发展要兼

---

① 李维安，郝臣. 公司治理手册［M］. 北京：清华大学出版社，2015：32.

顾和平衡公司相关的利益相关者的利益和要求，不能把股东利益放在至高无上的地位。Freeman（1984）在这本书中给出了比较经典的利益相关者的定义："企业的利益相关者是指那些能影响企业目标的实现或被企业目标的实现所影响的个人或群体。"① 他的这一定义，扩大了利益相关者的范围，利益相关者不仅是与企业产生直接关系的人或群体，而且那些被间接影响的人或群体也被纳入了利益相关者的范围，比如社区、政府、环保组织等都被看成利益相关者（Ahlstedt 和 Jahnukainen，1971；Hompson，1991）。Blair（1998）把公司的利益相关者分为两类：一类是直接利益相关者，就是向公司直接投入自己资本并承担风险的人，如股东、员工、供应商、销售商和债权人等；另一类是间接利益相关者，如政府、社区等②。从利益相关者的理论发展来看，以弗里曼为代表的一些学者认为，要制定有效的公司目标，必须考虑企业利益相关者的利益和问题，并把这些问题看成企业的外部环境因素对待，这与传统的股东至上理论相冲突。还有一些学者认为，虽然企业在组织和决策的过程中，利益相关者受到多方面的制约，并处于从属和被管理的地位，但是已经突破了股东至上理论的约束。

国内学者杨瑞龙等人（1998）③ 对企业的利益相关者提出了广义上的含义，他们认为只要是对企业的生产经营产生影响和被企业经营活动所影响的团体或者个人都是企业的利益相关者，包括外部金融机构、雇员、管理层和股东，要把企业的效率和公平结合起来，现代企业所追求的是利益相关者的利益最大化，而不是股东财富利益最大化。他们的这个定义与广义上的现代公司治理的内涵基本吻合。

文献中涉及利益相关者的主要论述有④：第一，对企业剩余的贡献是股

① 李维安，郝臣. 公司治理手册［M］. 北京：清华大学出版社，2015：35.
② 李维安. 中国公司治理原则与国际比较［M］. 北京：中国财经出版社，2001：582.
③ 杨瑞龙，周业安. 论利益相关者合作逻辑下的企业治理机制［J］. 中国工业经济，1998（01）：38-45.
④ 冯埃生. 混合所有制的公司治理效益［D］. 大连：东北财经大学，2016.

东的权益资本、管理人员和员工的人力资本、债权人的债务资本等，按照谁贡献谁受益的原则，参与企业剩余贡献的相关者都要求参与剩余索取权和剩余收益权的分配；第二，企业的管理人员、员工与企业的股东一样承担着企业的风险，尤其随着人力资本专用性增强和资本市场化程度的提高，人力资本与物质资本一样都应该拥有企业的剩余索取权和剩余控制权；第三，由于企业的股权比较分散，企业的资本小股东占多数，无论是上市的公众企业还是没上市的企业，小股东的投资追逐利润，很大程度上"用脚投票"，而不会真正关切企业的生存和发展，相反真正关心企业和决定企业是否发展的是企业管理层与企业员工，所以，公司的治理不能只关注股东与企业高管之间的关系，更要关注企业的利益相关者。企业的利益相关者参与企业的治理有助于降低企业的委托代理成本，形成有效的内部治理结构，还有助于激励利益相关者为企业发展长期投入，防止企业发展的短期化行为，从而更有利于企业的长期发展。

（五）现代人力资本理论

当代科技进步的速度超过任何时代，对知识的要求和需求也超过任何时代，经济增长的速度由依赖物质资本的时代转向依赖先进的科技和人力资本的时代，这就要求在企业中人力资本产权和物质资本产权一样必须得到承认。正如舒尔茨所说，掌握知识的人力资源是所有资源中最宝贵的资源，即"凝结在人体内的能够使价位迅速增值的知识、技能及其表现出来的能力"[1]。库兹涅茨通过对西方许多国家的长期考察，"发现其国民收入中由物质资本所贡献的份额从大约45%下降到25%，而劳动对国民收入的贡献大约从55%上升到75%"。[2] 舒尔茨通过美国 1900 年到 1970 年劳动力教育存量与两类可进行再生产的非人力资本存量进行比较发现，劳动力质量的提高和科技进步对投资收益率产生重要的影响，最后得出物质资本的收益率低于人

---

① 西奥多·舒尔茨. 论人力资本投资［M］. 北京：中国经济出版社，1987：12.

② 西奥多·舒尔茨. 对人进行投资［M］. 北京：商务印书馆，2017：93 - 94.

力资本的收益率的实证证据①。马歇尔也曾经论述："绝大部分资本是由知识和组织活动构成，知识是生产发展的最大动力……知识和组织活动的私有财产和公有财产之间的区别十分重要，并且其重要性不断增长：在某些方面，要比物质形式的私有财产和公有财产的区别更重要。"② 此后，贝克尔系统地分析了个人收入分配与人力资本之间的关系，提出了劳动收入与人力资本之间存在函数关系的一般分配理论③。所以，现代企业是人力资本与物质资本的联合体，人力资本与物质资本一样都投入了专用性资产，共同承担着企业的经营风险，所以在企业中人力资本与物质资本应该具有相同的地位，拥有同样的企业剩余索取权和剩余控制权。

中国学者对人力资本也进行了大量的研究，周其仁（1996）认为，"企业是人力资本与非人力资本的特别合约，企业里人力资本与非人力资本一样享有产权，因而企业的所有者不应该只有非人力资本者"。④ 杨瑞龙等人（1997）认为，在企业中人力资本所有者和物质资本所有者一样都应该是平等的产权主体，平等地拥有企业所有权。然而，在现实中，由于企业法人资本所有权集中、信息不对称，在委托代理中造成契约双方谈判能力的差异。这主要是人力资本在初始谈判中处于劣势，放弃对所有权的要求⑤。然而，随着人力资本在企业中不断积累，员工的集体行动导致契约双方谈判力量发生变化，使契约不断进行边际调整，最终导致企业的剩余控制权和剩余索取权分散。杨瑞龙等人（2001）还认为，企业中的控制权取决于企业生产要素的"谈判力"，这种"谈判力"是由拥有企业资源的价值高低决定，谁拥有企业最有价值的资源，谁就拥有最强的谈判力，这种谈判力就是企业的"控

---

① 西奥多·舒尔茨. 对人进行投资 [M]. 北京：商务印书馆，2017：100.
② 阿尔弗雷德·马歇尔. 经济学原理：上卷 [M]. 太原：山西人民出版社，138 - 139.
③ 贝克尔. 人力资本 [M]. 北京：北京大学出版社，1987：33.
④ 周其仁. 市场里的企业：一个人力资本与非人力资本的特别合约 [J]. 经济研究，1996（06）：71 - 80.
⑤ 杨瑞龙，周业安. 一个关于企业所有权安排的规范性分析框架及其理论含义 [J]. 经济研究，1997（01）：12 - 22.

制力"①。总之，拥有"控制力"的谈判者就是企业真正的所有者、控制者。现代企业中，人力资本在企业发展中占据重要的地位，对企业的经营起着十分重要的作用，尤其是高科技行业，对人力资本依赖较高，人力资本是企业最有价值的资源，所以，在企业治理中人力资本扮演着重要的角色。

所以，人力资本理论认为企业是人力资本与物质资本的联合体，人力资本与物质资本一样都投入了专用性资产，共同承担着企业的经营风险，所以在企业中二者应该具有相同的地位，同样拥有企业的剩余索取权和剩余控制权。在企业的生产要素中，人力资本要素是最稀缺的资源，这是由于人的能力是蕴含在人自身体内的，与自身无法分割也无法转移到别人的体内，人力资本的这种不可分割性、不可转移性决定了人力资本的稀缺性。人力资本在企业的生产过程中，其作用远远高于物质资本所起的作用，人力资本对企业生产要素的整合发挥着重要的作用，如果物质资本所有者与人力资本之间的关系处理得恰当，让人力资本价值充分实现，那么人力资本对于企业的价值会产生积极的影响，否则人力资本会破坏企业其他生产要素的价值。国企的混改，其目标是建立人力资本与物质资本（劳动与资本）的利益共同体，增加企业的活力，使重组企业的生产要素发生协同效应，盘活国企的存量资本，提升企业的价值。

三、启示

国有企业混合所有制改革争议的本质是生产资料的所有权、使用权以及生产资料带来的价值增值的争议，即剩余索取权和剩余控制权的争议。在马克思看来，生产资料的所有制随着经济发展，所有制客体也在不断的延伸和发展，但是生产资料所有制一直起着主导作用。在人们使用生产资料进行生产的过程中，所占有、使用的生产资料不一定属于自己所有，可以是借来的、租来的。这可能是生产资料的主人由于时间、能力等限制，也可能是生

---

① 杨瑞龙，杨其静. 专用性、专有性与企业制度［J］. 经济研究，2001（03）：3－11，93.

产资料的主人无法占有、使用这些生产资料，生产资料的主人在获得一定的利益前提下，把生产资料租、借给其他人占有、使用、支配。这就为混合所有制改革提供了理论基础。在国有企业混合所有制改革中，保证企业或者个人在国家法律制度的框架体系内使用生产资料，只要国家能够获得一定利益，符合三个有利于的标准都可以使用生产资料，所以，国有企业的生产资料可以租给非公企业或者个人，亦可以借给非公企业或个人。

从西方相关理论看中国国企混改的管理问题，国企混改的最终目的是建立一套相互制衡的委托代理机制，使人力资本的价值充分体现，从而建立企业利益相关者的利益共同体，最终使企业各要素最大化价值得以实现。

第三节 混合所有制改革理论分析框架

一、混合所有制改革理论的基本逻辑

中国的国有企业改革一直备受外界争议，在理论上主要观点有产权派、市场派、深化改革派；在具体改革实践中主要争议是"国进民退"或"国退民进"的改革观点。其争议的本质是公有制与市场经济是否融合，"国退民进"认为市场经济与公有制是不融合的，发展市场经济国有企业就要退出市场，这种观点与我国的基本经济制度背道而驰；"国进民退"认为市场经济是中性的，理所当然公有制与市场经济是完全融合的，公有制与市场经济之间不存在矛盾，这种观点貌似合理，但是面临着许多难以解决的难题。例如，既然市场经济是中性的，那么为什么还存在社会主义市场经济和资本主义市场经济的争议？市场竞争必然带来分配的两极分化，社会主义的共同富裕目标怎么实现？社会主义公有制中生产资料公有，劳动者是生产资料的主

人怎么体现?① 波兰经济学家兰格曾提出："如果执行竞争的分配资源规则与一个有理性指导的社会主义经济必须接受的规则相同,考虑社会主义有何用? 如果现有制度内能达到同样的结果,如果只要迫使它保持竞争标准,为什么要改变整个经济制度?"② 这就产生了一个悖论,"如果公有制与市场经济完全相融,公有制就失去了存在的意义;如果公有制与市场经济完全对立,社会主义市场经济就失去了存在的根据"③。这就表明,如果公有制与市场经济不能相互融合,那么就不存在社会主义市场经济的基础;如果公有制与市场经济完全融合,那么,公有制就没有存在的意义。要解决这个悖论,就要创新公有制的实现形式。

其实,中国进行市场化改革之初,对于国有企业改革目标就已经达成了共识,即把国有企业改造成自负盈亏、自主经营的微观市场主体;实现这一目标就要对国企产权进行改革,解决国企产权的问题、政企分开的问题,从单一公有制的治理结构向多元化的治理结构转变。但是,国企经过四十年的改革,从放权让利、两权分离、抓大放小、股份制改革,再到分类改革,对于国企改革的争论又回到了改革的原点,仍然有很多声音主张国有企业部分退出或者全部退出完全竞争的领域,这就是对公有制与市场经济的融合问题仍然没有解决。要解决这个问题,一是要解决公有制框架内的所有权与经营权分离的问题,二是公有制框架内如何实现政企分离的问题。有些学者把生产资料的所有权与产权混淆,认为公有制框架内所有权无法转让,在公有制框架内无法解决政企不分和所有权转让的难题,国有企业传统的弊端就无法根除④,国有企业的改革只能走私有化道路,这个道路在中国是行不通的,国企改革必须坚持公有制,实现国有企业市场化改革。这就说明,国有企业改革在市场化的条件下要进行所有权与经营权分离,所有权是全民所有,经

---

① 张宇. 论公有制与市场经济的有机结合 [J]. 经济研究, 2016 (06).
② 兰格. 社会主义经济理论 [M]. 北京:中国社会科学出版社, 1981:24.
③ 张宇. 论公有制与市场经济的有机结合 [J]. 经济研究, 2016, 51 (06):4-16.
④ 杨瑞龙. 国有企业改革逻辑与实践的演变及反思 [J]. 中国人民大学学报, 2018, 32 (05):44-56.

营权要交还给市场，在公有制框架内怎么实现两权分离，是改革的基本理论问题。厘清这个问题，就要正确区分用于生产的生产资料的所有权、产权之间的关系以及委托与代理的关系。

王东京通过引入产权的概念，解释了生产资料公有，而产品可以私有。产权是指财产的使用权、收益权和转让权，而财产所有权是指财产的归属权，二者是不同的概念，所有权和产权是可以分离的。只要改变公有制的实现形式，就可以在公有制体制内发展市场经济。"在公有制为主体的基础上发展市场经济，逻辑前提是改革公有制的实现形式，实行生产资料所有权与产品所有权分离。"①所以，对产品的所有权进行清晰界定，把生产资料的所有权和产权进行分离，即生产资料的所有者拥有所有权，经营者拥有生产资料的产权，就能够在公有制体制内实现市场经济。

由于在公有制的框架内生产资料的所有权和产权可以分离，也就是说生产资料的所有者和使用者可以是不同的产权主体，生产资料的所有者可以把生产资料的使用权、占有权、支配权委托给代理人，生产资料的所有者就成了委托人，而使用、占有、支配生产资料的人就是代理人。委托人拥有所有权并不改变生产资料所有制的性质，代理人只拥有该生产资料的产权，可以是不同所有制的产权主体使用，即可以是公有制、私有制、集体所有制或者其他产权主体，所以，中国国有企业的混合所有制改革并不是要私有化，而是在合法的契约前提下，把国有资产的使用、占有、支配权委托给代理人，代理人可以是不同所有制的产权主体，只要能够满足"三个有利于"的标准，即"推进国有企业改革，要有利于国有资本保值增值，有利于提高国有经济竞争力，有利于放大国有资本功能"②，就可以让代理人拥有生产资料使用权、占有权、支配权。

---

① 王东京. 中国经济体制改革的逻辑与实践逻辑 [J]. 管理世界，2018, 34 (04)：1-7.

② 鞠鹏. 习近平吉林调研：国有企业改革怎么搞？[EB/OL]. 中国共产党新闻网，2015-07-20.

由于在公有制的框架体制内可以实现生产资料所有权和经营权的分离，国有企业混合所有制改革的问题就是寻求合适的代理人和公司治理的问题。

二、混合所有制改革的根本制度——产权制度

（一）产权制度是市场交易的前提

科斯认为企业建立的原因是企业用内部较低的成本去替代市场交易较高的成本，即市场不是唯一配置资源的方式，企业也是配置资源的方式。资源的配置效率是受产权制度的影响的，不同产权制度的安排使资源配置效率不同。只要产权界定清晰，资源配置最终总能达到最优的配置效率。所以，在混合所有制改革中，首先要进行产权改革，国有企业的产权主体边界清晰是混合所有制改革的前提，是保障国有资产在改革过程中不流失的基础。

交易的前提是必须有清晰的产权主体，否则产权主体的权益容易受到侵害，由于目前中国关于产权的相关法律不完善，关于企业产权的法律界定更少，更不完善。目前使用的国有资产有关产权的法律上的规定还是 1993 年 12 月 21 日国家国有资产管理局（国资法规发〔1993〕68 号）发布的《国有资产产权界定和产权纠纷处理暂行办法》中对产权的界定，即"产权系指财产所有权以及与财产所有权有关的经营权、使用权等财产权，不包括债权"。所以说，国有企业的产权问题一直处于被讨论的状态，法律上并没有清楚严格地进行界定。2016 年 11 月出台的《中共中央、国务院关于完善产权保护制度依法保护产权的意见》规定："完善国有资产交易方式，严格规范国有资产登记、转让、清算、退出等程序和交易行为，以制度化保障促进国有产权保护，防止内部人任意支配国有产权，切实防止国有资产流失。建立健全归属清晰、权责明确、监管有效的自然资源资产产权制度。"① 但是与之相关的产权法律规范细则还没出台，特别是与混合所有制改革相关的针对性的

---

① 中共中央国务院关于完善产权保护制度依法保护产权的意见：单行本 ［M］. 北京：人民出版社，2016.

详细法律法规尚没有出台。清晰的产权是资源达到最优配置的前提，产权在市场流通中必须受到法律上的保护，才有可能成为公平竞争的对象。除了对产权主体界定清晰之外，还要对产权主体的权利内容等相关内容做出法律上的清晰界定。首先，混合所有制改革中的产权要以资产的股份化和证券化为前提，必要清楚界定产权主体；其次，界定清晰的产权客体，产权客体是产权主体在交易时的交易对象，所以清楚的产权客体是产权清晰的基础；再次，要明确全面的企业产权内容，包括经营权、使用权、专利使用权、剩余索取权、剩余控制权等；最后，企业的产权必须具备两个基本特征：有用性、权利性，企业的产权对当事人必须有用，并且能够清楚、有效地评估和界定。在混合所有制改革中，必须有清晰的产权作为保障，正确处理各产权主体之间的关系，在各产权主体不侵犯其他所有者的所有权的基础上，实行股份制并授权进行管理，建立与市场经济体制相适应的企业法人治理结构、监督运行机制，只有这样，才能依法进行混合所有制改革。

（二）产权制度是治理结构和管理创新的基础

企业的生产经营要素有资本、劳动、土地、管理以及其他生产要素，其中管理是生产经营的要素中比较重要的要素之一，管理水平的提升能够优化企业的组织结构、提升企业其他资源的配置效率。管理水平的提升要求管理自身能够适应企业内外环境的变化，及时做出反应并不断地进行管理方式、管理手段的创新，构筑企业新的管理模式。但实现的前提是必须存在权、责明晰的产权主体①，如果产权主体的权、责、利不明确，企业的管理创新、激励就没有基础。据某国有企业管理与国有企业产权的有关问题进行调查发现，国有企业中基础管理滑坡的企业占45%，专业管理滑坡的占37%，现场管理滑坡的占53%。这与国有企业的权利边界不明确、政企关系边界不清，国有产权的主体模糊有着强相关性，在国有企业中很难形成有效的管理手段和管理方式。所以，界定企业的清晰边界、非公资本的产权主体才能顺利进

---

① 张涛．企业国有资产管理产权明晰研究［D］．武汉：武汉大学，2005.

入，才能形成相互制衡的产权结构，董事会的职能才能有效发挥，各产权主体的代理人才能从各自的自身利益出发，监督企业的经营绩效，选择更有能力的职业经理人，企业的管理水平才能不断的提升。所以，清晰的产权制度是混合所有制企业管理水平得以提升的前提和必要条件。

但是并不是明晰的产权就能够直接提升企业的管理水平和竞争力，明晰的产权仅仅是企业的管理创新的客观要求。国有企业混合所有制改革，在明晰产权的条件下，公有资本与非公资本或者是其他形式的资本组合成新的企业，如果不能在较短的时间内对企业进行管理创新，新的产权主体与旧的企业组织就会出现不融合的现象，那么混合所有制企业的改革不但不会为国有企业注入新的活力，企业的竞争力和活力反而会下降，产权主体的利益就不能得到保障，最终股东就会"用脚投票"，导致企业经营下滑、产值下跌，改革失败，各方资产都会受到损失。所以，企业的管理创新要对新的产权结构做出反应，进行管理方式创新，激励方式、约束机制都要随着投资者的资金进入进行调整。这要在一定的企业管理基础上，制定出符合企业实际的切实可行的一整套激励约束机制，不仅仅是对混合所有制组成的企业的管理者，而且还对所有的企业员工都制定恰当的激励约束机制，否则，就难以保证新股东的利益，打击投资者的投资激情，企业新的产权结构就很难在一定的时期内保持稳定。所以，只有通过一系列的管理创新、整合，才能使混合所有制企业的各产权主体相互融合，企业才能进入良性发展的轨道，在市场中才能有竞争力。

国有企业规范的法人治理结构尚不健全，主要原因是国企产权主体关系不清晰。而企业的产权结构形式决定企业的法人治理结构形式。产权制度的完备与法人治理结构的规范相辅相成、互相联系。为促使所有者与经营者之间的利益趋同，并在此前提下形成双方的利益共同体，产权制度安排在明确界定所有者与经营者责、权、利的基础上，还要促使国家作为全体劳动者最高代表来协同推进对经营者的激励与监督，以此推动二者的相互激励。公司制国企的法人治理路径是否有效在于其内部形成的制衡结构是否有效且具有实践操作性，有效的制衡结构可以促使股东大会、董事会、监事会和经理层之间相互监督制衡。公司制国企的治理还要考虑通过产权结构的优化推动法人治理结构的逐步规范完善。产权结构变化包括两方面：一方面是产权所有关系的性质变化和占有权、使用权、收益权、处置权和支配（转让）权等个体的变化；另一方面是产权交易方式的变化。解决处理好对前者的界定是当前混改创新的首要问题和当务之急。在此基础上，为进一步提高国企的绩效，逐步推动产权结构的高效运作和法人治理结构的健全和完善，需要通过两方面着手：一方面通过市场机制引导和实现产权交易方式的变化来进行，另一方面需要通过明确界定国企产权关系和产权结构优化升级来实现。

（三）混合所有制改革的产权配置方式

科斯在《社会成本问题》中强调权利的界定和权利的安排在经济交易中的重要性，他认为交易双方在权利界定清楚之后，才能利用市场机制进行谈判，并利用契约的方式寻找各自利益损失最小的合约安排。由于国有产权的使用只能用委托—代理的方式委托给他人，阿尔钦把产权界定为一种经济品的使用权利。产权在经济学的分析中主要是指人们对物的使用所引起的相互认可的行为关系，主要用来界定人们在经济活动中怎样收益，为何受损，以及在活动中有关联的行为主体之间如何补偿的规则①。产权最主要的内容就是产权主体对资源的使用权、转让权以及收益享有权②，主要从所有者对所拥有的权利是否有排他权、可转让权来判断产权的权能是否完整，如果所有者拥有产权使用的排他权、收益的独享权以及可自由转让的权利，那么，所有者所拥有的产权就是完整的，否则产权就是残缺的。

在完全竞争的理想模型中，私有产权被认为是最有效率的，这主要是在限定非私有产权的条件下，经济学的分析中把人们的行为排除在外，而现实

---

① 罗纳德·H.科斯，等.财产权利与制度变迁：产权学派与新制度学派译文集［M］.刘守英，等译，上海：格致出版社，2014：3-4.

② CHEUNG S N S. The Structure of a Contract and the Theory of a Non-Exclusive Resource ［J］. Journal of law and economics，1970，13（1）.

的经济环境中，这种理想的完全竞争模型是不存在的，完全清晰地界定私人产权也是一种理想假设。从经济发展的进程和现实看，一个时期或一个国家的产权结构是多重存在的，完全单一的产权结构或固定不变的产权结构几乎是不存在的；从动态的角度看，产权还会发生产权的调整和权利重组。

产权包括所有权、占有权、使用权、经营权、表决权、收益权、支配权、索取权、不可侵犯权等一系列的权利构成，这些权利的可分割性、可让渡性以及可分离性决定企业的所有权和经营权可以分离，而产权制度就是对这些产权的权利进行分配与界定，用来处理社会中的各种经济利益关系，从这个角度看，混合所有制改革就是对国有产权和私人产权的重新分配与界定的过程，在混合所有制企业中国有产权和私人产权是平等的，以资本份额的大小界定权力关系。由于国有产权的特殊性，特别是垄断国企，即使私人资本出资比例高也不允许私人资本拥有与出资比例相应的话语权、经营权，由于产权的可分割性恰能满足此要求，即私人资本在混改中只要求部分权利而不是财产主体的全部权利，这就为国企混改奠定了非公资本参与混改的产权基础。在混合所有制企业中，资本最重要的权利是经营权、收益权、表决权，由于产权的可分割性，这三个权利在混合所有制企业中并不一定要同时拥有，即资本可以拥有收益权与经营权，放弃表决权；或者拥有收益权与表决权，放弃经营权；或者只拥有收益权；或者仅有表决权，即金股模式①；这就有利于混合所有制企业进行合理的产权配置，从而提高资本的配置效率。

混合所有制企业产权配置如图1-1，A区域是资本拥有表决权和收益权，而没有经营权，如公众公司、外资交叉持股模式；B区域是资本拥有经营权、收益权、表决权，即引入战略投资者、PPP模式；C区域是资本拥有经营权和收益权的模式，即授权经营模式、特殊分拆上市模式；D区域是资本仅拥有收益权，即员工持股计划、基金模式、信托模式、优先股模式；E

---

① 参见第五章第三节金股制度。

区域仅具有表决权（重大事项否决权），即金股模式。产权的可分割性是混合所有制改革在实践中进行创新的基础。

混合所有制中资本的权利配置是产权的具体体现，经营权、收益权、表决权的不同搭配方式决定混改的具体形式，也决定新组成的混合所有制企业的治理结构。

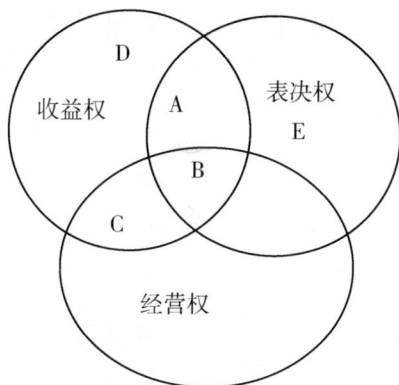

图 1-1　产权配置图

三、混合所有制改革的治理模式——公司治理

传统企业理论的目标是实现股东利益最大化，企业治理结构的逻辑是"资本雇佣劳动"，企业股东拥有企业的全部剩余控制权和剩余索取权。随着资本社会化与知识经济的发展，在现代企业中，人力资本在企业中的作用越来越重要，人力资本对物质资本的依赖越来越少，传统的这种单边治理结构越来越不能适应人力资本发展的需要。而利益相关者治理理论认为，企业的管理人员、员工与股东一样都承担企业的风险，都投入专有性资本，只不过股东投入的是物质资本，管理人员和员工投入的是人力资本。随着资本的市场化发展，企业的股权结构日益分散，在资本市场上出现较多的"用脚投票"，股东承担企业的责任不断的减少，与此同时，企业的管理人员、员工以及其他利益相关者与企业关系日益密切，一旦企业破产，企业的管理人员、员工就会失业，即人力资本受损，而其他利益相关者也受到损失，如银行贷款可能出现呆账坏账。所以，企业利益相关者都应该成为企业的所有者，参与企业的治理。国有企业混合所有制改革形成的混合所有制企业是不同的要素的重组过程，各种要素结成不同利益关系，形成一个经济利益共同体，这种利益共同体中的不同利益相关者代表对剩余索取权和剩余控制权的诉求，必然要求参与企业的治理。

本书研究的是微观领域国有资本、国有企业的经营管理状况，主要是企业利益相关者之间的关系。企业的利益相关者包括主要利益相关者（股东、经营者、员工、债权人）和次要利益相关者（供应商、消费者、社区、政府），本书主要研究企业的主要利益相关者，债权人对企业也非常重要，但是在本书中不做研究，所以本书主要研究股东、经营者和员工之间构成的经济利益共同体。

（一）企业要素利益共同体的含义

共同体（community）是社会科学领域认识层面的概念，所以对于共同体没有比较确切的解释，在经济学、政治学、社会学中对共同体的诠释也不同。斐迪南·滕尼斯把共同体界定为在特定的群体中，人们拥有高度统一的价值信仰、意识形态，群体中的成员通过自愿结合建立互助、互信、共享，满足自身需要和追求归属感和安全感的一种特殊生存方式①。斐迪南·滕尼斯的共同体建立要满足三个标准：第一，成员在共同体内部的身份认同；第二，共同体内部成员共享利益、共担责任、共担风险；第三，外部世界认同共同体存在，共同体要与外部世界存在差异。所以说，"共同体对内要求以共同利益和共同认同作为价值标准，而共同体对外则要求以生存安全和发展安全作为存在的前提，往往外部的压力会增强共同体凝聚作用。……共同体既是目标也是实践过程"②。边沁指出，"共同体的利益，是组成共同体若干成员的利益的总和"③。马克思认为共同利益，"不是仅仅作为一种'普遍的东西'存在于观念之中，而首先是作为彼此分工的个人之间的相互依存关系存在于现实之中"④。所以，在利益团体或共同体中有共同利益的成分存在，或者说共同利益可以预期，那么这个共同体内的成员在利益的驱使下，会通

① 斐迪南·滕尼斯. 共同体与社会［M］. 林荣远，译. 北京：商务印书馆，1992：52.
② 宫秀川. 全球治理视阈下的利益共同体研究［D］. 北京：中共中央党校，2017.
③ 边沁. 道德与立法原理导论［M］. 北京：商务印书馆，2000：58.
④ 马克思，恩格斯. 马克思恩格斯选集：第3卷［M］. 北京：人民出版社，1995：37.

过努力来实现共同利益,这样共同利益就成为共同体的保证。

"企业是由一组人力资本和物质资本共同构成的契约联结,而人力资本的专有性特点以及不断细化的分工体系决定了企业生产团队特征,企业契约也就成了一个需要各方要素共同发挥作用的生产团队。"① 生产要素是指生产中投入的各种经济资源,在西方经济学中,生产要素包括劳动、资本、土地、企业家才能四大要素,劳动主要指在生产中劳动者为生产活动提供服务的能力;资本是指生产中使用的厂房、机器、设备以及一些生产的原材料;土地是指生产中使用的自然资源,主要包括土地、水、矿产资源等;企业家才能是指企业家在生产过程中组织、管理工作的能力。在这四大要素中,企业家才能被认为是最稀缺的要素,企业家才能在生产中起着非常重要的作用。在企业创造价值的过程中,这些要素彼此分工,相互依赖,形成共担责任、共担风险的要素共同体。在一个企业中这四大要素形成的整体具有共同体的一般特征,即在企业内部对于企业中的各要素彼此认同,按照国家法律设立的企业或公司都能被外界认可。每一个企业的存在都是为了企业内要素的共同利益,所以说,企业实质上是一个要素利益共同体。股东提供资本,员工提供劳动,经营者提供企业家才能,这些要素的所有者构成经济利益共同体。

(二)要素利益共同体的企业治理模式

混合所有制改革是国有资本与非公资本的相互融合,不单是资本的融合,还有参与生产的其他要素的融合过程,从这个角度看其实际是通过要素重组,实现各要素的共同利益,这种重组是一把"双刃剑",能够使国企要素配置得到优化,但也能够因过分追求利益最大化导致公司治理出现问题②,所以国企混合所有制改革取得成功的关键是构建与混合所有制相匹配的要素

---

① 盛艳,盛乐. 对人力资本及其产权要求的理论分析 [J]. 商业研究,2004(24):13-16,33.

② 张月玲,郝梓秀,LAMYA. 混合所有制改革下的国有企业公司治理研究:基于利益相关者的视角 [J]. 商业会计,2017(18):60-62.

利益共同体的公司治理体系。"要加强和改进公司法人治理机制，把加强党的领导和完善公司治理统一起来，全面提高经营管理水平，完善符合我国国情又体现效率和公平原则的激励机制。"①

1. 党建融入国有企业公司治理结构

党的十八大以来，国有企业党建工作不断地加强，特别是习近平总书记在多次场合不断强调国有企业党建工作，并在 2016 年 10 月 10 日召开的全国国有企业党的建设工作会议上强调："坚持党对国有企业的领导不动摇"②，"中国特色现代国有企业制度，'特'就'特'在把党的领导融入公司治理各环节，把企业党组织内嵌到公司治理结构之中"③。国有企业管理组织与党的组织如何融合，是具有现实性的问题。企业兴则国兴，企业强则国强，国有企业是中国特色社会主义的物质基础和政治基础，是我党执政兴国的重要支柱和依靠力量，必须坚持党对国有企业的领导不动摇，坚持党的领导是国有企业的"根"和"魂"。党组织融入国有企业法人治理结构中，是党领导国有企业的具体体现，要坚持国有企业改革与党的建设同步进行，党的组织与企业治理结构同步设置，把党的思想全面贯彻到企业改革的各环节，"充分发挥党组织把方向、管大局、保落实的作用"④，使党组织为深化国企改革、提高企业凝聚力、推动企业高质量发展提供精神力量和强大的组织保障。

国有企业必须认真学习习近平系列讲话精神，使企业的重大决策服从党的领导的需要，服从国家和人民的利益。要正确理解企业经营决策重大问题党委会"前置"程序讨论的重要意义，充分发挥党"把方向、管大局、保落实"的重要作用。坚持全面从严治党的方针，进一步加强国企基层党组织建设，发挥党组织的领导核心作用，推动党的建设和企业改革深度融合，充分

---

① 习近平在经济工作会议上的讲话 [EB/OL]. 新华网，2014 – 12 – 11.
② 习近平：坚持党对国企的领导不动摇 [EB/OL]. 新华网，2016 – 10 – 11.
③ 习近平：坚持党对国企的领导不动摇 [EB/OL]. 新华网，2016 – 10 – 11.
④ 习近平：坚持党对国企的领导不动摇 [EB/OL]. 新华网，2016 – 10 – 11.

发挥党的积极性、先进性和优良作风，在党组织的带领下，牢牢把握国企改革的正确方向、目标、原则，明确党组织在公司治理中的地位和作用，真正发挥企业党委的监督作用。

混合所有制企业改革的最终目的是建立中国特色的国有企业治理结构，"特"就是要融入社会主义元素，具有社会主义特色，就是要把党的建设与国有企业的公司法人治理结构进行融合，加强党对国有企业的领导，这是中国国有企业的光荣传统，是国有企业的"根"和"魂"，是中国企业特殊性的体现，同时也是中国企业的独特优势。建立中国特色的企业治理结构，国企党建与法人治理结构要同步建设，要恰当处理党委会与董事会的关系，逐步建立混合所有制企业的高管管理体制与市场化融合体制，加快建立职业经理人市场化制度，清楚界定党委会、董事会与经营层的边界，构建混合所有制企业的监督管理体制，使混合所有制企业成为"自主经营、自负盈亏"的市场主体；规范"三重一大"（重大决策、重要人事任免、重大项目安排和大额资金运作）决策程序和制度。加快建立健全与选任方式相匹配、与企业功能性质和市场机制相适应、与经营业绩相挂钩的差异化薪酬分配办法。

2. 推进员工参与董事会制度

通过公司章程规定员工参与公司治理的权利，建立员工参与公司董事会的制度。首先，明确员工参与董事会的比例、资格；其次，员工董事应由本企业的员工出任，通过职工代表大会选举产生；最后，要明确规定员工董事的职责，员工董事在企业的管理决策中可能不具备专业性意见，但在关乎员工利益方面应该被赋予更多的话语权。

3. 完善独立董事制度

独立董事需要具有专业化的行业、市场经验，对市场能够做出准确判断，帮助公司简化某些决策程序节省调研时间，为公司的重大决策提供可靠的建议，提高企业的经营决策效率。然而目前国有企业的独立董事基本上是形式上的需要，在公司中不能发挥独立董事的职能作用，大部分独立董事沦为"花瓶"，即使有些独立董事努力履行自己的职责，提专业性、建设性的意见，一般也只能是"记录在案"①。相对于民营企业的独立董事更是"摆设"，民营企业引入独立董事是为了帮助公司建立规范的管理制度，提高抗风险的能力，然而，民营企业一般都是家族式企业，基本是"一人之上，万人之下"，治理结构混乱，管理不规范，民营企业的独立董事基本上没有发言的权利。所以，对于新一轮的混改，完善独立董事制度是极其重要的。

第一，完善独立董事制度，要按照市场化的原则进行选聘，强化独立董事职能，建立独立董事人才库，对独立董事进行职业道德培训，独立董事人才库的人员可以到与专业背景相似的公司任职，而不是大股东指定，可采用市场化选聘的方式进行独立董事的聘用。

第二，完善独立董事的薪酬制度。从图 1 - 2 可以看出，2010 年到 2018 年上市公司的国有企业独立董事薪酬变化不大，年薪基本上 7 万元左右，略高于民营企业独立董事的薪酬；2017 年独立董事 30 万元以上的约有 50 家企业，有 3 家独立董事的薪水在 50 万元以上（其股票代码为：601965、600332、601988），还有部分独立董事不领取薪酬②。国有企业独立董事的薪酬水平差距较大，薪酬制定也过于随意，前几年有的甚至上百万元。所以，要制定独立董事的薪酬激励机制，整体提高独立董事的薪酬，建立独立董事对公司重大决策提供建议采纳率的激励制度，同时完善独立董事的考核制度，避免开几次会举几次手就可以领取薪酬的"大锅饭"现象。

第三，增加独立董事的人数。国有企业独立董事人数平均在 3 人以上，也略高于民营企业的独立董事人数；基本上独立董事的人数占董事会人数的一半。从西方成熟的市场看，独立董事的人数基本上占董事会人数的 2/3 以上，如新加坡淡马锡董事会是由股东董事 1 名、执行董事 1 名、独立董事 7 名构成。其中股东董事维护出资者的利益，为保持中立和公正性，由政府委派政府的公务员担任，不在淡马锡领取薪酬，薪酬由政府直接支付，这是淡

---

① 葛培健. 独董首先得搞清楚"我是谁"［J］. 董事会，2016：（05）：86 - 88.

② 注：数据来源为色诺芬公司治理数据库，独立董事薪水过高的公司的股票代码分别为 601965、600332、601988，是指 2016 年和 2017 年的薪酬。

马锡董事会最显著的特点；执行董事是淡马锡的领导层，负责执行公司的发展战略；独立董事按照市场化的价值原则进行选聘，由具有丰富市场经验的民营企业家、跨国公司的优秀企业家担任，确保淡马锡的资本运作和投资决策的准确性、有效性，保证董事会能够做出客观的判断。若独立董事的利益与淡马锡的利益相冲突，将禁止该独立董事出席董事会①。

第四，完善独立董事相互沟通的机制，建立独立董事合作组织，独立董事可以一起交流，避免单个独立董事被边缘化，从而发挥独立董事的作用，提高独立董事的决策效率。

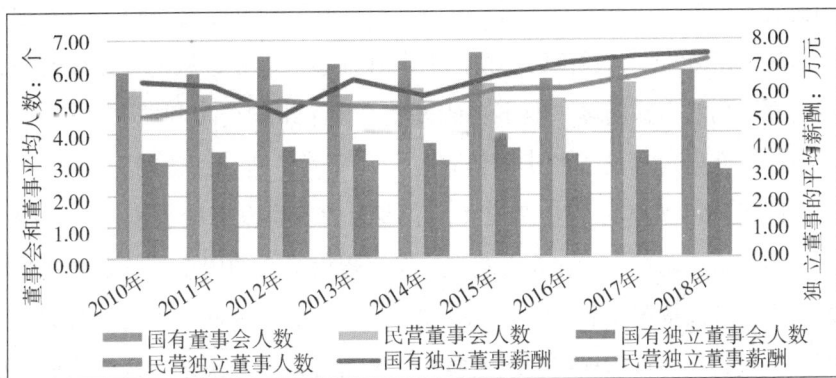

图 1 - 2　国有企业与民营企业上市公司董事规模与薪酬比较图②

4. 完善监事会制度

中国公司法中规定监事会中应包括职工代表，具体人数或比例由公司单独规定，并强调董事、财务人员不得兼任。在《证券公司监督管理条例》中，监事会属外设机构，其成员一般由政府派出。中国的企业中一般都设有监事会，但目前的中国企业中，监事会没有起到对企业的监督作用，基本上为迎合公司法中的规定设立。监事会作为企业的重要监督职能部门，要起到一定的监督作用，不仅要加强监事会制度建设，还要推进员工监事会制度

---

① 莫少昆，余继业．问道淡马锡［M］．北京：中国经济出版社，2014：60 - 63.
② 注：作者依据东方财富网上市公司数据整理。

建设。

德国的公司法中规定监事会是由股东大会选举股东代表、职工大会选举职工代表共同组成，其位居董事会之上，并规定监事会具有解任和委任董事、监督董事会执行业务状况的职能。德国的股份法规定监事会至少由 3 名监事构成，高的介于9~21 名之间。德国的监事会由股东代表和员工代表构成，这种监事会设置的意义在于不仅股东对公司的经营状况进行监督，而且员工通过监事会也能够对企业的经营状况进行监督。

在中国的公司法中规定监事会包括适当的股东代表和职工代表，职工监事的比例不得低于监事会总人数的1/3，职工监事的具体比例由公司单独规定，同时规定董事、公司高管不得同时兼任监事。但是，从公司监事会的具体运行看，仍然存在问题。监事会的设置是为了维护公司利益和员工利益，监事会应该充分发挥员工监事的监督作用，而不是迎合法律的需要。首先，由于中国的公司规模大小差别较大，监事会的规模没有给出相应的规模比例，目前公司的监事一般在 6 人左右，对于规模庞大的国企，监事会的规模相对太小。可以按照企业规模的大小增加监事人数。其次，职工监事的比例问题。一般公司的章程规定，职工参与监事由股东大会决定，这就造成了监事会缺乏独立性。可以参照德国职工监事的选举办法，职工监事应该由职工代表大会选出，这样职工监事才能够为职工谋利益，对企业的经营管理行使有效的监督。最后，要明确规定职工监事的职责，赋予职工监事更多的监督权。日本监事监督董事管理公司行为，"有义务对公司的经营报告和公司财务进行检查，本公司监事要出席董事会会议，但是没有表决权"①。

（三）要素利益共同体分配方式

目前，中国实行以公有制为主体多种所有制经济共同发展的基本经济制度，其分配方式必然与之相适应，即按劳分配为主体，多种分配方式共存。混合所有制改革是不同所有制性质的要素融合，目的是建立发展成果共享的

---

① 仲继银. 董事会与公司治理［M］. 北京：中国发展出版社，2014：443.

要素利益共同体，最直接的要求是经济利益要求，这是由于要素所有权是一种索取权，有利益分配的内在要求，这就必然要求建立相应的分配方式。

1. 资本主义按资分配方式

资本主义的分配方式是按资分配，即按照资本的份额进行分配。在资本主义社会中，劳动并没有参与剩余价值的分配，劳动获得的工资是交换而不是分配①。马克思在《资本论》中通过对萨伊的"三位一体"公式的批判，揭示出资本主义各种收入的源泉都来自雇佣工人的劳动，工人创造的全部剩余价值被资本家无偿占有。马克思说，从表面上看，工人劳动一段时间后，资本家支付给工人一定数量的工资，好像工人出卖的是劳动，获得的是劳动报酬。实际上，工人出卖的是劳动力，而不是劳动。首先，如果市场上劳动作为商品出卖，它在出卖前就应存在，但是资本家在市场上与工人进行交换的是存在于工人体内的劳动能力，当工人进入工厂被资本家使用时工人的劳动才刚开始，而工人已经不能把劳动当作商品出售了。其次，如果说工人出售的是劳动，那么劳动作为商品必然有价值，但是劳动的价值是由劳动时间决定的，就出现同义反复。最后，如果工人出卖的是劳动，按照等价交换的原则，资本家就应该支付给工人劳动所创造的全部剩余价值，那么资本家就不会得到任何剩余，这与资本主义的剩余价值规律相矛盾。如果不是等价交换，那么就与价值规律相矛盾。所以，工人出卖的是劳动是说不通的，而说工人获得的工资是分配也行不通。由此可以看出，资本主义社会的劳动作为商品，没有参与剩余价值的分配，所以，工资是交换，而不是分配②。资本主义社会的分配是资本家凭借对资本的所有权瓜分工人创造的全部剩余价值，而工人作为"活的生产资料"没有获得任何剩余价值，所以资本主义社会工人并没有参与剩余价值的分配。

---

① 潘云良．中共中央党校经典案例教学选编［M］．北京：中共中央党校出版社，2017：9.

② 潘云良．中共中央党校经典案例教学选编［M］．北京：中共中央党校出版社，2017：8.

虽然现代的资本主义社会与马克思所描述的时代发生了重大变化，工人工资提高、生活环境有很大改善，但是资本家剥削工人的本质却没有改变，资本主义生产的目的仍然是侵占工人创造的剩余价值。美国经济政策研究所指出①，美国的工资并没有保持与生产率同步增长，1948 年以来，美国的生产率提高了243%，工资仅上涨了109%。2018 年7 月，《纽约时报》报道指出美国的企业利润在美国的财富中占据了更大的份额，而工人的工资则占据了更小的份额；同时指出，企业获得的利润流向了企业的投资者和高管，而许多企业股东不希望给员工加薪，他们认为应该获得公司最大份额的利润，而不是把更多的利润用来平衡员工或者消费者的需求。由于美国工会会员减少，目前美国工会力量减弱，已经失去与在市场上议价的能力。我们知道，在资本主义社会中，工人只能依靠工会的力量，即通过集体进行劳资谈判、组织集体罢工等方式捍卫自己的权利。美国劳工局公布的消费价格指数上涨2.7%，同一时期工人的平均时薪上涨2.8%，这就意味着工人的生活成本上涨2.7%，与工资上涨基本在同一个水平上，也就是说工人的工资实际上并没有上涨②。所以，无论是马克思描述的资本主义时代，还是当前资本主义时期，在资本主义社会工人的受剥削地位都没有改变。

总之，要素利益共同体的分配方式不能采用资本主义的按资分配方式。

2. 要素利益共同体的分配方式

（1）马克思的按劳分配

按劳分配是迄今为止人类历史上使用的最先进的分配制度，是社会主义公有制的分配原则和基础。马克思在《哥达纲领批判》中，对未来社会设想时提出按劳分配的原则：当年社会生产的全部产品，扣除用来补偿消耗的生产资料的部分、用来扩大再生产的追加部分、用来应付自然灾害以及不幸事

---

① 经济速度虽然增长，实际工资却停滞不前，7 大原因为何美国工资不涨？[EB/OL].
搜狐，2018 – 10 – 06.

② 经济速度虽然增长，实际工资却停滞不前，7 大原因为何美国工资不涨？[EB/OL].
搜狐，2018 – 10 – 06.

故等的保险金和后备金之后，在全社会采用劳动券的形式，按照每一个劳动者的劳动数量和质量的比例进行分配。马克思的按劳分配的前提条件是：首先，不存在市场关系，即消灭了货币关系；其次，企业没有独立性，仅仅是社会的一个下属单位。按劳分配是有劳动能力的劳动者都必须参加劳动，并竭尽所能为社会或集体工作，新生产出的社会产品做出各项必要扣除之后的剩余部分才能进行分配，剩余的分配是按照劳动者提供的劳动数量、质量以及在新产品中的贡献多少，按比例进行分配。目前中国尚未达到马克思所描述的共同使用生产资料、共同生产商品，所创造的价值在做出必要的扣除之后，进行按劳分配所需的社会条件。

（2）按劳分配与按生产要素贡献率分配相结合

马克思认为所有制的性质决定分配方式，当前中国以公有制为主体多种所有制共同发展的经济制度，决定了分配方式是按劳分配为主体，多种分配方式并存。由于在资本主义社会中，劳动力是商品，但从没有获得剩余价值的分配，资本主义的工资是交换的结果而不是分配，而社会主义条件下，劳动力不是商品，劳动力的劳动不仅表现为工资收入，而且可以拥有财产性收入①。党的十三大报告就提出："在初级阶段，尤其要在以公有制为主体的前提下发展多种经济成分，在以按劳分配为主体的前提下实行多种分配方式，在共同富裕的目标下鼓励一部分人通过诚实劳动和合法经营先富起来。"② 党的十五大报告提出："坚持按劳分配为主体、多种分配方式并存的制度。把按劳分配和按生产要素分配结合起来……允许和鼓励资本、技术等生产要素参与收益分配。"③党的十六大报告进一步指出："要确立劳动、资

---

① 潘云良．中共中央党校经典案例教学［M］．北京：中共中央党校出版社，2017：10．

② 赵紫阳在中国共产党第十三次全国代表大会上的报告［R/OL］．人民网，1987－10－15．

③ 江泽民在中国共产党第十五次全国代表大会上的报告［R/OL］．人民网，1997－09－12．

本、技术、管理等生产要素按贡献参与分配的原则。"① 党的十八大再次强调："实现发展成果由人民共享，必须深化收入分配制度改革……完善劳动、资本、技术、管理等要素按贡献参与分配的初次分配机制。"从历年的政策文件可以看出，中国的分配制度逐渐与所有制结构相适应。资本、劳动、技术、管理等生产要素，是生产过程中不可或缺的要素，这些要素都是生产过程中相对稀缺的生产要素，属于不同的所有制主体，由于要素的有限性，必然要求使用者有偿使用，使用者通过给予不同生产要素主体一定的经济补偿，能够激发和调动要素主体让渡生产要素的使用权的积极性，提高生产要素的使用效率，从而使企业的效率提高。

按要素分配就是要素所有者凭借要素所有权，在经济上获得报酬的行为，其分配的前提是：参与分配的主体是拥有要素所有权的要素所有者，参与分配的客体是各种要素共同创造出的新的价值做出必要扣除之后的剩余价值，分配的标准是按参与价值创造的所有要素的贡献比例来分配。所以，按要素分配的依据是要素的所有权，其分配的直接依据是参与生产要素的数量、质量，以及在新价值中的贡献大小。

综上可知，要素利益共同体的分配要采用按劳分配与按要素贡献率分配相结合的分配方式，其原因是，首先，所有制的结构决定分配结构。十八届三中全会提出："国有资本、集体资本、非公有资本等交叉持股、相互融合的混合所有制经济，是基本经济制度的重要实现形式，有利于国有资本放大功能、保值增值、提高竞争力，有利于各种所有制资本取长补短、相互促进、共同发展。"② 由于混合所有制经济是基本经济制度的重要实现形式，相应的收入分配方式是按劳分配与按要素分配相结合。按劳分配是公有制分配的基础，按要素分配是按劳分配的补充，若不考虑按劳分配，不利于社会

---

① 江泽民在中国共产党第十六次全国代表大会上的报告［R/OL］. 人民网，2002 - 11 - 08.

② 胡锦涛在中国共产党第十八次全国代表大会上的报告［R/OL］. 人民网，2012 - 11 - 09.

主义社会财富的积累和社会的发展；若不考虑按要素分配，不利于激发要素的积极性。其次，混合所有制改革就是要发展成果由人民共享，形成"资本所有者与劳动者利益共同体"，那么中国的分配制度就要做相应的改革。据苏宁金融研究院公布中国人的收入差距在不同的行业之间、城乡之间、地区之间不断扩大，并呼吁该强化"民本"思维[①]。收入差距的扩大不利于经济发展，容易造成内需不足，更不利于共同富裕。

（四）要素利益共同体的激励方式

企业组织的高效率依赖企业全体成员的共同努力，由于传统"股东至上"主义，企业的人力资本不能直接拥有企业的剩余索取权与控制权，最终是企业的人力资本得不到充分发挥，企业的效率下降。这主要是由于企业经营结构既不能对员工产生足够的刺激作用，也不直接与员工的薪酬挂钩，所以没有动因激励员工积极工作。混合所有制企业的员工持股，其实质是公司的所有者对部分剩余索取权的让渡，公司的所有者把这部分剩余索取权作为中长期的激励手段，激励公司的员工，使公司的员工参与企业的剩余分配。在目前的企业中，要素激励主要有物质激励和精神激励，主要通过以下几种方式实现：年薪制、股权激励、要素入股、福利计划，在具体的实践中并不是所有的方式都采用，依据企业自身状况，选用不同的组合，对企业的管理者、技术人员、核心员工进行激励。

1. 物质激励

（1）年薪制

目前，年薪制作为一种常见的薪酬方式在企业中使用。年薪制主要是以年为单位，依据企业过去一年的经营业绩，对企业管理人员的业绩进行评定，并给予管理人员一定激励的方式。年薪制是随着现代企业两权分离出现的一种分配方式，即企业所有权与经营权的分离，所有者把企业的经营权转

[①] 苏宁财富资讯.数据告诉你：中国人的收入差距有多大？ ［R/OL］.财富号，2018－07－30.

让给企业的管理人员（主要是董事长及其组成的团队），所有者与经营者之间一般采取契约的形式，但是由于存在信息不对称，企业不是管理者所有，管理者在实际经营过程中就以自身利益最大化为核心，而不是为企业利益最大化，所有者就需要制定一套激励机制，激励管理者努力工作，这样才能获得企业利润最大化。高管薪酬就是我国国企改革的重要内容，年薪制与高管的切身利益直接相关。与西方企业的年薪制不同的是，目前中国国企高管的年薪是由相关部门制定的，在一定的范围内浮动而且不能超过其 上限，并不是市场化薪酬，在某种意义上说是固定年薪。西方企业高管薪酬体系是有效的激励约束机制与高管市场化相结合，不是固定年薪。虽然，企业高管的薪酬比公务员的薪酬高，但是与市场上同领域企业的薪酬相比，中国目前的高管薪酬水平并不高，在一定程度上并没有起到激励高管的作用，这也是最近国企高管频繁跳槽到民企的一个主要原因。所以，在这次的薪酬改革中，要制定出与市场机制相适应的高管薪酬体系以及相配套的激励约束机制，防止国企的人力资本流失。并不是实行了高管薪酬就能对高管起到有效的激励，而是要在完善的、有效的考核体系下，年薪制才能有效地激励高管，发挥年薪制的激励作用，达到进一步提升企业效益的目的。

（2）人力资本要素入股

企业的要素入股，是企业管理中一种比较新的激励方式，技术、管理与实务资本一样，在一定的条件下可以参与公司的股权配置，这就能更大程度上激发人力资本要素潜能的发挥。人力资本要素入股主要是把人力资本以无形资产的方式，通过专业的外部评估机构，对人力资本的学历、资历、业绩、知识结构、管理能力以及社会声誉等相关因素进行科学的、正确的有效评估，经过股东大会的核准，然后入股到企业中，使其成为公司未来的股东。比如，在制定入股方案时，其基本条件应该具备：经营者经营公司的时间限制，如3~5年；而且在这几年中公司的绩效每年达到一个标准，其经营管理方式和业绩能够得到企业股东、员工的认可。再者在企业增量的基础上，设定一个比值进行折算作为经营者的股份；最后，这些股份不允许转让，管理者一旦离职这些股份归公司所有，在职期间享有股份的分红，但是任职期满的管理者允许转让、继承或者继续持有。

（3）股权激励

股权激励主要是在公司许可的范围内给予企业的管理者、技术人员、核心员工一定数量的公司股票。由于这些企业的员工拥有企业的股票，与企业之间的关系就不是简单的契约关系，而成了企业的所有者，企业经营的好坏与他们有着直接的经济利益关系，他们的努力程度与自己在未来获得的收益有着直接关系，所以，股权激励能够激发和调动员工工作的积极性、主动性，为实现企业利益最大化创造了条件。企业采用股权激励的方式对企业员工进行股权激励，其最典型的特征是企业的人力资源特别是管理层、核心技术人员的收入包含了企业的整体价值提升，结果是股东利益与管理层利益最大化。目前，股权激励已经成为公司对员工中长期的一种重要的激励方式，对提升公司的价值和业绩都起着重要的作用①。

股权激励其实主要是对公司的高管、核心技术人员的激励，使这些人员在未来某一段时间内，能够以某一固定的价格购买企业一定数量股票的权利，这其实也是支付管理者薪酬的一种方式，其主要是给予被激励对象在中长期的一个预期收入，这很好地解决了传统短期收入的激励不足问题。受激励对象获得公司的未来股票，那么，他的收入就与未来公司的股票价格紧紧联系在一起，持有股票的人就会更加努力工作，为了自己未来更多的收入，因此，公司的绩效会得以提升。

（4）福利计划

福利计划也是西方企业中采用的一种较多的激励方式。这种福利计划其实是一种长期的约束激励方式，如退休金。经营者在退休时完成了或者超过其经营目标，那么经营者在退休后就可以获得一定比例系数倍数的退休金，如经营者经营到退休时如果完成其契约业绩的两倍，那么他就可以领两倍的

---

① 苏冬蔚，林大庞. 股权激励、盈余管理与公司治理［J］. 经济研究，2010，45（11）：88-100.

退休金。

2. 精神激励方式

除了物质激励外，对企业的经营管理者以及核心人员，要进行精神激励，在企业内部与外部建立精神激励的声誉机制。按照马斯洛的需求理论，人在满足基本的生存需要之后，会追求被尊重和自我价值实现的需要，从企业管理的角度看，就是企业家追求高的成就，满足自身声誉的需要。在竞争比较激烈的人力资源市场，由于信息和网络媒体的快速传播，企业家更加注重自己的声誉，良好的声誉建立在其对过去所管理企业的经济绩效的基础之上。企业家拥有良好的声誉是其自身在市场上谈判的筹码，如果声誉不好，企业家在市场上的职业生涯就会受影响。所以，从这方面看，建立精神激励机制对规范企业家的行为有一定的积极作用。

3. 职业道德激励

由于人的道德是有差别的，在不同的环境下，其行为会产生不同的后果。特别是作为企业经营者，其责任心、信用、忠诚度、良知等，在不同的企业环境表现不同。某研究机构对百年老店进行经营者的职业道德调查，百年老店，除管理、技术、创新能力等主要因素之外，对企业管理者的道德激励也是成功的重要因素之一。对企业核心员工的道德激励应建立相应的激励机制。

四、混合所有制改革的保障机制——监督机制

国有企业的改革必然伴随着国有资产管理的改革，二者相辅相成、互相促进。国有资产监督管理体制的改革为国有企业的混合所有制改革提供制度保障，防止国有资产流失，而混合所有制改革促进国有资产监督管理体制进一步完善。

（一）分类监管

混合所有制改革的前提是国有企业分类，国有企业的性质功能不同，其经营管理方式必然不同，那么国有资产也必须要相应地分类监管。第一，经

营公益产品的企业，一般是国有独资，是不盈利的，原则上不需要改革。这类企业提供公益产品，为人民提供基本保障品，接受政府的补贴，所以这部分企业应该由全国人民代表大会设立专门委员会监管。第二，对于提供一般产品的企业，就应该按照一般企业的运营去监管，把国资委的双重身份和职能分开，国资委仅保留监督职能，仍然是行政机构；授权央企的投资公司组建投资运营公司（"如果人为地在国资委下面搭建国有资本投资运营公司，能不能规范运作很难说，搞不好又会变异成一个行政机构"①），承担原国资委的投资人身份，但是其仅是专业性的投资机构，要求由专业人员构成，由全国人民代表大会授权，同时接受全国人民大会的监督和国资委的监督（其不应该是国资委授权，如果是国资委授权机构，只不过是国资委多几个投资公司而已，与原有国有企业管理不会有本质的区别）。

（二）建立统一的国资监督管理体制

在现有的国有资产松散的状况下，一直提出要产融结合，但是目前"产""融"的管理体制是有差别的，实现产融结合的路径不顺畅，所以要建立统一的国有资产监督管理体制，把金融类、邮政类、出版类、烟草类以及能源类都纳入统一的国有资产管理体制中。国资委要建立统一的监督和评价体系，充分发挥监督职能，不仅可以用行政手段，而且可以用社会监督、审计监督等手段，进一步构建全国人大、社会监督、国资委监督等多纬度的监督管理体制，从而使国有资产的运行市场化、透明化、法制化。

---

① 邵宁. 国企改革亟须厘清的五大问题［J］. 现代国企研究，2014（09）：71 - 74.

第二章

中国国有企业混合所有制改革发展历程

国有企业问题是世界问题，几乎所有的国家都经历了国有企业的改革，并不是中国的国有企业才会出现国有企业改革的问题。西方国家的国有经济是以私有制为制度基础，其微观经济运行主体与私有制天然融合，国有企业的改革主要是解决政企关系的问题，而中国是以公有制为主体，国有企业的问题不仅仅是解决政企关系的问题，还要解决公有制经济与市场经济融合的问题。中国公有制经济的微观市场主体是国有企业，所以中国的经济改革在微观层面就一直围绕着国有企业存在的问题、国有企业运行的模式开展，可以说当代中国的各项改革，国有企业的改革是争论范围最为广泛、深入、持久的一项改革，其越改越难，越改问题也越多①。研究中国国有企业的问题必须厘清中国国有企业的产生发展与实践过程。

第一节　国有企业的来源

研究中国国有企业的问题，首先必须清楚国有企业的来源与构成中的国有企业的主要来源有四个方面：②

第一，最早产生在革命根据地的自建的一些企业和第三次国内革命战争

---

① 谢鲁江．深化国企改革要做好四个结合［J］．理论视野，2017（02）：39-41.
② 苏星．新中国经济史［M］．北京：中共中央党校出版社，2007：36-70.

时，没收日伪和官僚资产阶级财产后，扩大的国有工业，这是中国最早的国有企业，当时称为国营企业或公营企业，为中国革命胜利提供了物质基础。

第二，没收的官僚资本。1949 年的《中国人民解放军布告》中指出："没收官僚资本。凡属国民党反动政府和大官僚分子所经营的工厂、商店、银行、仓库、船舶、码头、铁路……均由人民政府接管。其中，如有民族工商农牧业家私人股份经调查属实者，当承认其所有权。"①

第三，取消帝国主义在华特权后，帝国主义的许多企业在当时经营比较困难。新中国成立之初，中国重新获得了各港口、海关以及对外贸易的主动权，然后逐步采取措施，通过各种可以利用的手段，把一部分帝国主义在华的企业转归国家所有。

第四，苏联政府转交的企业和财产。1950 年中国和苏联签订了《中苏友好同盟互助条约》和《关于中国长春铁路、旅顺口及大连的协定》，1952 年苏联放弃了在中国的特权，把长春铁路的财产和权力移交给了中国政府。

第二节　国有企业混合所有制改革的实践过程

一、混合所有制萌芽阶段

中国的经济体制改革最早是在农村突破的。在十一届三中全会召开之前，安徽省委发出《关于目前农村经济政策几个问题的规定》，该规定中提出农村一切工作以生产为主，尊重生产队的自主权，生产队实行责任制。这些措施在当时激发了生产的积极性，极大地提高了农村的生产活力。随后，四川等地也逐步实行类似的政策，中国农村基层开始包产到组、包产到户、包干到户等多种形式的农业生产责任制②。可以认为，城市工商业受农村改

---

① 毛泽东选集：第 4 卷 [M]．北京：人民出版社，1991：1457.
② 苏星．新中国经济史 [M]．北京：中共中央出版社，2007：527.

革的启发，扩大企业经营自主权是中国国有企业混合所有制改革的萌芽。1981 年 9 月 24 日，当时的国家经委、国家体制改革办公室的一份文件《关于实行工业生产经济责任制若干问题的意见》得到国务院的认可，于是在全国企业开始实行经济责任制。其主要是解决两大关系，即国家与市场的关系、企业内部的关系。1986 年 12 月 5 日，由国务院颁发的《关于深化企业改革增强企业活力的若干规定》中提出："推行多种形式的经营承包责任制，给经营者以充分的经营自主权……各地可以选择少数有条件的全民所有制大中型企业，进行股份制试点。"1987 年 3 月的政府工作报告进一步指出，要进一步深化企业改革，把改革的重点放到完善企业的经营机制上来，把企业的所有权和经营权分开作为改革的基本原则，实行多种形式的承包制，使企业真正成为自主经营自负盈亏的经济实体①。1987 年，中国共产党十三大把股份制企业作为社会主义企业的一种组织形式，鼓励股份制继续试点，因此，出现了大批的股份制企业。到 1989 年年底，由于中国的国民经济进行调整，股份制公司经济发展中断。此后，中国国有企业的改革主要转到改善企业的外部环境，转变国有企业的经营机制上来。1991 年 9 月 23 日，李鹏在中央经济工作会上提出改善企业外部条件的 12 条措施。1988 年 4 月 13 日的全国七届人大会议通过的《中华人民共和国全民所有制工业企业法》，对企业的转变经营机制提出了具体的措施。1992 年 6 月，国务院通过了《全民所有制工业企业转换经营机制条例》，重申要继续完善企业承包经营责任制，创造条件，试行股份制。随后，国务院就颁布了关于股份制企业试点的 11 项法规，其中有《股份有限公司规范意见》《股份制企业试点办法》《股份制试点企业财务管理若干问题的暂行规定》《有限责任公司规范意见》等，由这些政策的引导，使股份制试点逐步走向规范化。

1978 年，四川省的 6 家企业开始试点，完成增收目标后允许企业留有一定的利润分成。试点取得了极大的成效，此后"扩大企业自主权，使企业由

---

① 苏星. 新中国经济史 [M]. 北京：中共中央出版社，2007：550.

一个单纯地完成国家计划的生产单位，变成了一个具有内在动力的经济单位，表现出了空前未有的活力"①。继四川之后，在全国范围内推行了这个试点的办法。1979 年年底又陆续出台了一系列企业改革政策，在乡镇先后出现了国有企业与乡镇企业联营、农村集体企业与农户私营企业联营、乡镇企业与个体农户联营，这些联营的企业本身就是两个不同所有制的混合，是农村最早出现的典型的混合所有制形式的企业组织形式（伯娜，2007）②。在一定程度上，这些联营形式的经济体反映农户、乡村集体以及私营企业，利用劳动力、土地等资源优势与国有企业和技术优势相结合，充分发挥各自的比较优势，通过取长补短，实现了共赢（刘仲仪，2017）③。1988 年，山东的地方企业开始实行经济责任制，其经济责任制主要采取地区包干、亏损企业以及企业利润包干等企业的盈亏包干形式，企业内部主要是计件工资，这种方式的实施充分调动了企业和员工的积极性，所实行这种方式的企业的生产能力极大地提高，因此，这种方式也很快在全国推广。由于这种方式在完成企业任务的基础上，企业可以获取一定的留成，用于职工福利和扩大再生产，在当时受到很多企业的青睐，很快就有 36000 家企业实行了这种方式，并涌现出一批以首钢为样板的先进企业④。1982 年，一些地方对这种方式进行了创新，采用递增包干的方式。

从 1978 年到 1984 年，短短的几年，中国的国营企业有了很大改观，企业的生产得到了很大的提高，大部分企业转亏为盈，职工的生活也有了很大的提高。这阶段的经济责任形式，其实质都是扩大企业的利润留成，政府下放给企业一定的财权，这种分配形式打破了自中华人民共和国成立以来形成的统分统支的局面。这种方式使得企业的所有权和经营权问题迈出了一小步，使企业有了自我发展的能力，这种形式灵活，依据企业规模大小选择不

---

① 苏星. 新中国经济史 [M]. 北京：中共中央出版社，2007：541.
② 伯娜. 改革开放以来混合所有制经济及其发展 [J]. 特区经济，2007（7）.
③ 刘仲仪. 中国国有企业的混合所有制契约研究 [D]. 长春：吉林大学，2017.
④ 苏星. 新中国经济史 [M]. 北京：中共中央出版社，2007：543.

同的形式。但是也有弊病：主要是承包期短，承包人往往过度利用资源提高承包期的利润，再者不利于设备技术的更新以及研发投入的增加，不利于经济结构的优化。其实早在1984年股份制公司在中国就已经出现，有的企业开始用股份制改造老企业和组建股份公司，1984年7月北京成立的天桥百货股份公司，11月上海飞乐音响公司向社会公开发行股票，这都标志着中国股份公司的形成。从表2-1数据可以看出，从1980年开始，其他经济单位的数量开始出现，而且不断地增加，在1980年大约有400户，到1992年大约为14200户。

表2-1　中国工业和经济单位的个数（1979—1992）

单位：万个

年份	国有经济	集体经济	乡镇企业	其他经济
1979	8.38	27.12	17.15	
1980	8.34	29.35	18.66	0.04
1985	9.37	36.78	21.71	0.17
1986	9.68	40.1	24.6	0.24
1987	9.76	39.21	23.79	0.39
1988	9.91	39.54	23.77	0.55
1989	10.23	39.59	23.43	0.72
1990	10.44	39.11	22.87	0.88
1991	10.48	38.92		1.08
1992	10.33	38.45		1.42

注：表中数据根据1993年《中国工业经济统计年鉴》整理而成。

这一阶段改革的重点是使人们转变计划经济体制观念，打破吃"大锅饭"的思想，引导国营单位走向市场，逐步适应市场化的商品经营环境。国有企业出现新的经营方式，即承包制企业、集体所有制企业、公私合营或公私联营企业、股份制企业等，这些都是企业在市场中初步形成的微观基础，是中国混合所有制企业的萌芽。

二、混合所有制产生阶段

以邓小平南方谈话为分界点。1992 年的十四大确立了经济体制改革的目标是建立市场经济体制，在所有制结构上提出了"以公有制包括全民所有制和集体所有制经济为主体，个体经济、私营经济、外资经济为补充，多种经济成分长期共同发展，不同经济成分还可以自愿实行多种形式的联合经营"①，肯定了不同经济成分多种形式的"联合经营"，并提出了建立以公有制为主体的现代企业制度。1993 年 11 月召开的十四届三中全会通过的《中共中央关于建立社会主义市场经济体制若干问题的决定》指出："随着产权的流动和重组，财产混合所有的经济单位越来越多，将会形成新的财产所有结构。"这里是用"财产混合所有"而不是用"混合所有制经济"，并且财产混合所有的是"经济单位"的混合，"将会形成新的财产所有结构"，没有把这种财产的混合提升到制度层面的高度。1997 年 9 月党的十五大报告中指出："公有制为主体、多种所有制经济共同发展，是我国社会主义初级阶段的一项基本经济制度。""公有制经济不仅包括国有经济和集体经济，还包括混合所有制经济中的国有成分和集体成分。"要探索公有制的实现形式，"公有制实现形式可以而且应当多样化"。报告中再次强调"股份制是现代企业的一种资本组织形式，有利于所有权和经营权的分离，有利于提高企业和资本的运作效率，资本主义可以用，社会主义也可以用"。"目前城乡大量出现的多种多样的股份合作制经济，是改革中的新事物，要支持和引导，不断总结经验，使之逐步完善。要努力寻找能够极大促进生产力发展的公有制实现形式。"在十五大精神的指导下，国有企业改革迈开了步伐，政企分开迈出了实质性的一步。1998 年，国务院机构改革，精简机构，部委由原来的 40

---

① 江泽民在中国共产党第十四次全国代表大会上的报告［R/OL］．人民网，1992 -
10 - 12.

个减为 29 个，转交给地方、企业、社会中介组织的职能达 200 多项，政府部门不再直接管理企业①。这对国有企业建立现代企业制度具有重要的意义。1999 年 9 月 22 日，中共十五届四中全会通过的《中共中央关于国有企业改革和发展若干重大问题的决定》进一步强调："国有大中型企业尤其是优势企业，宜于实行股份制的，要通过规范上市、中外合资和企业互相参股等形式，改为股份制企业，发展混合所有制经济，重要的企业由国家控股。"第一次在中央决策层使用"发展混合所有制经济"，并指出了"国有大中型企业通过上市、规范上市、中外合作以及企业参股等形式"发展混合所有制企业。

由表 2-2 可知，自 1993 年到 2002 年这 10 年，中国的国内生产总值有了极大的提高，从 1993 年的 34560.5 亿元，到 2002 年增加到 103935.3 亿元，翻了 3 倍；人均国民生产总值有了很大的提高，1993 年为 2939 元，到 2002 年增加到 8214.022 元，翻了 3.5 倍；这 10 年间的国民生产总值的平均增速大约为 15%。此期间已经形成了多种所有制经济共存的经济形式。集体经济、个体经济以及私营经济都有明显的增加。

表 2-2　国内生产总值与人均国民生产总值（1992—2002）

年份	国内生产总值（亿元）	人均国民生产总值（元）
1993	34560.50	2939.000
1994	46670.00	3923.000
1995	57494.90	4854.000
1996	66850.50	5576.000
1997	73142.70	6054.000
1998	76967.20	6308.000
1999	80579.36	6551.000

---

① 苏星. 新中国经济史［M］. 北京：中共中央出版社，2007：556.

续表

年份	国内生产总值（亿元）	人均国民生产总值（元）
2000	88254.00	7085.740
2001	95727.85	7651.437
2002	103935.30	8214.022

注：表中数据来源为《中国统计年鉴2004》。

从图2－1中可以明显地看出，在这一阶段，全国的工业企业个数在1997年到1998年突然悬崖式减少，特别是民营企业的比重也突然减少；而国有控股工业的比重和外商投资、港澳台投资的企业比重从1997年到1998年突然增加，此后二者的趋势相反，民营企业个数逐步增加，而外商投资和港澳台投资企业的比重逐渐减少。

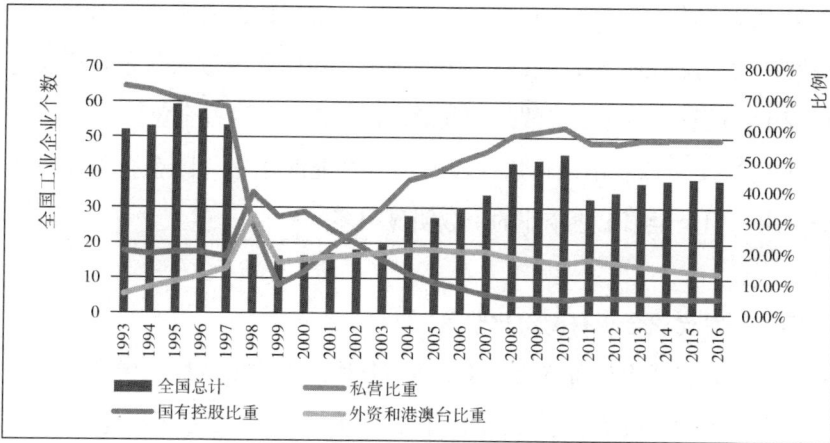

图2－1　中国工业经济单位统计图（1993—2006）

三、混合所有制的发展阶段

以十六大为节点，2002年党的十六大报告再次指出："除极少数必须由国家独资经营的企业外，积极推行股份制，发展混合所有制经济。"2003年10月党的十六届三中全会《中共中央关于完善社会主义市场经济体制若干问题的决议》指出："大力发展国有资本、集体资本和非公资本等参股的混合所有制经济，实现投资主体多元化，使股份制成为公有制的主要实现形式。"2003年国有资产管理委员会的成立，是国有企业改革标志性的事件。国有资产管理委员会成立后，主要对国有企业进行机构改革与调整，负责监督管理国企保值增值目标，同时解决了相关国有经济部门机构臃肿、部分边界重合、监管效率低下等一些实际问题，从某种程度上说增强了国有资产在资本市场发展壮大的空间与可能。这阶段国有企业的改革主要用重组与上市两种方式，但不能从本质上解决国企虚置投资主体的实际问题，重组主要是在地方国企内部、央企与地方国企以及上下游国企之间的重组，很少有民营企业参与，所以这一阶段也被人们认为是"国进民退"的阶段。国企重组后的股权多元化形式，其本身是多家国企持股，表面上是股权多元化的方式，但在遇到重大决策时，仍然是国有股有话语权。上市后的国有企业基本上存在的是一股独大和流通股分散的股权结构的现象，而这种分散的股东其持股比例相对较小，而且不能建立有效的监督激励机制去监督这些企业。

从图2－1可以看出，在这一段的国有企业改革中，国有企业控股比重明显减少，但是全国工业企业的个数明显增多。

四、新时代混合所有制深化阶段

以十八大召开为时间节点，2013年11月，党的十八届三中全会《中共中央关于全面深化改革若干重大问题的决定》中，第一次明确提出："积极发展混合所有制经济"，强调"国有资本、集体资本、非公资本等交叉持股、相互融合的混合所有制经济，是基本经济制度的重要实现形式。"2015年8月《中共中央、国务院关于深化国有企业改革的指导意见》指出："以促进国有企业转换经营机制，放大国有资本功能，提高国有资本配置和运行效率，实现各种所有制资本取长补短、相互促进、共同发展为目标，稳妥推动国有企业发展混合所有制经济。"2017年10月党的十九大再次强调"深化国有企业改革，发展混合所有制经济"，强调把国有企业培育成具有竞争力的世界一流企业，这就将对混合所有制企业的要求提到了一个新的高度，不单单是发展混合所有制企业，而且要发展成国际化的一流企业，这对企业的运行效率以及企业的发展都提出了更高的要求。

从国企的发展布局看①，根据中国统计局公布的数据，国企控股的行业几乎涉及工业企业类的41个行业，2017年全部国有控股企业行业分布状况如图2－2和图2－3所示。从图2－2中可以看出，国有控股的企业在电力、热力生产和供应业的数量占比最大，约占总工业企业的24%，其次是非金属矿物制品和水的生产和供应的企业数量占次要位置，二者约占15%。

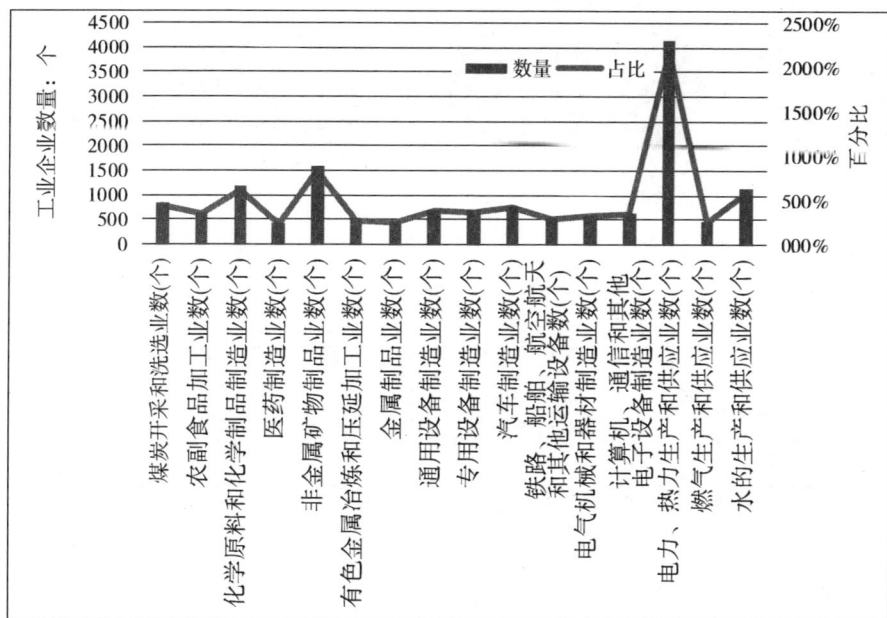

图2－2　国有工业企业行业分布状况2017

从国有资本投资的企业看，国有投资企业约占总企业的40%，混合所有

---

① 由于国有控股工业涉及的范围比较广泛，每个行业占比差距比较大，在一个图中显示不清晰，为了清晰表明国有控股工业企业的分布状况，把行业比例占比超过3%的归到图2－2，低于3%的行业归入图2－3。

制企业约占国有资本总投资企业的50%，从投资的行业看，无论是国有投资资本还是企业数量，在电力、燃气、水、煤炭、交通运输和公共设施管理等基础设施行业其投资比重都超出了注册资金的50%，金融、矿业等行业，其国有注册资本比较多，比重也比较大，非公资本的比重占比相对来说较小。①

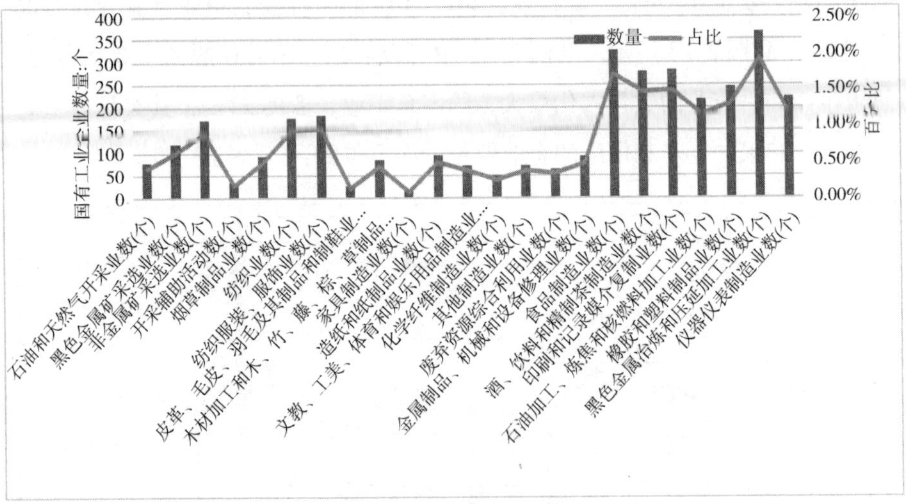

图 2-3　国有工业企业行业分布状况 2017②

第三节　国有企业混合所有制改革的现状分析

一、国有企业混合所有制的整体运行状况

中国的混合所有制自20世纪90年代就得到了充分的发展，中国的国有企业改革在"国进民退""国退民进"的争论中不断地向前推进，经过了

①　肖亚庆. 国务院关于国有资产管理与体制改革情况的报告［J］. 时事报告（党委中心组学习），2016（04）：120-131.

2003 年到 2013 年的战略调整期，国有企业的改革进行缓慢，2013 年的十八届三中全会通过的《中共中央关于全面深化改革若干重大问题的决定》开启了新一轮的国有企业改革，试图寻找一种新的结合方式，突破国有企业改革的固有偏见，构建"国民共进"的改革路径，发展混合所有制经济，推进国有企业的混合所有制改革，扩大非公资本进入范围。其实，中国的混合所有制发展已经非常充分，几乎所有的领域都有混合所有制经济的成分，从历年国家统计年鉴中登记注册的类型就可以看出，中国的企业组织形式有很多种。

　　混合所有制经济的归类，本章节参照黄速建在《中国国有企业混合所有制改革研究》中的归类方法：遵循国家统计局对规模以上工业企业的分类进行分类。国家统计局按登记注册类型划分，把企业分成三大类：内资企业、外商投资企业和港澳台投资企业，这三类下进行二级分类，如内资企业下面有八个二级分类，即国有企业、集体企业、联营企业、私营企业、股份有限公司等八个二级类型，二级分类下面还进行三级分类。黄速建（2014）认为在这些类别的企业中，股份合作企业、联营企业中国有与集体联营企业、港澳台合作与合资经营的企业，以及外资投资合资与合作经营的企业都是具有混合所有制性质的企业[1]，是混合所有制经济的重要组成部分，他认为私营股份制企业不是混合所有制经济的组成部分。由表 2 - 3 可知，2017 年混合所有制工业企业数量占总的规模以上工业企业数量的 32.12%。从 2008 年到 2017 年，规模以上工业企业中的混合所有制企业比重不断上升，2008 年为22%，增加了 10 个百分点，而其他经济财务指标也在不断增加。规模以上工业中混合所有制企业的资产占总资产的比值由 2008 年的 38.57% 增加到 2017 年的 53.64%，利润总额由 2008 年的 38.61% 到 2017 年上升到 51.09%。从历年的数据可以看出，规模以上工业企业中的财务指标都不断上升。这说明，中国的混合所有制经济已经占一定的比重是一个不争的事实。

---

① 黄速建. 中国国有企业混合所有制改革研究 [J]. 经济管理，2014 (7).

表 2 – 3　2017 年中国混合所有制工业企业整体状况

单位：亿元

项目	企业单位（个）	资产总计	主营业务收入	利润总额
规模以上工业企业总计	372729	1121910	1133161	74916
股份合作企业	776	661	903	52
国有与集体联营企业	16	19	30	1
其他联营企业	28	28	98	7
其他有限责任公司	89195	322737	293029	18616
股份有限公司	12086	167085	111615	9655
合资经营企业（港或澳、台资）	6674	35000	35025	2534
合作经营企业（港或澳、台资）	537	1635	2204	228
港、澳、台商投资股份	489	5450	4399	508
其他港、澳、台商投资	266	1303	897	57
中外合资经营企业	8315	57916	66993	5833
中外合作经营企业	488	2065	2241	206
外商投资股份有限公司	458	6754	4942	500
其他外商投资企业	385	1122	1375	74
小计	119713	601775	523751	38271

注：作者根据《中国统计年鉴 2018》整理。

二、国有企业混合所有制的行业与地区分布状况

国有企业由财政部监管和国资委监管，由于归口不同，划分的标准也很多。再者国有企业的数据很难获取全面，本章就选用工业企业中的国有企业为研究对象进行分析，主要原因是，在国有企业中，问题最多、效率最低、亏损最多的企业大都在工业企业。所以，这章主要以工业企业数据重点分析国有控股工业的运营状况。

（一）国有控股工业企业与民营工业企业的利润增长率

从图2-4中可以看出，中国的工业企业中国有控股工业企业自2000年以后，其利润总额增长率明显低于民营的增长率。国有控股工业企业与民营工业企业的利润增长率总趋势基本一致，但国有控股的波动比较大。2007年到2008年，国有控股企业利润总额增长率突然呈现负增长，而民营工业企业的利润总额增长率波动稳中有升；受4万亿刺激计划的影响，国有工业企业的利润总额增长率在2010年基本赶上民营工业企业。此后，国有控股工业企业的利润增长率逐渐下降，从2011年到2016年，几乎都处于利润总额负增长的状况。虽然民营控股工业也持续下降，但是整体上仍然保持正的增长率。

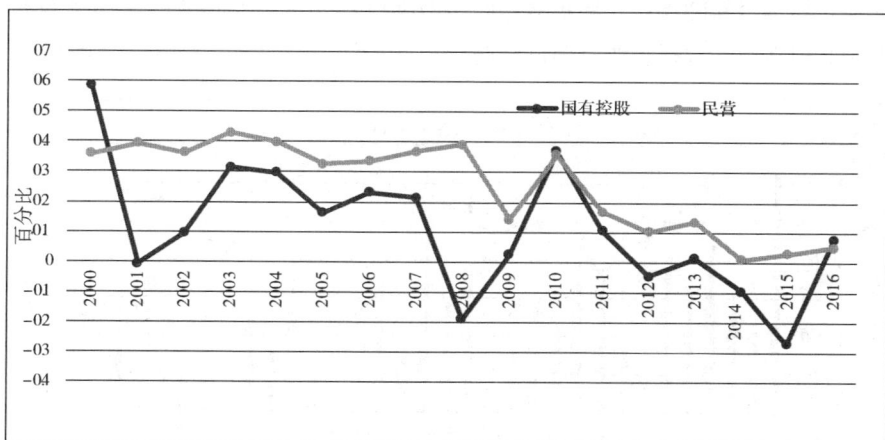

图2-4 中国工业企业利润总额增长率（2000—2016）①

（二）国有控股工业企业的主要财务指标

1. 按地区分组国有控股工业企业的资产负债状况

从图2-5中可以看出国有控股工业的总资产最高的地区是北京和山东，

---

① 数据依据《中国工业统计年鉴2017》整理。

最低的地区是海南、西藏。图2－5中次坐标表示资产负债率，从整体上看，资产负债率，除北京、上海在40%～50%之间，其他地区的资产负债率都超过了50%，山西、辽宁、河北、青海、宁夏、甘肃等多个地区的资产负债率超过了70%。

2. 按地区分组国有控股工业企业的利润状况

图2－6中对2016年各地区的工业企业的利润总额和亏损工业企业的亏损额进行了比较，从图2－6中可以看出，上海、广东、北京、江苏四个地区的工业企业利润明显高出其他地区；浙江、湖北、山东、陕西四个地区的工业企业利润也都超出了600亿元；辽宁、黑龙江以及河南的工业企业在2016年的利润是负的，西藏和新疆也几乎没有利润。我们再看亏损工业企业的亏损额，比较明显的是，工业企业利润高的地区，亏损工业企业的亏损额明显低于其他地区。亏损企业亏损额最高的地区是辽宁、河南、云南以及新疆。

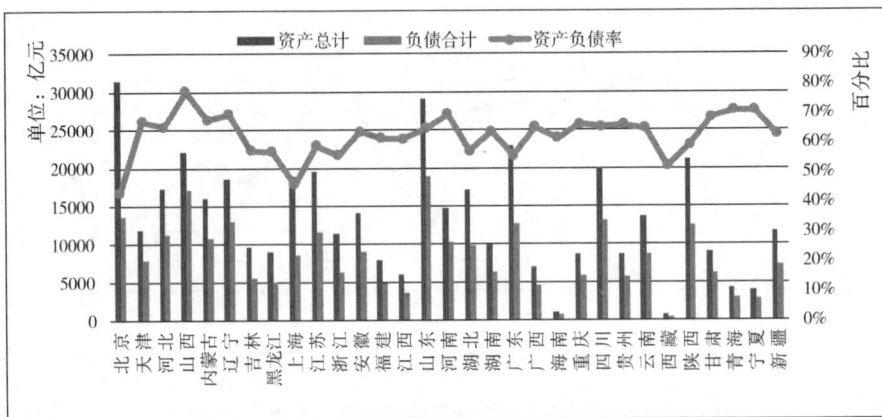

图2－5　2016年按地区分组国有控股工业企业的资产负债图①

———————

① 数据作者依据《中国工业统计年鉴2017》整理。

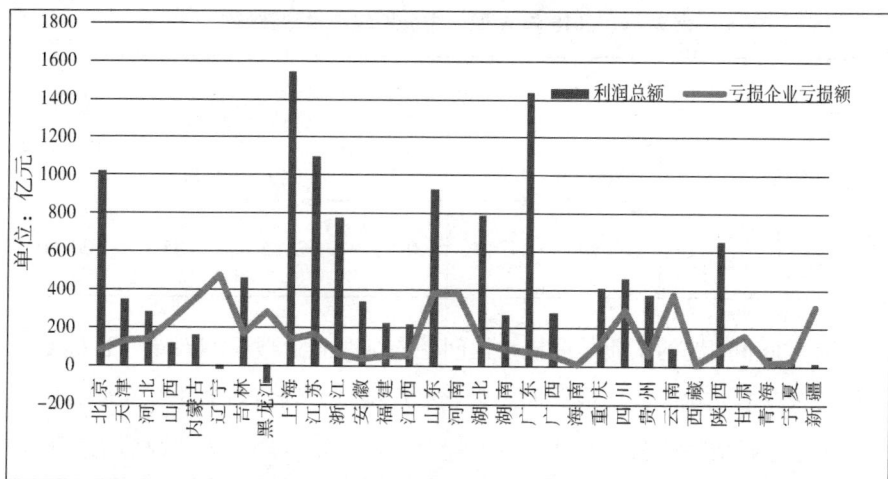

图 2 - 6　2016 年按地区分组国有企业控股工业企业利润和亏损总额①

三、国有企业混合所有制的公司治理状况

(一) A 股上市公司组织类型分析

我们把 2017 年上海证券交易所和深圳证券交易所的 3580 家上市公司的股权结构进行了整理,其中上海证券交易所上市的公司 1452 家,深圳证券交易所上市的公司 2128 家。表 2 - 4 是按照组织形式划分在沪深两市上市的企业类型的整体状况。从表 2 - 4 中我们可以看出,截至 2018 年 12 月 31 日,在沪深两地上市的公司中,属国资委监管有 400 家,占总上市公司的 11.17%;属地方国资委监管的有 709 家,占总上市公司的 19.8%;中央和地方国有企业总共有 1109 家,占上市公司的 30.97%;民营控股的企业有 2249 家,占比为 62.82%;其他类型的上市公司占比约 6%。

---

① 数据作者依据《中国工业统计年鉴 2017》整理。

表 2-4　2018 年 A 股上市公司组织类型统计①

类别	地方国有企业	中央国有企业	集体企业	民营企业	中外合资经营企业	总计
企业数量（个）	709	400	9	2249	213	3580
占总上市企业的比例（%）	19.80	11.17	0.25	62.82	5.95	100.00

　　国有企业问题的本质是股权结构问题，国有企业股份制改革，目标是建立国有企业多元化股权结构的现代企业治理结构，到目前为止，大部分国有企业都已经建成现代公司治理结构，但是，从一定程度上说，政府仍然是企业的主导，国有企业多元化治理结构仍然需要完善。此次的国有企业混合所有制改革，是股份制改制的进一步深化，目的是使国有企业充分发挥市场主体的作用，提高企业的竞争力。国有企业一直试图通过企业重组、并购、上市等方式，对股权进行多元化改革。表 2-5 是 A 股上市的实际控制人是国有股的第一大股东的持股比例状况，截至 2017 年 12 月 31 日国有股实际控股权的公司有 1061 家。表中分三个区间对第一大股东的持股比例进行分析，从中可以看出，第一大股东持股比例低于 30% 的有 433 家，占全部国有企业的 40.81%；持股比例在 30%~50% 的有 395 家，占 37.23%；持股比例在 50% 以上的有 233 家，占 21.96%。从国有控股的上市公司看，国有股的比例并不高，特别是控股比例在 50% 以上的公司仅有 233 家，低于 30% 的公司占 40% 以上，所以，在国有控股的上市公司中国有股"一股独大"的现象已经有所改善。

---

① 该表中上市公司的组织类型是依据东方财富 Choice 数据中的类型进行划分。

表 2 – 5 2017 年年底 A 股国有企业第一大股东持股比例分析表

持股比例分类	低于 30%	30% ~ 50%	高于 50%
公司个数（个）	433	395	233
所占比例（%）	40.81	37.23	21.96

数据来源：CCER 公司治理数据。

因此，我国的国有企业改革已经不是简单的重组、并购的问题，已经到了"攻坚"阶段，特别是经过多年国有企业改革留下的这些企业，都是大型国有企业。这些企业从某些方面说是精兵强将，在国民经济中占重要的地位，起重要的作用，同时他们也享受了民营企业所不能享受的好处，但是他们的经济效率和运行质量实在是令人担忧。特别是那些亏损的企业，负债较高的企业。必须对国有企业的产权制度进行改革，为国有企业的运行提供个较好的制度环境。

（二）董事会的治理状况

截至 2017 年年底，中国的国有企业上市的约有 1060 家，以最终实际控股人划分是否是国有控股，如果为国有控股，视为国有企业。剔除了董事会治理结构中缺失的数据，最终公司治理数据较全的有 977 家。其公司治理状况如表 2 – 6。经过描述性统计分析，国有企业上市公司的董事会规模的平均人数在 6 人左右，董事会年内召开的会议次数约 10 次，独立董事的规模约为 3.4 人，约是董事会人数的一半；董事长、监事会主席、总经理均约有 20% 发生变更。高管的规模主要包括董事、监事以及高级管理人员，约为 20 人。董事会的规模与英、美其他国家的董事会规模相比人数相对较低，独立董事的比例也低于英美其他发达国家，英、美等国家的董事基本上占董事会人数的 80% 左右。再者从公司治理结构中的最小值看，有的公司还没建立独立董事，监事会的会议次数年度内也没召开，董事会的会议次数有的最少开了 2 次，而最多的公司召开了 57 次。

表2-6 国有上市公司董事会治理状况（截至2017年年底）

数量	平均值	最小值	最大值	总数
董事会的规模	6.46	1	13	977
年度内董事会的会议次数	10.03	2	57	977
年度内监事会的会议次数	4.55	0	18	977
董事、监事和高级管理人员总人数	19.10	10	38	977
董事长是否变更	0.23	0	1	977
监事会主席是否变更	0.23	0	1	977
总经理是否变更	0.21	0	1	977
董事长与总经理的两职设置状况	2.70	1	3	977
独立董事总人数	3.40	0	9	977
监事会的规模	4.32	2	12	977

注：数据依据CCER上市公司数据整理。高管任职变更与上年度比较变化为1，没变化为0。

国有上市公司的治理结构统计分析表明：首先，虽然上市公司的治理结构基本按照现代企业治理结构的职能部门进行了设置，但是尚未真正行使其部门职能。例如，有的上市公司，年度内的董事会会议仅召开2次，监事会年度内没有召开过会议，还有的公司没有独立董事。其次，高管变更比较频繁，董事长、监事会主席以及总经理与上年度相比竟然有20%的变更。最后，有的企业董事长与总经理仍为同一个人兼任。

（三）股权结构现状

1. 国有股总的持股比例状况

为了观察国有上市公司的股权变化状况，作者对国有上市公司自2010年年底到2017年年底A股上市的国有上市公司，进行了股权统计分析，如图2-7所示。从图中明显可以看出，2010年到2017年之间，国有股第一大股东的持股比例基本上在35%左右，没有大的变化。在2016年以前国有股第一大股东的持股比例平均在38%左右，2017年第一大股东的平均持股比例略有下降,其平均持股比例为 34.19%。从上市公司的国有控股公司看,国有企业第一大股东的持股比例并不是很高,民营上市公司第一大股东的持股比例基本上都高出国有企业的控股比例。

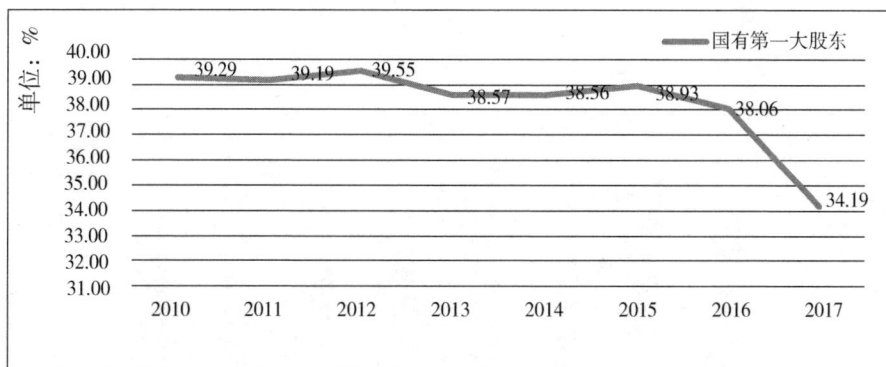

图 2 - 7 A 股上市公司国有第一大股东持股比例变化图(2010—2017)①

2. 按行业分国有股持股比例状况

为了分析国有企业上市公司是否都存在"一股独大"的情况,对 2010 年年底到 2017 年年底,A 股的国有上市公司按照分类标准(GICS)二级分类进行统计分析,对于能源类(1010)、商业服务类(2020)、电信类(5010)以及公用事业类(5510),国有股第一大股东的平均持股比例如图 2 - 8。从图 2 - 8 中可以清楚地看出,能源类、公用事业类(电力)、电信类三大类的平均持股比例一直都明显高于商业服务类,能源、电力类和电信类的第一大股东的持股比例基本上都低于 50% 以下。从图 2 - 8 中还可以看出,能源类、商业类以及电信类的国有控股公司,持股比例一直在下降,特别是商业类的国有控股比例截止到 2017 年年底,已经到了 25% 以下;而能源类的持股比例也低于 35% 以下,电力和电信的持股比例基本上都在 35% 左右。这说明,在上市公司的国有股持股比例中,国有股的持股比例并不是高

① 数据依据大智慧上市公司数据整理。

居不下，"一股独大"的现象已经缓解。从国际上的上市公司的持股比例看，无论国有企业还是民营企业其第一大股东的持股比例基本上都高于40%，新加坡国有控股上市公司的持股比例平均是40%以上。

总之，无论从整体上还是按行业分类看国有股的持股比例在这么多年的改革中，其股权已经分散，而且"一股独大"的现象已经改善。

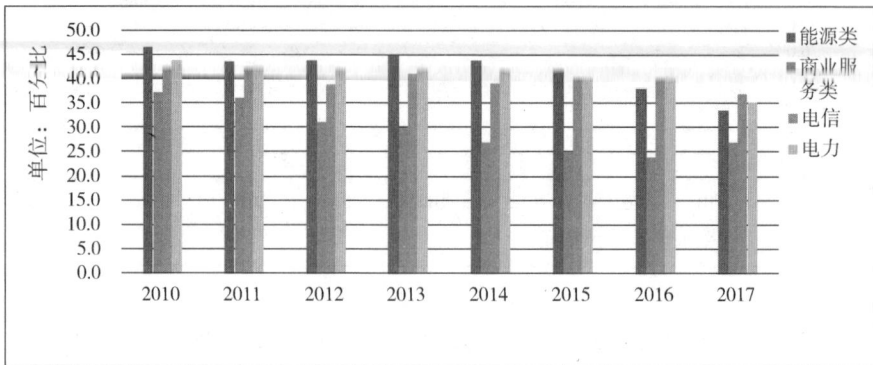

图2－8　按行业分类的国有企业上市公司第一大股东平均
持股比例图（2010—2017）①

目前，我国国有企业的董事会在形式上基本建立，大部分企业的董事会基本结构也参照现代企业制度的有关规定，设有独立董事，但是董事会的权责落实还需要一段时间，尤其董事会与经理层的权责关系混乱，虽然在形式上董事长与总经理是两职分离，但是董事会干涉经理层管理的现象仍然存在，经理层不能充分发挥自己的管理水平。独立董事也流于形式，不能发挥独立董事的作用，其原因主要是目前国企的独立董事的选拔和任命方式，我国国有企业的独立董事大部分为官员以及退休的企业高管，我国的独立董事一直被认为是性价比较高的美差，每年开几次会，签几次名就可以拿到十几万甚至更多的收入②，到国有企业任命独立董事成了捞金的一种手段。虽然

---

① 依据东方财富沪深两市上市公司数据整理。

② 莫少昆，余继业. 问道淡马锡［M］. 北京：中国经济出版社，2015：127.

在 2013 年 10 月，中组部颁发了《关于进一步规范党政领导干部在企业兼职（任职）问题的意见》，但是一些退休的高管和领导干部，仍然会采取迂回的方式，到有关国有企业担任独立董事。此外，国有企业的股权仍然相对集中，小股东很难有话语权。规范的董事会制度是公司治理的核心，代表企业的治理水平。董事会制度的建立虽然经历了 10 多年，但是我国混合所有制改革实践还需要不断的摸索，混合企业董事会的权责还需实践检验。

公司的运营状况与公司的治理状况有关，在治理较好的公司中，董事会起非常重要的作用，即"董事会从公司的最佳利益出发采取集体行动，把集体的经验和意见带到决策过程中"①。董事会治理的好坏直接决定公司的存亡，董事会是公司治理的关键环节，董事会的职责是执行股东大会的决议，股东大会是公司拥有最高决策权的机构。但是，现代企业制度中，由于所有权与经营权分离，在现实的公司运营中，董事会拥有实际的决策权，股东大会的权力被弱化，而经理层为实际运营中的执行机构。董事会不应该由一个人或者少数人支配，若存在这种现象，那么整个公司的运行会按照某一两个人的意志，围绕个人或少数团体的利益运行，使其他利益相关者的利益受损。所以董事会一般会引入独立董事、非执行董事建立相互制衡的董事会运行机制。

国有企业股份制改造只是构建了现代企业制度的框架，企业虽然建立了董事会、监事会、经理等治理机构，但往往流于形式，无法实现真正意义上的制衡。由于国有产权的特殊性，政府在国有企业的运营过程中，扮演了重要的角色，对国有企业的人员任免、重要决策制定、激励机制实施等都产生了重大的影响，也相应削弱了国有企业独立法人治理结构的效用，最终影响了企业的绩效。

---

① 布赖恩·科伊尔. 公司治理手册［M］. 周清杰，译. 北京：中国财政经济出版社，2007：10.

第三章

中国国有企业混合所有制改革路径分析

回顾中国国有企业 40 年的改革历程，扩大企业经营自主权是国有企业改革的真正起点。国企改革先后经历了扩大企业经营自主权、实行经济责任制、推行两步利改税、股份制、建立现代企业制度以及推进混合所有制改革的阶段。中国的国有企业改革是以问题为导向、渐进式的改革。不同的发展阶段，中国的国有企业所出现的问题不同，解决问题的方式亦不同，采取的模式以及实现路径也有所不同。

第一节　混合所有制改革的缘由

一、混合所有制改革的动因

（一）国有企业自身发展的需要

中国国有企业改革基本上是围绕市场化进行改革，最终目标是建立与市场经济相适应的中国特色的国有企业现代企业制度。无论理论界对国企改革方向存在什么样的争议，"国退民进"也好，"国进民退"也罢，国企改革的市场化方向都始终没有改变。国企经过几十年的改革，面貌发生了很大的变化，取得了辉煌的成就。国有企业已经不是人们脑海中 20 年前的国企，一部分人一提到国企就认为国有企业为垄断企业，享受国家特殊政策的保护，没有与民营企业在市场上公平竞争等；另一部分人认为，国有企业就是要按照传统的行政方式去管理，才具国有企业的性质。这两种人的观点都是错误的，实质上，目前的国有企业，特别是竞争类的国有企业已经是市场经济中的竞争主体，公平参与市场竞争，在政策方面，国家给予民营企业的政策支持相对国企更多①。就像中国建材董事长宋志平所说，"此国企非彼国企"，国有企业已经不是过去的国企了，现在的国有企业经过了多年的市场经济改革，基本上是在按照市场化方法进行管理。当然，部分国有企业仍然存在问题，僵尸企业仍然存在，不能看到一个"僵尸企业"就认为国有企业都是"僵尸企业"；亦不能看到一个企业的效益不高就认为国有企业的效率都不好。当下的国有企业改革就是针对效率低下、行政垄断的国有企业进行改革，如部分竞争类的国有企业已经发展成按照市场化运行的企业，具备市场竞争生存能力，并不存在效率低下的问题，可能有的效率比民营企业还要高，这样的企业为什么要人为地退出市场？只要让企业遵守市场的竞争，优胜劣汰，没有生存能力、不具创新的企业自然会被市场淘汰，只要政府不再去救市就可以了②。但我们要承认，并不是所有的企业都像这两类企业一样，大部分国有企业仍然存在问题，特别是没有上市的国有企业，历史遗留的问题还有很多，尚有艰巨的难题需要解决。这主要表现在，现代企业制度的基本形式虽然已经建立和具备，但是许多职能部门仍然没有落实，所有者"缺位""越位""错位"仍然没有解决，治理结构与国资的监管机制都有待进一步完善，仍有部分企业的运营效率亟须提高。其次，自2010年中国的国内生产总值超过日本之后，中国成为世界第二大经济体，中国的经济由高速增长转向中高速增长的高质量发展阶段，中国经济增长的动力机制也面临调整。特别是近年来中国经济下行压力较大，作为中国经济增长支柱的国有企业，肩负着保障经济平滑过渡的重要使命。国有企业要通过混合所有制改革，塑造一个国有企业间接所有者主体，解决国有企业所有者"缺位"的问

---

① 2018年12月10日格力董事长董明珠女士在中共中央党校座谈会上的讲话。

② 2017年12月亚布力论坛上中国建材董事长宋志平的讲话。

题，同时促进国有企业转型升级，扩大国有资本范围，放大国有资本功能，提高国有资本影响力，优化国有企业治理结构，从而提高国有资本的运行效率和配置效率，做大做强做优国有企业。

（二）国际国内市场发展的需要

一个国家在国际上的地位是由经济情况决定的，涉及国家安全、社会稳定以及政治地位，高度发达的互联网技术以及快速发展的科学技术所造成的国际市场上的竞争比任何时代都激烈，而这种竞争体现的是资本竞争，企业主要通过集中和联合的手段实现在世界市场中的地位。20 世纪末世界市场上的跨国并购重组中，仅在 1999 年世界跨国公司进入中国市场的就有 230 家，而且许多家公司控制了行业的主导权，面对跨国公司占据中国市场的压力，中国政府当时采取对国有企业大规模的重组措施，打造了中国国有企业的航空舰队①。国企经过多年的并购重组，不仅在国内起到了保护民族企业，使其能与跨国公司抗衡的作用，还形成了一大批有实力、有竞争力的国有企业，走向了国际市场。2017 年世界《财富》500 强榜单中，中国有 120 家企业上榜，国有企业占 82 家，其中央企 48 家，地方国有企业 44 家。截止到2018 年年底，央企有 96 家，其体量都非常巨大，有一半进入了世界 500 强，对于这些央企，重要的是要做强做优做久；相对地方国有企业来说，其资源和资金没有央企充分，在不断推进市场化改革的进程中，政府对企业的政策支持相对较少，竞争力不强，面对国内市场竞争压力比较大，更不用说走向国际市场。这些国有企业为了在市场中生存发展，获得更多的资金和资源，发展壮大，不被市场淘汰，以国有企业原有资产存量优势吸引民营企业或者非公资本进入，或者与民营企业进行重组，这也许是最好的选择。对于竞争类的国有企业，可参照中国建材集团的做法，其经典的模式是："央企实力＋民企活力＝企业竞争力"②，这是中国建材集团董事长宋志平在多年的重

① 邓佩琦．中英混合所有制经济模式比较研究［D］．武汉：武汉大学，2015.
② 晓甘．国民共进：宋志平谈混合所有制［M］．北京：企业管理出版社，2014：149.

组中总结出的一个公式，他认为央企有规范的管理优势、技术优势、规模优势，而民企有灵活性、企业家精神和激励机制，央企和民企的结合，可以取长补短，能形成强大的竞争力。中国建材集团重组了上千家民企后，通过"格子化"的管理和整合，资源得到优化升级，成为世界 500 强企业。此外，西方一些国际规则对国有企业有所遏制，不利于国有企业走出去，国企进行混改在一定程度上或许可以缓解我国的国企在国际市场竞争中遭遇不公平待遇的情况①。同时，中国作为发展中国家的第一大国，积极走出去发展跨国型混合所有制企业，实现企业发展，获得合理的利润，并带动世界上其他发展中国家走出发展困境，是其不可推卸的责任。

（三）社会发展的需要

党的十九大提出，"中国特色社会主义进入新时代，我国社会的主要矛盾已经转化为人民日益增长的美好生活需要和不平衡不充分的发展之间的矛盾"。"必须坚持以人民为中心的发展思想，不断促进人的全面发展、全体人民共同富裕。"国企混合所有制改革是实现"国民共进"、发展成果由全体人民共享、实现共同富裕的重要途径之一。有些研究机构认为，中国的基尼系数已经达到国际警戒线，贫富差距较大。事实上，中国的经济发展"南北问题""东西问题"一直存在。再者，在国有企业中，不同级别的国企内部，不同地区、不同行业的国企之间员工的收入差距也比较大，形成了不同的利益群体。"混合所有制经济是协调各种利益的现实选择，混合所有制企业是利益和谐统一的产权组织形式，有利于将外部利益冲突内部化。"② 发展混合所有制经济，扩大社会资产进入领域与范围，引导更多的非公资本进入国有企业，参与国有企业改革，改变国有企业的产权结构，能够优化国有企业的治理结构，使国有企业的运行效率得到提高，同时提高国有资本和非公资本的收益，一方面改变当前的分配格局，让非公资本获得更多的资本收入，

---

① 程恩富，谢长安. 论资本主义和社会主义的混合所有制 [J]. 马克思主义研究，2015（01）：51－61，158－159.
② 邓佩琦. 中英混合所有制经济模式比较研究 [D]. 武汉：武汉大学，2015.

另一方面提高国有资本的收入，使国家有能力和财力解决更多的社会问题。所以，混合所有制改革有利于协调不同利益群体的关系，有利于协调不同市场主体的经济利益，能形成更加合理的收入分配格局，实现全体人民共享社会发展成果。

二、混合所有制改革的条件

(一) 政策条件

中国国有企业混合所有制改革是中国 40 年改革开放的必然结果，在这40 年的改革过程中，中国一直坚持毫不动摇地巩固和发展公有制经济，"毫不动摇地鼓励、支持、引导非公经济的发展，致力于在市场竞争中把各种所有制经济充分融合，使其在各自领域充分发挥各自优势，相互促进，共同发展"①。我国不断探索公有制的实现形式，形成了以股权多元化为基础的多种所有制共存的混合所有制经济形式，公有制实现形式日趋多元化，并逐步完善了公有制与市场经济融合的路径。一方面，中国国有企业改革是"摸着石头过河"的过程，在推进改革的同时，国企适时将市场机制引入"一大二公"的原有体制内②，致力于探索公有制的实现形式。从 1978 年的"一大二公"单一的公有制经济到目前的混合所有制是公有制的重要实现形式，这一过程，不仅在实践中是渐进的过程，在理论上也是不断地推进的过程。党的十四大报告确立了社会主义市场经济体制的改革目标，明确了不同经济成分可以自愿实行多种形式的联合经营，这种形式的联合经营是混合所有制理论的萌芽。1993 年的十四届三中全会第一次使用财产混合所有的概念，而且指出混合的是经济单位，形成新的财产所有制结构，这种新的财产所有制结构明显不同于十八届三中全会的基本经济制度的实现形式。这种政策的转变是逐渐转变的，而不是一步到位的，从表 3 – 1 可以清晰地看出中国国有企业

---

① 江泽民在中国共产党第十六次全国代表大会上的报告 [R/OL]. 人民网，2002 – 11 – 08.

② 常修泽，等. 混合所有制经济新论 [M]. 合肥：安徽人民出版社，2017：3.

所有制改革政策的变迁过程，从混合所有制的萌芽阶段逐步发展到混合所有制是公有制的主要实现形式，即不同经济成分的联合经营→参股控股的股份制→非公资本参股控股→交叉持股的混合所有制企业，其政策逐步发展和完善，为混合所有制改革提供了政策基础。

表3-1 混合所有制经济的政策变迁

政策来源	政策内容
十二届三中全会	建立多种形式的经济责任制；积极发展多种经济形式
十三大报告	股份制形式是社会主义企业财产组织形式，可以继续试行
十四大报告	以公有制包括全民所有制和集体所有制经济为主体，个体经济、私营经济、外资经济为补充，多种经济成分长期共同发展，不同经济成分还可以自愿实行多种形式的联合经营
十四届三中全会	随着产权的流动和重组，财产混合所有的经济单位越来越多，将会形成新的财产所有结构
十五大报告	股份制是现代企业的一种资本组织形式。公有制经济不仅包括国有经济和集体经济，还包括混合所有制经济中的国有成分和集体成分
十五届四中全会	国有大中型企业尤其是优势企业，宜于实行股份制的，要通过规范上市、中外合资和企业互相参股等形式，改为股份制企业，发展混合所有制经济
十六大报告	除极少数必须由国家独资经营的企业外，积极推行股份制，发展混合所有制经济
十六届三中全会	进一步增强公有制经济的活力，大力发展国有资本、集体资本和非公资本等参股的混合所有制经济，实现投资主体多元化，使股份制成为公有制的主要实现形式
十八届三中全会	积极发展混合所有制经济。国有资本、集体资本、非公资本等交叉持股、相互融合的混合所有制经济，是基本经济制度的重要实现形式

政策来源	政策内容
"1＋N"系列文件	发展混合所有制经济。以实现各种所有制资本取长补短、互相促进、共同发展为目标，稳妥推动国有企业发展混合所有制经济
十九大报告	深化国有企业改革，发展混合所有制经济，培育具有全球竞争力的世界一流企业

注：作者依据相关文件整理。

（二）现实条件

中国经济体制经过40年的改革，已经由单一公有制所有制转变成多种所有制共存的混合所有制经济。由1978年公有制经济占国内生产总值的99.1%，到2017年仅占30%左右，其中民营企业约占60%。在这40年中，民营经济、个体经济、外资经营、股份制经济以及其他形式的经济得到了充分发展。2017年规模以上工业企业中，国有独资企业占工业企业总数的不到1%，私营企业约占58%，港澳台以及外商投资企业约占17%，国家持股的企业（参股和控股）约占25%；2017年年底A股上市公司中民营控股企业占2/3。民营企业在资本市场的迅速发展，降低了民营企业融资的难度，促进了民营企业规范化发展，进一步提升了民营企业的生命周期，其灵活的激励机制和创新能力，是国企发展混合所有企业的实体模板。

混合所有制发展与市场化是同步进行的，市场化的程度决定了混合所有制的发展程度。中国的市场化程度不断提高，市场机制不断完善，各种定价机制以及评估机构不断健全，增加了人力资本以及无形资产的流动性。如果市场化程度不高，对资本的评估机制不健全，在一定程度上会阻碍资本的流动性。比如，国有企业混合所有制改革调动各类生产要素参与进来，如果资产不能市场化或者不能正确定价，造成的结果有二：一是国有资产定价不合理，造成国有资产流失；二是非公资本定价不合理，降低非公资本参与改革的积极性。中国国企改革的目的是使国企成为市场经济中的市场主体，独立的市场主体在市场中具有自生能力，独立融资、配置资源的能力。目前，中国的市场体系基本建成，各种产权交易市场基本具备，初步形成了多层次的产权交易市场体系。如证券交易所、中小板、创业板、新三板、承包租赁市场以及各类资产调剂市场等。随着各种资本市场的发展，各种资产评估机制相应地也更加健全，如人力资本、无形资产能够得到相对合理的估值，这为国企发展混合所有制提供了良好的资本合作平台。中国的多种所有制经济的并存及共同发展，以及市场化和资本市场的发展为混合所有制企业改革提供了现实条件。

第二节　混合所有制改革主要路径分析

一、混合所有制改革的主要模式

中国社会科学院工业经济研究所课题组①在研究国有企业混合所有制改革模式时认为，依据的标准不同，混合所有制的模式划分也存在明显的差异，可以从宏观推进层面和微观实际操作层面划分混合所有制的改革模式。宏观层面从推进的主导力量、推进路径和改革对象三个角度划分；微观层面可以从混合路径、资本属性、控股主体、混合程度四个角度划分。

混合所有制改革的模式并没有普适模式，在具体的实践中可以根据实际发展状况，如产权与资本市场发育程度、产业发展水平、企业的发展基础、规模大小以及盈利能力等情况综合考虑选择何种混合所有制改革模式。混合所有制改革顶层设计要结合微观企业的可操作性，所以，混改顶层设计的选择要宏观和微观相结合，制定混改方案的具体的可操作路径。国有企业改革有两种类型：增量改革与存量改革。中国社会科学院工业经济研究所课题组

---

① 中国社会科学院工业经济研究所课题组．论新时期全面深化国有企业改革重大任务［J］．中国工业经济，2014（09）：5-24.

（2014）分析了增量改革类型与存量改革类型的适用条件，见表3-2。存量改革类型要求具备发达的产权市场和资本市场，适应产业成熟、规模相对较小、盈利能力相对较弱的企业；而增量类型的改革对产权市场和资本市场发育程度的要求不高，对企业的盈利能力和规模大小也无要求。

改革类型的选择是一种倾向，而不是绝对的选择，依据两种改革类型的适用条件，由于中国目前的产权市场与资本市场还是欠发达的市场，整体上倾向增量混合改革①，也就是增发股份或者成立新的企业。

此外，存量改革与增量改革的实际操作过程也有明显的差别：存量改革中国有资产评估与分离困难、利益冲突明显、交易环节复杂、操作相对困难；而增量改革不存在这些问题，增量改革产权比较清晰，利益冲突较少，操作上相对简单，比较容易形成相互制衡的企业治理机制②。

表3-2　混合所有制改革两种类型比较

改革类型	产业性质	产权市场和资本市场发育程度	规模大小	盈利能力
存量改革	成熟产业	发达	小	弱
增量改革	新型产业	欠发达	小/大	强/弱

注：中国社会科学院工业经济研究所课题组. 论新时期全面深化国有企业改革重大任务［J］. 中国工业经济, 2014（09）：5-24.

基于增量改革和存在改革的分析，由于中国的资本市场和产权市场都不发达，整体上来说，中国此次的混合所有制改革应该选择增量改革的模式。自十八届三中全会提出混合所有制改革以来，学者们对国有企业的混合所有制改革路径进行了大量的研究，设计了众多路径模型，一般认为有整体上市、兼并和重组、员工持股等几种常用的模式③。

---

①　邓沛琦. 中英混合所有制经济模式比较研究［D］. 武汉：武汉大学, 2015.
②　邓沛琦. 中英混合所有制经济模式比较研究［D］. 武汉：武汉大学, 2015.
③　李锦. 当前国企混改12种典型模式［J］. 山东国资, 2018（09）：86-90.

二、并购和重组模式特点分析

（一）并购和重组的含义

1. 并购的含义

"公司间的兼并和收购称为并购（merger and acquisition，M&A）。"① 其中兼并是指两家或两家以上的公司，在双方经营者同意并在股东支持的情况下，按照法律的程序进行合并，其中原公司的权力和义务由存续公司或者新成立公司承担。兼并有两种形式，一是两家或两家以上的公司合并成一家新公司，这种称为新设兼并，新公司成为新的法人实体，参与兼并的公司都不继续保留其法人地位，可以简单地概括为"A + B + C + …… = M"（其中 A、B、C…M 是指单个的公司，M 是不同于参与兼并的任何公司，是新成立的公司）。2014 年我国最新颁布的《中华人民共和国公司法》明确规定："公司合并可以采取吸收合并或者新设合并。一个公司吸收其他公司为吸收合并，被吸收的公司解散；两个以上公司合并成立一个新的公司为新设合并，合并各方均解散。"这说明，通过这种方式进行企业兼并的是两家或两家以上的具有独立法人地位的公司，它们通过兼并成立一家新的公司，原参与兼并的公司法人资格丧失，它们参与兼并公司的资产与负债由新成立的企业全部接管。二是两家或两家以上的公司合并，其中一家为存续公司，其余的公司则消失，这种兼并是吸收兼并，可以简单地表示为"A + B + C + …… = A（B、C…）"（其中 A、B、C…是指单个的公司），公式中假如 A 是存续公司，在实际操作中，参与兼并的公司都可以作为存续公司，这个要依据实际兼并的情况来定②。

收购（acquisition）是指企业为了获得目标公司的控制权，通过现金、股票或者债券等方式购买目标公司的资产或股票的行为。《布莱克法律词典》

---

① 李维安，郝臣. 公司治理手册［M］. 北京：清华大学出版社，2015：276.
② 李维安，郝臣. 公司治理手册［M］. 北京：清华大学出版社，2015：276.

对收购的界定是："为了实现与税收、市场份额、提供商品或劳务以及竞争相关的战略目标，一家企业购买另一家企业股东的普通股股权或大部分资产，前者为股权收购，后者为资产收购。"对于企业的收购，我国2002年证监会颁布的《上市公司收购管理办法》中明确规定："上市公司收购是指收购公司通过证券交易所的股份转让活动持有一个上市公司的股份达到一定比例、通过证券交易所股份转让活动以外的其他合法途径控制一个上市公司的股份达到一定程度，导致其获得或者可能获得对该公司的实际控制权的行为。"我国的证券法对收购做了明确规定："收购是指持有一家上市公司发行在外30%的股份时发出要约收购该公司股票的行为，其实质是购买被收购企业的股权。"所以，收购通常是企业为达到一定的经营目的所进行的一种购买行为。

从兼并和收购的定义可以看出，其实这两者是用不同的方式和角度解释企业产权交易行为，兼并强调通过产权交易后，一方被另一方吸收并丧失法人资格，而收购是产生产权交易后，收购方获得被收购方的控制权，参与收购的企业都具有法人资格。而文献中和实践中通常都把兼并和收购一起使用，并没进行严格的区分，统称为并购。

并购有多种类型，最常见的有三种类型：横向并购、纵向并购、混合并购。横向并购是指企业的业务类型相同，并购双方的产品具有同质性，在市场上属于竞争对手，通过并购可以扩大企业规模，扩大市场份额，资源共享，从而可以实现经营的协同效应；纵向并购是指并购双方在产业链上处于上下游的关系，其产品具有互补的特性，并购企业的产业链延长，从而起到节约交易费用、降低成本的作用，并购后会出现财务上的协同效应；混合并购是指并购双方的企业业务不同或行业不同，通过并购共享技术，降低企业风险，实现企业的多元化经营。

常见的并购支付方式有：现金支付、股票置换、承债支付以及混合支付。在并购中，一般都是多种支付方式混合使用。

2. 重组的含义

企业重组的最初含义来源于 Michael Hammer（1990）的"企业经营过程置构理论"（Business Process Reengineering），主要是指企业对原有的状态进行新的调整，其目的是提升产品质量、提高服务水平、节约企业成本，从而提高企业的市场竞争力和市场的应变能力①。对于企业重组，国内外学者给出了不同的定义：Daft（1988）认为，企业的重组就是使企业的成本降低、规模紧缩；钱德勒（1996）认为，企业的重组是美国 20 世纪 70、80 年代最重要的经济活动，企业通过重组活动，能使资源更加集中于企业的研发、生产、销售上，是企业长期战略规划的一个重要部分；Hoskisson 等人（1990）从资本结构的角度定义重组，他们认为企业资本结构重组改变企业的所有权结构、资产、负债以及资本预算；此后，Hoskisson 等人（1993）又认为，企业的重组就是剥离资产。其他一些学者认为，企业的重组主要与资产注销、剥离、股票回购等相关联，最终使企业的控制权和所有权发生改变。还有些学者认为，企业的重组是对企业以前项目债务的清偿，重新把资产投入企业现有业务或者新的领域。

（二）并购和重组的区别与联系

从并购重组的定义看，并购和重组既有区别又有联系。并购和重组都改变了企业的股权结构，并购是重组的一种手段，并购参与的是两个或两个以上的法人实体，而重组既可以是企业自身的业务和资产重组，也可以是企业间的重组，这种重组其实就是并购，常常称为"并购重组"。在实际的操作中，并购时常被看作重组，在文献中并购重组也经常一起出现。并购与重组都是企业迅速增加规模的一种直接有效的途径，但是企业自身的重组并不能使企业的规模增大，我国的有关文件中所提的用重组的方式做大做强企业，其实是企业间的重组，即并购。二者的目的相同，都是为了提高企业的资源配置效率，实现协同效应。

---

① 高玉婷. 中国国有企业重组的国际竞争力研究［D］. 沈阳：辽宁大学，2016.

（三）并购重组的效果

中国企业的并购重组可以追溯到十五届四中全会通过的《中共中央关于国有企业改革和发展若干重大问题的决定》中提出的要调整国有经济布局、改组国有企业、调整国有经济结构、重视国有资产的重组与合理流动上。2003年国资委的成立，定下了国有企业发展目标是培育30~50户具备世界竞争力的大型企业，从此，国有企业开启了并购重组的历程。由图3-1可知，央企从2002年的196家到2018年年底重组成96家。从世界财富500强企业看，中国上榜的企业数量不断增多，从1998年的4家到2018年的120家，其数量逐步增加。在2018年世界《财富》500强企业中国上榜的企业中，央企入选世界500强的企业正好是全部央企的一半（目前央企数量是96家，世界500强中央企48家），地方国有企业约占入围世界500强企业的1/3，这说明央企并购重组做大企业，单单从数量上说，是比较成功的。但是，还不能说中国企业已经做强，从入围世界500强的企业来看，企业的利润率普遍低于其他国家，前50家亏损最多的企业中中国企业占多数，而盈利最多

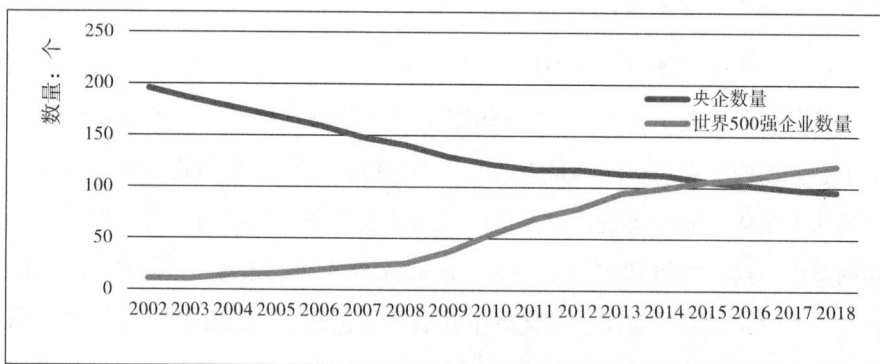

图3-1　中国央企数量与中国世界500强

企业变化趋势图（2002—2018）①

---

① 央企数据依据官方公布数据整理，世界500强数据依据财富中文网整理。

的 50 强中，中国所占不到 10%，其中中国企业中盈利能力最强的企业仍然是四大行（工商银行、农业银行、中国银行、建设银行）和垄断性行业，所以说中国的企业是"大而不强"。

三、整体上市模式特点分析

（一）整体上市的内涵

分拆上市的角度定义。这是相对整体上市的一个相对概念，可以对照分拆上市的定义来定义整体上市。刘志标（2007）认为，上市公司分拆后，又反向收购其母公司的相关资产，或者其母公司利用发行新股的方式，吸收合并该上市公司最终实现企业的整体上市。[1] 于左（2008）认为，通过公司集体业务整合，把该集团的整体业务再融入上市公司，这主要是防止上市公司与集团之间产生关联交易所采用的一种上市方式。[2] 肖万等人（2013）认为分拆上市是集团公司借助子公司实现上市的途径，本质上可以认为是借壳上市的一种行为[3]。

子公司的角度定义。许皓（2012）认为，整体上市其实是其子公司上市后，用其在公开资本市场上筹集到的资金，对其母公司进行反向收购的一种行为[4]。罗忠洲等人（2010）认为，整体上市是集团公司通过其上市的子公司，把母公司的业务和资产全部上市的一种行为[5]。

集团公司的角度定义。尹筑嘉等人（2012，2013）认为，整体上市其实

① 刘志标. 基于国企整体上市的国资监管创新 ［J］. 现代经济探讨，2007（10）：35-39.
② 于左. 从企业集团的边界看中央企业集团整体上市 ［J］. 经济管理，2008（03）：20-26.
③ 肖万，宋光辉. 定向增发与其整体上市：宣告效应、长期绩效的比较研究 ［J］. 河南大学学报（社会科学版），2013，53（05）：51-57.
④ 许皓. 集团公司整体上市后关联交易对财务业绩的影响研究 ［D］. 重庆：重庆工商大学，2012.
⑤ 罗忠洲，屈小粲，张蓓. 上市公司整体上市的模式、问题及对策再思考 ［J］. 证券市场导报，2010（09）：20-26.

是由母公司主导的，通过新设合并或者吸收合并等方式，把母公司的资产注入其旗下上市公司，最终达到其集团公司上市的目的①。王志彬（2008）认为整体上市其实是母公司把相关的业务和资产全部注入下属上市公司，然后用证券化的方式把集团的资产扩大，从而建立集团的内部资本市场的行为②。

笔者认为比较权威的定义是李维安在其《公司治理手册》中对整体上市的界定。他从广义和狭义的角度定义了整体上市③；广义上的整体上市（Overall listing）是指公司的主营业务或公司的核心资产，通过改组为股份公司并公开发行股票，或者从母公司中拆分出的业务通过整合，再融资的方式将母公司的全部业务或者主营业务或资产全部上市的行为。狭义上的整体上市是相对于分拆上市而言的，是在早期我国国有企业股份制改革中形成的一种特殊的上市方式，是指隶属于母公司的上市公司或未上市的公司将部分业务或某个全资子公司从母公司中独立出来单独公开上市，也称部分上市。

在中国企业具体上市的实践中，整体上市的模式有四种④，分别是：A＋H模式、换股IPO模式、换股吸收合并模式、反向收购母公司模式。这四种模式是根据2006年12月国务院国资委颁发的《关于推进国有资本调整和国有企业重组的指导意见》（国办发〔2006〕97号）划分的，文中强调大力推进国有企业和国有控股的公司上市，提高上市的质量，"鼓励已经上市的国有控股公司通过增资扩股、收购资产等方式，把主营业务资产全部注入上市公司"。国务院国资委在这份文件的指导下，2007年年初就制定了央企"两阶段，四种模式"的整体上市框架，开启了央企整体上市的步伐。

第一，A＋H模式。交叉上市亦称跨境上市、双重上市，是指同一家集团或者企业在境内和境外不同的资本市场都上市的行为。通过交叉上市，可

---

① 尹筑嘉，杨晓光，黄建欢. 大股东主导的资产重组、公司效率与利益侵占：基于中国重组类整体上市案例的研究［J］. 管理科学学报，2013，53（08）：54－67.
② 王志彬. 中国集团公司整体上市与公司绩效关系的研究［D］. 武汉：华中科技大学，2008.
③ 李维安，郝臣. 公司治理手册［M］. 北京：清华大学出版社，2015：369.
④ 李维安，郝臣. 公司治理手册［M］. 北京：清华大学出版社，2015：369.

以拓宽企业的融资渠道，获得境外资金的支持，但同时也会受到不同资本市场更严格的法律监管。在中国 A＋H 交叉上市公司中，有以下情况：A＋H 逆向交叉上市模式、A＋H 同步上市模式以及 A＋H 拆分上市模式。

第二，换股 IPO 模式。换股 IPO 模式。李维安编写的《公司治理手册》词条中的定义是："集团与所属企业上市公司公众股东以一定比例换股，吸收合并所属上市公司，并发行新股。"通过这种模式上市的公司一般通过集团改造、吸收合并以及首发三个阶段完成整体上市的操作。这三个阶段在时间上集团改造在先，吸收合并与首发可以同时进行也可以先后相继进行。这种上市的特点是能够解决集团公司在快速扩张中的资金短缺问题，也能够充分利用资源，提升资源的利用率。这种模式主要适用业务处于扩张阶段的集团。利用这种模式上市的集团有 TCL 集团、中铝集团和上港集团。

第三，换股吸收合并模式。这种模式是指通过换股的方式将同一控制下的各上市公司进行吸收合并，完成公司的上市。该模式适用于一个集团有两家或者两家以上的兄弟公司，这些兄弟公司之间上下游产业链关系密切或者存在横向业务相近或相似的情况。这种模式的关键是集团内部资源的整合，厘清集团各子孙公司之间的产业链关系，较好地完成集团的管理流程。这种模式没有新的融资增加。在国有企业整合上市的过程中，华联商厦、招商蛇口就是采用此模式进行合并上市的。

第四，反向收购母公司模式。这种模式是指集团上市的子公司，向大股东定向增发或者向公众股东增发股份融资，收购大股东资产，从而实现母公司上市的一种方式。

（二）整体上市的特征

首先，整体上市要求国有集团企业首先要进行股份制改造，在集团公司层面或者是母公司层面形成产权多元化的产权主体或者是多元投资的投资主体，这有助于完善现代企业制度和建立多元化的公司治理结构，增强企业集团之间、集团内部之间的控制关系，提高企业的资源利用效率。

其次，整体上市是国有企业集团公司的全部业务和全部资产整体融入资本市场，而不是集团的单独的某一个子公司、主营业务、某一产业或者某一板块的单独上市。整体上市，能使集团公司获得更多的外部融资，增加社会资本投资的机会，更有利于集团公司获得更优质的战略投资并带来融资平台和融资机构的增加，同时也能促进国内资本市场的不断完善和发展。

第三，整体上市能够使国有企业集团的母公司与子公司、集团公司的产业链、集团公司的内部组织机构都进行全面的整合，所以要求企业集团的组织机构要按照上市企业的标准进行调整，使企业集团之间更加融合，企业的运营更加规范，从而提升企业的运营效率和企业的竞争力，推动国有企业做大做强做优。

第四，整体上市是国有企业集团的法人整体上市，有利于实现政资分开和政企分开，这就使国有企业集团的关联交易减少，控制内部交易，有利于解决传统国有企业遗留的问题，从而使国有企业走向市场，遵守市场规律和企业运行规律，从而成为独立的市场主体。

（三）整体上市效果

2005 年国有企业改制完成后，许多国有企业特别是央企的子公司或者分公司或者主业都有一到两家上市公司，为了推进国内资本市场发展以及扩展国有企业特别是央企的融资渠道，2006 年 12 月国务院国资委颁发的《关于推进国有资本调整和国有企业重组的指导意见》（国办发〔2006〕97 号）指出："鼓励已经上市的国有控股公司通过增资扩股、收购资产等方式，把主营业务资产全部注入上市公司。"所以，2007 年开始，国有企业特别是央企开始了整体上市高潮。2007 年有多家央企采用集团公司资产注入其子公司的模式，通过再融资、增发、股权置换和吸收合并的方式推动集团公司实现了整体上市。

从 1990 年到现在，中国股市的上市公司数量已经大幅增长，从 1990 年最初的深原野 A（000005）、真空电子（600602）、飞乐股份（600654）三家国有控股公司，到 2017 年年底已经有国有控股 1030 家上市公司，民营企业2299 家上市公司，除去集体控股企业以及在数据库中最终控股人不详的企业，数据来源都为色诺芬数据库。从图 3-2 中可以看出，国有企业上市数量在 1999 年突然增加，民营企业上市数量一直到 2005 年才大量增多，到 2010 年国有控股上市公司占上市公司总数的比例与民营公司占上市公司的比例大致相同，此后，国有企业的数量大致维持不变，而民营企业上市公司的数量和比例都超过了国有企业。到 2017 年年底，民营企业上市公司数量大约是国有企业的两倍多。但从上市公司的数量看，目前中国工业企业的国有控股企业数量是 19022 个①，上市的国有控股企业数量仅占 5.42%；国有控股工业的资产是 439622.86 亿元，而上市公司国有控股的国有资产为 37944.79 亿元，经粗略测算，目前上市的国有资产不到国有控股工业资产的 10%。这说明国有控股企业的上市空间比较大，国有资产证券化率不高。

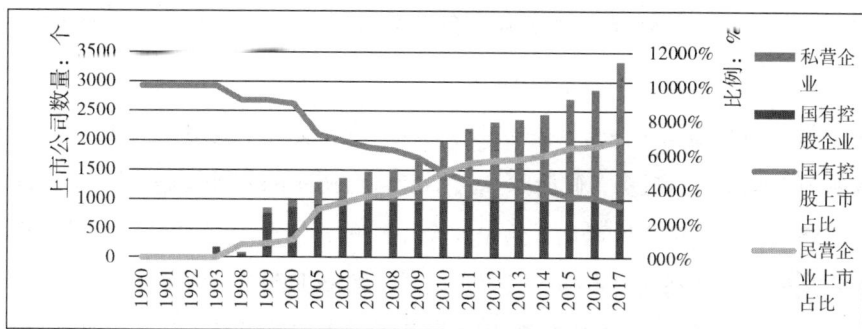

图 3-2 国有控股企业与民营企业沪深两市

上市数量变化图 （1990—2017）②

四、公私合营模式特点分析

（一）公私合营模式含义

公私合营模式（Public - Private - Partnership，称为"PPP"模式）的含

---

① 国家统计局官网年度数据。
② 依据色诺芬 CCER 公司治理数据整理。

义是政府或公共部门与私人部门，为了提供某种公共物品和服务，在特许经营的基础上，通过项目融资的方式彼此之间形成一种伙伴式的合作关系，并通过签署合同来明确双方的权利和义务，以确保合作的顺利完成，最终使合作各方达到比预期单独行动更为有利的结果。也有学者认为 PPP 模式是政府把自己本应该承担的部分责任，通过特许经营的方式转移给了私人资本或者社会资本，形成了一种政府与私人资本或者社会资本之间共担风险、共享利益的公私合作模式①。该模式使用的最初目的是减少政府财政负担，充分调动私人资本或社会资本参与向社会提供公共产品的领域和行业。PPP 模式主要包括 BOT、PFI、BOO 等一系列模式，主要以项目为载体，项目公司面向社会或者私人资本进行融资建设②。

（二）公私合营模式的基本框架和特点

1. 公私合营模式的基本框架

总结 PPP 模式在各国具体项目的实践，PPP 模式一般用在国家的基础设施的施工建设项目较多，政府和私人不能认为所有的基础设施都可以用 PPP 模式解决，政府投资后退出，这是完全不对的，完全是对 PPP 项目的误解，也就是说并不是基础设施都可以商业化（具体 PPP 涉及的领域见第六章公共产品类企业分析）。目前 PPP 模式可以用在一些工程项目上，如大型竞技场地的建设、奥运场馆的建设等，这些场地比赛过后可以商业化运作。其经典的框架结构如图 3 - 3。

---

① 郭滨辉. PPP 项目的资产权属、会计核算及税务处理［J］. 财会月刊，2019（03）：73 - 77.
② 邓沛琦. 中英混合所有制经济模式比较研究［D］. 武汉：武汉大学，2015.

图 3-3 中的流程图内容如下：

政府/平台公司 —— 期满移交
政府/平台公司 —— 投资协议 —— 金融机构
政府/平台公司 —— 特许支持 —— 项目公司
政府/平台公司 —— 投资协议 —— 社会投资人
金融机构 —— 金融服务 —— 项目公司
项目公司 —— 投资资本 —— 社会投资人
金融机构 —— 保险服务 —— 保险公司
保险公司 —— 保险服务 —— 项目公司
项目公司 —— 建设合同 —— 总承包商
总承包商 —— 运营协议 —— 项目运营
项目运营 —— 监督管理 —— 社会投资人
保险公司 —— 保险服务 —— 总承包商
总承包商 —— 维护服务 —— 项目运营
保险公司 —— 保险服务 —— 中介机构
中介机构 —— 咨询服务 —— 总承包商
总承包商 —— 工程分包 —— 分包合同
分包合同 —— 相互合作 —— 分包合同
项目运营 —— 分包服务 —— 分包合同

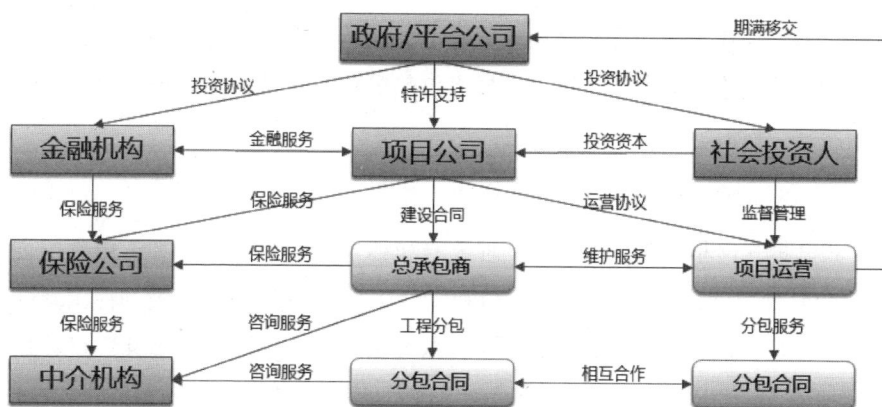

图 3-3　PPP 架构图①

2. 公私合营模式的特点

对已经实施的 PPP 项目进行总结，PPP 模式有以下特点。第一，有利于加快转变政府职能，实现政企分开、政事分开，减轻财政负担；英国政府认为，与传统的基础投资相比，采用 PPP 模式比政府单独投资可以节约 17% 的成本，并且基本上都按时完工。第二，有利于打破行业准入限制，激发经济活力和创造力，避免政府单独承担项目费用的超支风险以及项目的完工风险，提高政府工作效率。政府单独进行项目建设时，政府政策的内在延迟，施工过程中的各种政策干预，可能造成项目完工逾期，而采用 PPP 项目，私人在完工后才能获得收益，所以，在进行项目的识别、可行性分析以及融资过程中，私人资本能够对项目的风险、进度起到督促作用，同时，政府只对项目进行监督，减少了政府许多繁杂的事物，促使项目按时完成，从而使项目费用降低。第三，有利于完善财政投入和管理方式，提高财政资金使用效益。利用私营部门来提供资产和服务能为政府部门提供更多的资金和技能，促进投融资体制改革。同时，私营部门参与项目还能推动项目在设计、施工、设施管理过程等方面的革新，提高办事效率，传播最佳管理理念和经

---

① 图依据文献绘制。

验。第四，应用范围广泛，该模式突破了引入私人企业参与公共基础设施项目组织机构的多种限制，可适用于城市供热等各类市政公用事业及道路、铁路、机场、医院、学校等各项建设。

（三）公私合营模式的实践①

PPP 模式最早是英国使用的一种政府和私人合作的模式，1982 年英国创立了 PPP 理论并创造了公私合作的 PPP 项目的具体实践，此后被其他国家陆续使用，如美国、德国、澳大利亚、日本等国在理论上丰富发展并广泛使用了该理论。然而在 "2018 年英国叫停了所有的 PPP 项目"②。

PPP 模式在中国并不陌生，其发展经历大致可以分成三个阶段：

2014 年 9 月财政部出台的《关于推广运用政府和社会资本合作模式有关问题的通知》（财金〔2014〕76 号），开启了大规模推广 PPP 模式的动员令，接着又陆续出台了一系列 PPP 模式的相关文件，2016 年 5 月财政部和国家发改委联合发布的《关于进一步做好政府和社会资本合作项目示范工作的通知》（财金〔2015〕57 号），催生了一大批 PPP 项目。PPP 项目的推出主要是应对当前中国经济新常态下地方政府债务问题，减轻地方财政负担，试图通过政府与私人资本或社会资本合作的模式，减缓经济下行趋势，确保稳增长。

财政部 PPP 中心数据显示，截至 2018 年 12 月底，财政部 PPP 平台管理库项目同比投资额增长 2.4 万亿元、净增项目 1517 个；管理库项目累计投资额 13.2 万亿元、总计 8654 个项目。2018 年落地项目方面，同比净增投资额 2.6 万亿元项目 1962 个，落地率同比上升 16 个百分点；落地项目投资额 7.2 万亿元累计 4691 个，落地率 54.2%。开工项目同比净增投资额 3.2 万亿元、新开工 1078 个，累计开工项目 2237 个，开工率 47.7%。从部分地区落地项目看，如图 3-4，上海与重庆投资与落地项目最少，浙江、江苏、贵州、云

---

① PPP 模式中所有数据均来自中国财经报网 PPP 专题。
② PPP 项目绩效如何评价？专家：应尽快出台全生命周期操作指南［EB/OL］. 中新经纬，2019-02-24.

南的投资额相当，但是投资的项目浙江最多，云南最少，这说明在云南和贵州PPP项目数量少但投资额较大，江西、湖南的PPP项目多，单个项目投资额低。

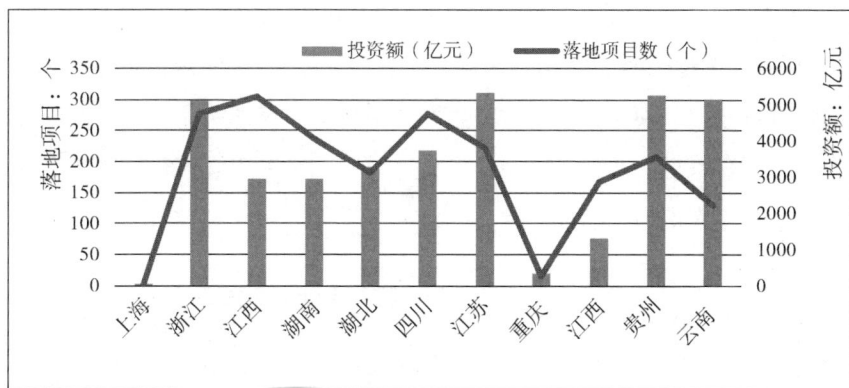

图 3 - 4　2018 年部分地区 PPP 项目落地情况图①

从地区看，净增项目数同比增长前三位分别是广东 246 个、山西 193 个、安徽 189 个，净增投资额同比增长前三位分别是浙江 3783 亿元、云南 3304 亿元、广东 3260 亿元，累计管理库项目前三位分别是山东 757 个、河南 643 个、贵州 514 个，累计投资额前三位分别是云南 11138 亿元、贵州 10083 亿元、浙江 9725 亿元。

从 2018 年行业方面看，净增项目数同比增长前三位的行业分别是市政工程 703 个、生态建设和环境保护 284 个、交通运输 228 个；同比净增投资额前三位是城镇综合开发、交通运输、市政工程，分别为 6749 亿元、6640 亿元、5910 亿元。管理库累计项目总数前三位分别为市政工程 3381 个、交通运输 1236 个、生态建设和环境保护 827 个；前三位累计投资额分别为市政工程 4 万亿元、交通运输 3.8 万亿元、城镇综合开发 1.8 万亿元。

从 2018 年回报机制方面看，由于 2018 年新入库项目、在库项目调整、退库投资额较大，2018 年全年付费类净减 697 个项目、5068 亿元；净增补助类可行性缺口项目 1791 个、27755 亿元；净增付费类政府项目 423 个、1428亿元。使用者付费类管理库累计 626 个、1.1 万亿元；补助类可行性缺口项目 4721 个、8.7 万亿元；付费类政府项目 3307 个、3.4 万亿元。

从 2018 年整体的 PPP 项目区域分布看，如图 3 - 5 所示，东部地区 PPP项目明显高于其他地区，东北地区的 PPP 项目与中西部相比，项目投资数量和投资额明显落后，西部地区在"一带一路"的带领下，PPP 项目高出中部地区，仅次于东部地区的投资量。

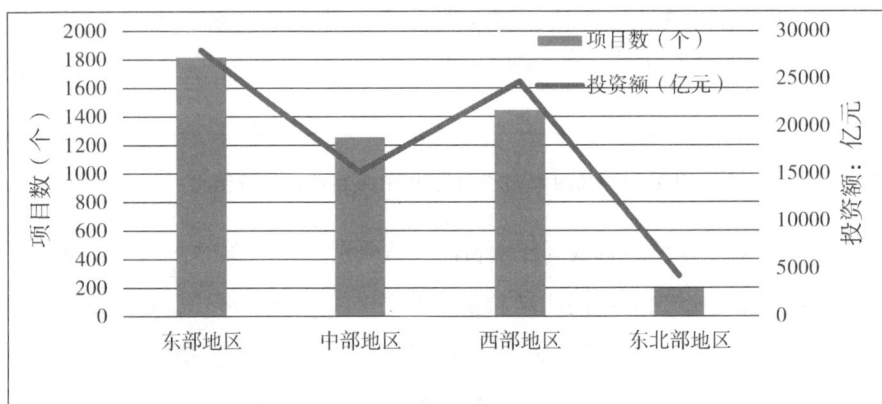

图 3 - 5　2018 年 PPP 项目区域分布图①

从 2018 年 PPP 项目合作的投资者比例看，如图 3 - 6 所示，国有投资比例占 50%、民营投资比例约占 42%，外商参与投资比例约 1%。这说明，对于 PPP 项目的开展，主要是国有资本和民营资本之间的合作，要加大对港澳台的资金引入力度。

_____

① 数据来自中国财经报网 PPP 专题。

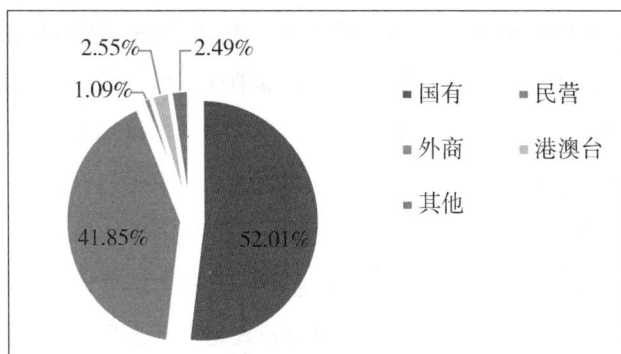

图 3 - 6　2018 年 PPP 项目合作者投资比例图①

从 2018 年 PPP 项目投资的领域看，如图 3 - 7 所示，市政工程投资约占 25%，交通领域约占 31%，城镇开发约占 9%，安居工程约占 8%。与 2016 年 PPP 项目投资相比，市政（28%）与交通（29%）基本上变化不大，安居工程（6%）略有提高。

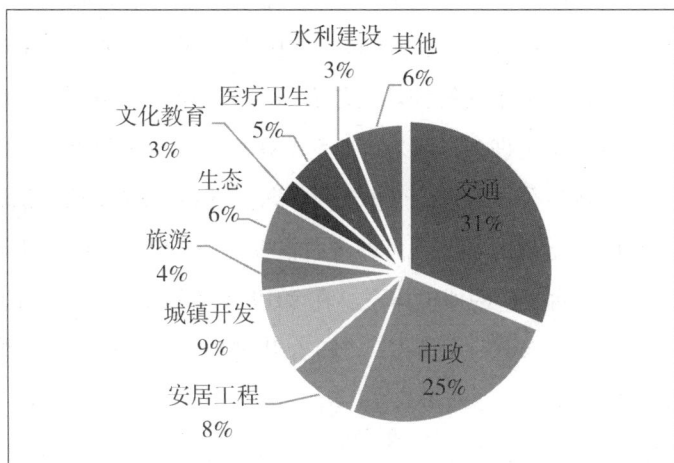

图 3 - 7　2018 年 PPP 项目投资领域分布图②

---

① 数据来自中国财经报网 PPP 专题。
② 数据来自中国财经报网 PPP 专题。

从以上 PPP 在 2018 年实践的情况看，整体上说，项目的落地率达到 50% 以上，西部地区 PPP 落地率高于东北部地区，投资的主要行业在交通和市政两大领域，约占总项目的 56%。所以，以后的项目实施推进过程中要重点关注东北部地区的 PPP 项目，探索更多领域的 PPP 项目合作。

在当今科技比较发达的时代，各种信息资源要求以比较高效的分配方式进行，所以政府也必须改变政府的有些职能，有些工作可以委托私营部门或者私人去做，政府只需要制定相关的政策和规划，至于政策的执行交给私营部门，这样既可以减轻政府的负担，同时又能把政府的一些烦琐的事务性工作让更多的私人参与，增加公民对社会的认同感。因此，在目前中国经济改革和政府职能改革中，部分基础设施引入 PPP 模式，对促进基础设施的建设具有非常积极的现实意义。

但是也必须清醒地认识到，世界上许多国家的 PPP 模式的发展并非一帆风顺，政府要认识到并不是所有的基础设施领域都可以试行或者探讨 PPP 模式，必须要列出负面清单。2017 年出台的《基础设施和公共服务领域政府和社会资本合作条例》被认为是目前 PPP 适用范围的最好法规，其针对"明股实债"问题，推出了清单式管控。比较有警示作用的是，中国自 2015 年开展的 PPP 项目已经推出许多，但是落地率不高，而"2018 年英国叫停了所有的 PPP 项目，美国对公司合作持谨慎态度"①，所以，有关部门要认真研究。

再者，2015 年落地的 PPP 项目即将面临竣工期，PPP 项目的绩效如何评价，目前尚没有出台相应的评价体系。在 2019 年 2 月 23 日举行的国家治理与财政绩效论坛上，与会专家指出，"随着 PPP 项目进入运营期，绩效评价的理论研究和实务操作已是当务之急"②。

---

① PPP 项目绩效如何评价？专家：应尽快出台全生命周期操作指南［EB/OL］. 中新经纬，2019 - 02 - 24.
② PPP 项目绩效如何评价？专家：应尽快出台全生命周期操作指南［EB/OL］. 中新经纬，2019 - 02 - 24.

五、员工持股模式特点分析

(一) 员工持股的含义

员工持股是我国借鉴西方公司治理的一种方式,公司通过员工持股可以有效激励公司员工的积极主动性,激发员工的创新精神,从而提高企业的效率。员工持股以公司的股权作为载体,把公司的利益与公司内部员工的利益连接起来,从而形成"劳资利益共同体",使员工更加积极主动地参与企业的经营管理,从而实现多方共赢。由于我国国有企业的性质与西方企业的所有制结构不同,所以舶来的员工持股要结合我国的实际,防止水土不服,导致国有资产流失。我国的员工持股在改革开放的初期的国有企业股份制改造阶段,部分企业对员工持股进行初步探索,出现了不同于西方员工持股的形式,主要有经理层收购(MBO)模式和强迫公司高层收购的模式。该模式经历几年,有成功的企业但是也有失败的试点,造成了国有资产大量流失,在2000年叫停了通过这种方式进行国有企业的改革,但一直都有企业尝试员工持股模式。

十八届三中全会通过的《中共中央关于全面深化改革若干重大问题的决定》再次提出:"允许混合所有制经济实行企业员工持股,形成资本所有者和劳动者利益共同体。"员工持股是国企混改中股权改革的重要表现形式,其再次提出有着重要的时代意义,员工持股方案的提出,是劳动者共享社会发展的成果的具体实施方案,有利于激发劳动者的积极性,释放劳动者的创造性,是建设创新型社会、创新型国家的基本保障。由于中国的国企,员工与企业之间存在长期的分离,传统的薪酬机制很难形成对员工的激励,导致员工对国资国企的关切度极低,严重的影响企业的发展活力。所以,员工持股作为混改的一种路径,有利于员工与企业之间形成相互制衡的利益机制,对提高企业的运行效率,构建利益共同体,实现共同富裕的目标有着现实意义。

（二）员工持股的具体路径分析

1. 员工持股的资金来源

员工持股的出资方式不仅仅是货币，还包括技术、实物、知识产权等可评估的、可转让的资产。员工以直接拿出货币的形式入股，可获得公司的股权和股东地位，货币直接归公司所有；技术入股，拥有技术的人，其技术成果得到有关评估机构评估后，在双方协商的条件下，技术成果转归公司所有，持有技术的人拥有相应的公司股份；实物入股，是指实物拥有者，以实物，如土地、厂房、机器设备等入股，实物通过评估作价后归公司所有，实物持有人拥有相应的股权。

员工持股计划的员工的资金来源，主要有自筹资金、贷款资金、员工薪酬、激励基金、无偿赠与等方式，详见表3-3。

表3-3 员工持股资金来源

资金来源	适用范围	具体实践
自筹资金	非上市公司按照每股资金资产给与员工一定的折扣，要求员工自筹现金进行认购	奥康国际、久金建股份有限公司
员工薪酬	主要是员工不愿意出钱，但是自意从每月工资中扣除作为认购公司股权的资金，这是目前使用最广泛的一种方式	民生银行、广电运通
贷款资金	员工可以通过信托机构、银行、私募基金以及公司直接提供贷款等合法的筹资渠道获取资金，用来认购企业股票。但是我国法律规定国有企业不得为职工垫资付款、借款，以及不得以国有产权的资产标的为职工融资提供担保、抵押、质押等	海大集团、雪迪龙
激励基金	在私营企业中，企业从净利润中扣除一定比例的利润，作为员工持股计划奖励金。不适用国有企业。	贝因美

注：作者依据国泰君安研报整理，wind数据库。

在实践操作中，员工所持有的股票有锁定期，与在二级市场上购买的股票相比没有优势，为了保证员工持股计划的顺利进行，要尽量激励员工参与员工持股计划，对员工提供资金帮助，放大员工持股的收益，使员工对公司股票有良好的预期。

2. 员工持股计划的股票来源

员工持股计划的股权类型有三种：限制性股票、实股、期权。限制性股票是指员工所持有的股票有一定的限制条件，在一定时期内处于锁定状态，满足条件后所持股的员工才可以解锁。期权是指在未来一段时间内，员工按照与公司约定的股票价格购买公司的股票。实股是指企业用公司的部分存量股作为员工持股计划的股票。

在国有企业的混合所有制改革中，员工持股的股票来源是比较重要的问题，目前国有企业混合所有制改革采用的增量改革模式，不允许动存量，那么国有企业的员工持股就只能采取增资扩股的方式进行。增资扩股是混合所有制公司针对公司员工，经过公司股东大会的三分之二以上票数通过决定其可以占有的股份，目前规定支持员工持股的混合所有制公司最高允许公司员工占 10% 的股份。如上港集团、联通集团、广电运通等均采用增资扩股模式。

从非公企业员工持股的实践看，员工持股的股票来源还有股东转让、赠与和回购股份。股东转让和赠与就是指原股东将手中所持有的部分股票，转让或直接赠与员工。

3. 员工持股计划股权管理方式

员工持股计划的管理方式有自行管理、委托管理、设立公司管理三种管理方式。自行管理是目前中国法律允许的一种方式，其特点是个体管理，这种方式在员工参与的范围是小范围，人数较少的情况下适合。主要特点是，员工持股的比重大，不需要其他方式代持。委托管理就是指员工持股的企业成立资金信托计划，然后与专业的机构签署委托协议，机构作为托管人对员工所持股份进行管理。另一种是委托给信托机构，其组织方式有多种，可以是公共信托机构也可以企业内部组织新的信托机构，如以职工持股会的形式组成信托机构。持股的时间到期，员工所持有的股份，员工有权自行处理，即出售或者转让，公司有义务回购。上市公司的员工持有公司的股票，与其他股东具有相同的投票权；非上市公司持股员工对公司的重大决策享有发言的权力。同时在税收政策上，政府应给与一定的税收优惠①。但是目前这种职工持股会的形式已经不再使用。

4. 员工持股的范围

在具体的实践中，员工持股对象有三种类型：职工持股（ESOP）（美国所采用的一种模式），核心人员持股（EBO）以及管理层持股（MBO）。职工持股（ESOP）也称全员持股，主要是指公司内部的所有员工都可以认购公司的股票，其本质上是公司给职工的一种福利，需要专门的机构进行管理运作。核心人员持股（EBO）是指企业的核心人员，如关键技术、特殊岗位但是不限于高管人员认购公司股份，从而改变公司的股权结构。

管理层收购（Management Buy－Outs，MBO）亦称 MBO 模式，这是公司收购中的特殊的杠杆收购方式，该收购方式最早源于英国，撒切尔政府把这种模式用来对英国的国有企业进行改造，此后成为在资本市场比较发达的英美等国家用来进行国有企业改造的一种方式。英国的经济学家 Mike Wright（1980）对 MBO 模式收购的含义做了比较规范的界定，管理层收购是指公司的管理层利用股权交易或借贷融资的方式购买该公司的股份，改变公司的资本结构、控制结构以及股权结构，对公司进行重组并获取预期收益的一种收购行为。通过这种方式收购的公司把对公司管理者的利用与企业的发展紧密的联系在一起，能够比较有效地把人力资源资本化，因此，一些国家把这种收购方式称为"金手铐"。

在实践中 MBO 模式主要有三种方式：收购股权、收购资产和综合证券收购。收购股权的方式是管理层直接购买公司的全部股权或者能够实现控股权的部分股权。收购资产的方式是管理层购买公司的全部或者大部分资产，

---

① 杨瑞龙. 国有企业分类改革的逻辑、路径与实施［M］. 北京：中国社会科学出版社，2017：65.

以取得公司的所有权和经营权。综合证券收购是指管理层既可以采用单一支付方式也可以用资产组合的方式收购股权，既可以通过发行股票以对价的方式支付也可以用可转换债、股票、现金以及认股权证等资产的组合收购股权。这种方式能够降低管理层支付过多现金的压力，同时还能够防止过度依赖股权融资带来的控制转移问题，所以，这种方式在MBO模式中较常见。

管理层收购与职工持股制度的区别：管理层收购在发达国家的实践中是有成效的，减少了国有企业的代理成本，同时起到了激励员工的作用，但是我国的实践是失败的，管理层收购造成国有资产的大量流失，其主要原因是中国当时的资本市场运行机制监督不到位。本轮混合所有制改革推出工持股制度，其目的是让劳动者不仅有劳动收入同时还享有企业收益的分红，构建劳动者和资本的利益共同体，让劳动者享有资本收入，体现公有制的优越性。员工持股制度要实行"一企一策"，体现差异化激励，避免"平均主义""大锅饭"，以免激励失灵。

（三）员工持股的效果

自十八届三中全会提出员工持股以来，国有企业积极开展员工持股制度，从国内上市公司来看（主要通过上市公司公告数据统计），2014年有59家，2015年有367家，2016年有180家推出了员工持股制度。据有关研究机构统计，约有70%的上市公司都推出了员工持股制度实施方案。截止到2017年上半年底，在A股市市场公告员工持股的共有501家，其中央企有39家，地方国企有139家，分别占上市公司总员工持股比例的1.4%和7%。

从推行员工持股的所有制类型看，如图3-8，从2014年到2017年底，推行员工持股的上市公司中，民营企业占32%，外资企业占26%，公众企业占12%，央企仅占13%。在已完成员工持股的国企中，员工持股的比例超过总股本比例2%的仅有14家，相对于国资委规定的30%仍有很大的空间。

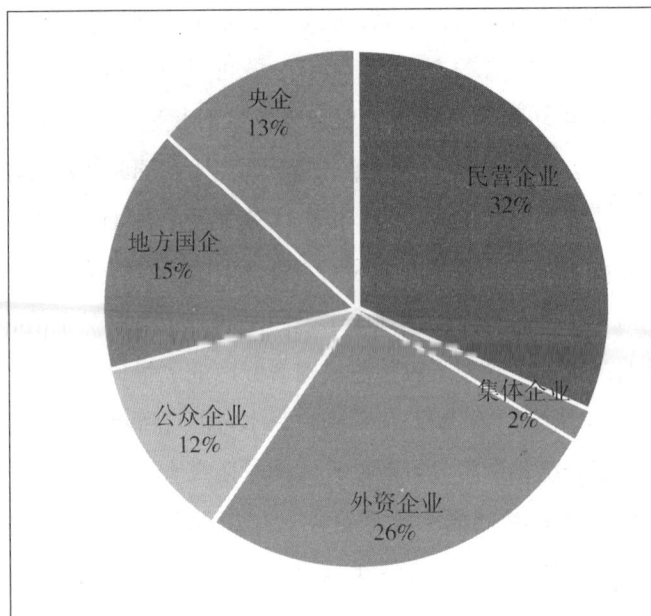

图 3-8 不同性质上市公司员工持股企业的状况图①

从员工持股资金来源看,在这段时间推行员工持股的上市公司,国企的员工持股的资金全部是员工自筹资金。由于目前国有企业混合所有制企业员工持股仍然是试行阶段,对于已经完成员工持股的 39 家公司,有半数以上的公司募集资金低于 1.5 亿元。混合所有制企业的员工持股募集资金规模如图 3-9。

从整体上看,国有企业上市公司推出的员工持股还是处于比较谨慎的阶段,一般员工持股的比例比较小,均以募集现金的方式进行。

---

① 来自 wind 数据库。

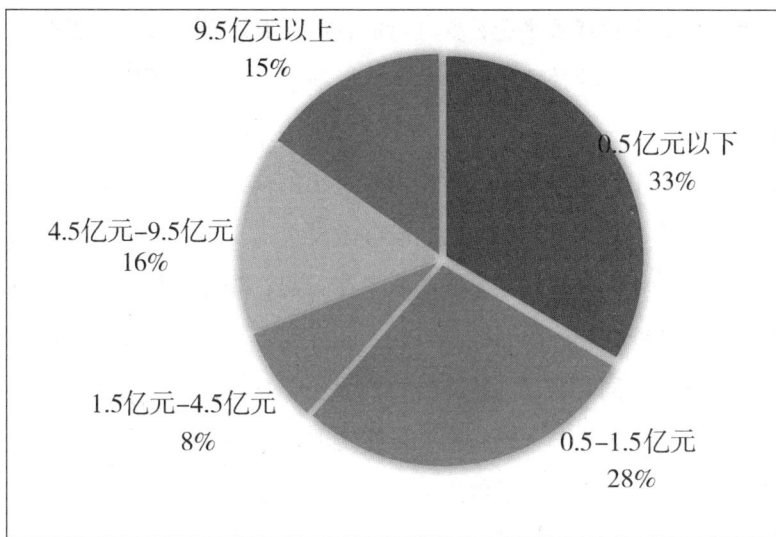

图3-9　员工持股的国有上市公司资金数量图①

（四）员工持股的特点

首先，员工持股被认为是一种比较有效的股权激励方式。国务院2018年7月30日公布的《国务院关于推进国有资本投资、运营公司改革试点的实施意见》（国发〔2018〕23号）提出，"国有资本投资、运营公司所持股国有控股企业中符合条件的可优先支持同时开展混合所有制改革、混合所有制企业员工持股、推行职业经理人制度、薪酬分配差异化改革等其他改革试点，充分发挥各项改革工作的综合效应"。国有企业特别是央企，凭借行政垄断的地位，其员工已经享有比较丰厚和稳定的工资福利，如果在这种企业再实行员工持股，会导致利益固化②，引起社会对国企的更多矛盾。所以，针对

---

① 来自 wind 数据库。

② 杨瑞龙. 国有企业分类改革的逻辑、路径与实施［M］. 北京：中国社会科学出版社，2017：65.

行政垄断的国有企业或者央企，要进行混合所有制改革，然后再推行员工持股①。依据 Herzberg 的激励理论，满足员工基本需要以及固定工资并不能有效激励员工的工作积极性，中长期有效的激励能给予员工认同感、满足感、存在感，员工对工作才有激情，才能消除员工的懈怠情绪。所以，在员工取得基本工资之外，设计适当的激励，能够激发员工工作的积极性。员工持股计划把员工与企业的经济效益紧密的联系在一起，额外增加了员工的风险收益，使员工与企业共担风险、共享收益，即有利于企业长远发展也能调动员工的工作积极性，同时，员工持有公司的股份，其实也是一种集体激励，能够增加员工之间的合作与创新精神，最终实现企业与员工的利益最大化。

其次，员工持股被认为是解决国企所有者"缺位"的一种手段，通过员工持股可以解决国企的经营效率的问题。传统国企的"一股独大"现象虽然有所缓解，但国企的经营过程中，产权主体"缺位"，产权归属不清，无法得到有效的保护，国有资产流失，经营效率低下的现象仍然存在。实行员工持股制度，企业成为员工的所有者，员工拥有企业的剩余索取权与剩余控制权，使国企的产权结构更加清晰，国企与员工之间以产权为纽带，结成牢固的利益共同体，能够促使企业形成"企业 + 员工 + 民营参股"的股权结构，同时也能降低政府对企业的干预，杜绝在企业重大决策中"内部人控制"现象的发生，提高企业在市场中的发展能力②。

再次，员工持股制度的引入，要设计合理的股权结构和激励方式，体现出岗位差异化激励，但是这种差异要在员工心理承受范围之内，否则可能造成员工之间的矛盾；另外防止员工持股异化成 20 世纪 90 年代的管理层持股，造成国有资产大量流失；再者要防止员工持股的平均分配，这可能变异为全员福利，达不到激励员工的效果。

---

① 刘小鲁，聂辉华. 国企混合所有制改革怎么混［N］. 中国财经报，2015，11 - 10 - 007.

② 陆岷峰，虞鹏飞."混改"背景下国有企业全员持股与资产关切度研究［J］. 哈尔滨金融学院学报，2015（05）：1 - 7.

最后，为什么员工持股计划要在混合所有制企业中推行？国有企业混合所有制改革的目的就是引入竞争机制，那么混合所有制企业就要遵守市场的基本规律——价格规律和竞争规律，分配应该以市场规律为基础。员工持股的效益与企业的经营状况有关，企业剩余越多那么员工就分到的也越多。但是这种企业应该是市场中竞争的企业，若企业不处于竞争行业，那么实行员工持股只不过是"平均分配的大锅饭"的翻版。垄断性行业在传统的"股东至上主义"下，其产品和服务的价格与员工的收益无关，如果实行员工持股制度，那么企业的产品价格与员工占有的剩余就有着直接的关系，价格高，企业的剩余就多，员工获得的剩余也就越多。这个企业是垄断性企业，其价格提高是通过垄断形式获得的，而不是通过员工的工作积极性提高影响效率获得的，既使政府对企业产品的价格施加其他手段进行管控，企业也会相应通过企业的手段提高价格，政府对垄断企业的价格是很难控制的。对于竞争性企业，市场对价格的影响甚小，那么企业实行员工持股后，企业的剩余多少与员工获得多少有着直接的关系，员工有直接的动力去努力追求企业更多的剩余，所以，员工工作的主动性、积极性会提高，进而企业的效率会提升。

第三节　混合所有制改革路径特点分析

一、推进国企产权多元化改革

单一产权结构被认为是企业效率低的根源，所以自中国市场经济改革开始，中国国企改革就围绕国企产权为核心进行，其方向是产权多元化。国企改革的产权多元化表现在宏观和微观两个层面上，宏观层面的产权多元化表现在多种所有制并存与共同发展，微观层面的产权多元化表现在企业投资主体多元化，形成多元化的企业治理结构。中国新中国成立初期建立计划经济体制到改革开放的 30 年中，形成了"一大二公"的单一公有制，公有经济成分在 1978 年占国民生产总值的 99.1%。而这种单一的公有制结构并没有达到预期的经济结果，反而造成了大量的资源浪费，资源配置效率极其低下，极大地降低了人民的生活水平。所有制作为资源配置的一种手段，同样遵循边际成本递减和边际收益递减规律，由于资源的稀缺性，单一所有制在配置资源的过程中容易丧失其他形式所有制配置可能带来的高收益机会，多种所有制容易形成竞争，在配置资源的过程中，这种竞争有利于提高整个社会资源的配置效率[1]。

从国有企业发展历程和改革模式看，国有企业的改革是渐进式的改革过程；从国企产权看，从最初的"放权让利""抓大放小""股份制改造"再到"混合所有制改革"，由上而下分层分类逐步推进，逐步将国企由单一公有制的所有制结构转变为多元化的所有制结构。国企通过上市、重组并购以及员工持股等方式，逐步改善产权结构，优化资源配置，促使各类所有制资本融合，完善与市场经济相适应的现代企业制度。新时期国企改革在"1＋N"系列文件中明确强调国企混改分类分层的产权多元化改革思想。国企通过混改实现投资主体多元化、市场化的运行方式，调动企业的生产要素的积极性，即劳动、资本、技术、管理等生产要素的积极性。在国企混改中，企业协调各类产权主体的利益，给予人力资本、无形资产市场化、社会化发展空间，改变企业的分配结构，使参与生产的各种生产要素都能获得合理的回报。通过公有资本和非公资本的深度融合，明确界定各类产权主体的责、权、利关系，使国企的产权结构向多元化方向发展并不断优化。国企产权改革要合理地分配国有资本与非国有资本之间的股权结构，逐渐降低国有资本持股比例，转变国企中存在的"一股独大"的现象，增强国企的竞争力，同时有效吸引有条件、有能量、有能力的非国有资本进入国有企业，从而能对国有控股的公司形成有效的制衡机制，使国有企业权力从一元化向多元化发

---

[1] 严汉平，白永秀. 两个层次的产权多元化与国有经济的深化改革 [J]. 经济纵横，2004（01）：39－43.

展（单虹，2016）①。

二、以构建资本所有者和劳动者的利益共同体为目的

十八届三中全会通过的《关于全面深化改革若干重大问题的决定》中明确指出："允许混合所有制经济实行企业员工持股，形成资本所有者和劳动者利益共同体。"②国有企业引入员工持股制度，能极大的调动劳动的积极性，体现劳动者的主人翁地位，改变国企虚置产权的架构，激发员工对企业监督管理的意识，从而解决国企产权"虚位"的问题。员工持股制度的引入与之前员工作为劳动者只领取劳动报酬被动劳动有着很大的区别。由于传统的"股东至上"主义，企业的人力资本不能直接拥有企业的剩余索取权与控制权，最终是企业的人力资本得不到充分发挥，企业的效率下降。这主要是因为企业经营结果既不能对员工产生足够的刺激作用，也不直接与员工的薪酬挂钩，所以没有动因激励员工积极工作。企业组织的高效率依赖于企业全体成员的共同努力，混合所有制企业的员工持股，其实质是企业的所有者对部分剩余索取权的让渡，企业的所有者把这部分剩余索取权作为中长期的激励手段，激励公司的员工，使企业的员工分享企业的剩余索取权。

三、资产监管方式从"管企业"为主向"管资本"为主转变

国有资本流动平台的建立，符合《关于全面深化改革若干重大问题的决定》提出的，"充分发挥国有资本投资、运营公司的资本运作平台作用，通过市场方式，对重点领域非国有企业进行投资"③的要求。首先，国有资本流动平台明确了国有资本的投资方向以及吸引非国有资本投资，有利于提高

---

① 单虹，龚光明. 国有企业产权制度改革路径及其边界—基于中国上市公司的经验证据［J］. 江汉论坛，2016（08）：37－41.
② 中共中央关于全面深化改革若干重大问题的决定［R/OL］. 中国共产党新闻网，2013－11－15.
③ 中共中央关于全面深化改革若干重大问题的决定［R/OL］. 中国共产党新闻网，2013－11－15.

国企的活力。其次，作为国有资本专业化、市场化运作的运转平台，能清晰界定出资人边界，从而能起到良好的"隔离带"作用，让国有资本充分发挥资本的本质作用。第三，该平台能让国有资本依法通过证券交易、股权转让、置换等产权交易，建立国有资本在资本市场顺利畅通的进入与退出机制。例如，上海国资就一直试着搭建这样的一个平台，为国资委探索管理资本的替身。《关于全面深化改革若干重大问题的决定》明确指出："完善国有资产管理体制，以管资本为主加强国有资产监管，改革国有资本授权经营体制，组建若干国有资本运营公司，支持有条件的国有企业改组为国有资本投资公司。"①其主要目的是转变国资委的职能，即使其从"管资产为主"向"管资本"转变。通过国有资本投资运营平台，国有资本可以用市场化方式增持、减持控股和参股的上市公司股权，从而能优化国有资本的布局，提高国有资本的流动性；通过参与资产经营实现国有资本从"资产"向"资本"的形态转换，同时，国有资产也可以通过参股控股等方式对新兴产业、重点领域，成长性强的、发展潜力大的非国有企业进行股权投资。

　　建立国有资产流动平台，一方面可以提高国有资本运行效率，优化国有资本的布局，使国有资本发挥资本的本质作用，保证国有资产"保值增值"，做优做实做大做强国有企业，使其为实现中华民族的伟大复兴的中国梦做出应有的贡献。另一方面，转变国资委的职能，即使其从"管资产为主"向"管资本"转变，提高国有企业的竞争力，焕发国有经济的活力，有效防止国有资产流失。

---

① 中共中央关于全面深化改革若干重大问题的决定［R/OL］. 中国共产党新闻网，2013 - 11 - 15.

第四章

中国国有企业混合所有制改革路径
存在的问题分析

第一节　混合所有制改革实现路径的思维怪圈

从以上章节的分析中可以看出，国企改革四十年，问题仍然没有解决，主要是在理论上没有形成完备的理论体系指导公有制框架内国有企业的发展。比如，有的观点认为国企应该从竞争领域退出，主要承担民营企业不愿意经营的领域；还有的观点认为国企规模过大，挤占了私营经济发展空间；还有的观点认为国企私有化才能解决国企的问题；国企中只存在官员而没有企业家，国企的高管的工资要按照公务员工资标准，而不应按市场化标准领取薪酬等。这些观点都是片面的，对中国的市场经济和国有企业的认识建立在西方市场经济和国有企业基础上。首先，西方的市场经济建立在私有制基础上，而且西方的市场经济是完全自由放任的市场发展起来的，市场化程度已经比较高。其次，西方资本主义国家的国有企业是国家所有而不是人民所有，其功能和作用是用来维护统治阶级的政权，是为利益集团服务，而不是为人民服务。基本上西方资本主义国家赚钱的、利润高的领域都由私营企业经营，所以，表面上表现出的是民营企业的效益高于国有企业。其实，竞争领域或者说利润高的领域，国家经营和私人经营都能产生较高的利润，并非只由私人经营的效率才高。

一、概念认识误区：混合所有制概念的误区

中国的混合所有制有宏观和微观上的区别，不是西方经济学上的混合经济。从宏观上看混合所有制并不是一种独立的经济制度，也不是一种独立的所有制结构，其本质是在某种经济制度内的不同所有制的不同组织形式，混合所有制既不是私有制也不是公有制，是私有制和公有制的不同组合形式。既可以存在于私有制中也可以存在于公有制中，因此，混合所有制资本主义制度可以有，社会主义制度也可以有。十八届三中全会提出："积极发展混合所有制经济。国有资本、集体资本、非公资本等交叉持股、相互融合的混合所有制经济，是基本经济制度的重要实现形式……允许更多国有经济和其他所有制经济发展成为混合所有制经济。"这里的不同性质的资本交叉持股，其主体是国有资本或者国有股参与其他性质的资本或者其他组织形式实现交叉持股，所形成的企业是混合所有制企业，并不能等同于国有企业。所以我们要正确认识混合所有制改革，所谓混合所有制混合，就是指不同所有制之间的混合，同种所有制之间的融合、持股就不是混合所有制改革，比如，民营和民营之间，国有与国有之间，外资与外资之间，这三种形式的混合都不是混合所有制，只有这三种所有制之间进行股权调整、交叉持股才是混合所有制改革。混合所有制企业与国有企业都是国有经济的重要实现形式。国有经济的范围涵盖了混合所有制经济的范围，国有经济的实现形式不仅仅是国有独资企业，也可以是国有控股、参股的混合所有制企业。

混合所有制与股份制的区别。混合所有制是不同所有制性质资本的融合；而股份制是企业组织多种资本的一种方式，既能够融合同种性质的资本也能够融合不同种类型的资本，聚集大量资本满足企业发展的需要。股份制可以实现混合所有制，即股份制是混合所有制实现的一种有效方式，但是二者范畴不同，不能混淆。混合所有制是不同所有制的混合方式，而股份制是企业具体组织形式。

混合所有制与私有制的区别。有些人担心，中国这轮混合所有制改革是西方混合经济的翻版，也有人认为是上一轮国有企业私有化的翻版，这是对混合所有制基本概念不清楚，这两种有着本质的区别，不必担心。私有化其是将国有资本通过出售存量的方式转移到非国有经济部门，其结果是国有资产减少；但是本轮的国有企业混合所有制改革是增量改革，通过引入非公资本或者参与非公企业盘活存量资产，优化国有资源的资源配置，提高国有资产的运行效率，从而使国有资产保值增值。当然，随着混合所有制改革的推进，在具体的企业中或者行业中国有资产的控股比例会减少，但是总量会不断上升，混合所有制的非公经济成分也会增加，不会导致私有化，反而会进一步深化国有企业改革，发展壮大国有经济，做大做强做优国有企业。

二、围绕产权和控股权的争论

目前，无论是理论界还是具体操作国企混改的实践者，大部分人都死死地盯着国企的产权问题不放，其主要是一部分经济学家认为国有企业运营效率低于非公企业的效率，认为国企混改要以建立混合所有制的股份制企业为目标。约瑟夫·斯蒂格勒茨和赫伯特·西蒙认为，国有企业改革重要的不是产权变化，而是要完善企业管理者的激励约束机制问题，即两权分离的"委托代理"问题，他们说不仅国有企业存在这个问题而且私营企业一样存在这个问题①。从国际经验看，国有企业的效率并不比民营企业低，新加坡是国有企业运营比较好的国家，淡马锡旗下的企业一般是独资企业，其投资的企业处于绝对控股的企业也比较多。某研究中心公布的 OECD 成员国中的国有企业，上有一半以上的企业是国有独资企业，而且所有 OECD 国家成员国的国有企业都是由国家控制，而在这些国家中，国有控股企业上市公司的数量仅占国有企业的 10% 左右②。

① 夏小林. 国有企业改革：端正方向，摒弃"僵尸"［J］. 天府新论，2016（03）：115 - 225.
② 2014 年下半年国务院国资委研究中心调查报告。

国有企业的改革还要考虑利润分配的问题。《21世纪资本论》作者托马斯·皮凯蒂也曾对新华社的记者坦言过，"现在没有人能够明确知道中国的财富不平等最后会把中国带向何方。中国还有一个特点是，一部分企业是公共企业或者说是国家企业，这原则上能够限制财富的不平等，但是如果未来出现这些企业部分或全部私有化——有时用很低的价格——这将导致财富的迅速增加，从而快速加剧财富不平等"①。地方国企除系关民生和公共服务领域的国企需保持国有控股之外，其余的都可以改为非国有资本控股，甚至国有资本可以完全退出法人股，实现真正的政企分开，由此，企业才能发展壮大②。这种观点仍然是建立在私营企业的运行效率高于国有企业运行效率的基础之上，错误的认为：只要国有股退出，企业的运行效率就能提高，企业就能发展壮大。中国社科院原副院长刘国光在谈国企改革时就曾明确地指出，国企混合所有制改革，光从法人治理结构考虑是不行的，要考虑宏观调控、所有制结构、社会公平、国企的剩余价值。

在混合所有制改革的实践中，不少专家和学者过度强调国有控股权，认为国有持股比例保持51%或者是绝对控股，才不失国有股话语权，有部分人认为民营改革掌握控股权，才不失去民营话语权。无论国有还是民营都无法摆脱控股的思想，比如，一个民企老板在一论坛就谈道，一个地方国企召集了各行业的民营企业家，在谈到股份时，国有企业代表方说，国有企业占股51%，剩余的都是民企的，当时有一个民营企业家就走了。民营企业家认为他们不是参与混合所有制改革，而是国有企业想把民营资本变成国资，如果国有企业控股51%，他们没有话语权，就等于把自己的资产搭进去，所以民营企业家不愿意参与混合所有制改革。华为的董事长任正非就说过，如果国有资本控股，他永远都不会参与混合所有制改革。再者，一位参与了某航空公司进行的混合所有制改革的民营企业老板说，某航空公司的混合所有制改

---

① 皮凯帝谈中国收入分配：用征税解决财富不平等［J］．参考消息，2014，12（26）.
② 蓝定香．混合所有制：地方国企与央企的改革异同［N］．四川日报，2014－3－19（006）．

革,得到了地方政府的大力支持,但是国有企业的负责人不同意放弃控股权,这位民营企业家说,他认为让民营企业参与航空业是一大进步,也给了民营企业在这领域发展的希望,出于企业家精神,最终他参与了本次混合所有制改革,其占股18%,投入资本之后,再没有他的事情了,这让他非常懊恼。这位民营企业家说,两年过去,虽然该航空公司运营效率有所提高,扭亏为盈,两年内增加18架民用飞机,但是如果让他去经营该航空公司最起码要增加300架飞机,企业的运营效率还要高出好几倍①(这个我们无法得到验证)。混合所有制改革中民营企业最担心话语权的问题。这是对国企混合所有制改革的认识误区,混改的目的并不是谁控制谁的问题,而是引入市场机制,激发各方投资活力。如果民营控股能解决问题的话,国企改革不早就完成了吗?一定要打破控股的意识,正确认识混合所有制改革的意义让国企在市场中成为运行的主体,能够对各种资源进行优化,提高市场活力,促进经济发展。

三、"国进民退"和"国退民进"的争论

经过这么多年的改革,有个奇怪的现象是,社会上关于深化经济体制改革的观点又退回到"公有制与市场经济相对立的旧思想上去了"②,对于混合所有制改革,认为国有企业应退出竞争类企业或者盈利的部门,只承担民营企业不愿意经营或者是无法经营的一些公共产品;还有一部分人认为国有企业占有大量公有资源"与民争利",挤占私营企业的发展空间,国有企业领导人的工资过高,等等。社会上这些不正确的言论,片面强调发展公有制经济与片面强调发展非公有制经济,"国民共进"的言论不是太多。更有甚者,提出"民营离场论""新公私合营论"等。这主要是对公有制与市场经济之间的关系认识不清造成的,认为国有企业退出或者与民争利的观点是错误的、公有制与市场经济是矛盾的,市场经济建立在私有制基础上,国有企

---

① 该部分内容来源于 2017 年天津亚布力混合所有制改革分论坛。
② 张宇. 论公有制与市场经济的有机结合 [J]. 经济研究, 2016, 51 (06): 4-16.

业改革的道路只能是私有化的道路。而后一种观点认为市场经济不存在所有制的差别，公有制与市场经济天然融合。持有这两种观点的人都没有正确认识到国有企业存在的根本问题，解决这一问题突破口是市场化。

2018年11月习近平在民营企业座谈上的讲话指出："有的人提出所谓'新公私合营论'，把现在的混合所有制改革曲解为新一轮'公私合营'；有的人说加强企业党建和工会工作是要对民营企业进行控制，等等。这些说法是完全错误的，不符合党的大政方针"①，并强调要营造公平竞争环境，鼓励民营企业参与国企改革，打破各种各样的"卷帘门""玻璃门""旋转门"，创造更加公平、透明的公有制经济与非公经济的竞争环境，建立亲清型政商关系。

党的十九大强调："我国仍处于并将长期处于社会主义初级阶段的基本国情没有变，我国是世界最大发展中国家的国际地位没有变。全党要牢牢把握社会主义初级阶段这个基本国情，牢牢立足社会主义初级阶段这个最大实际。"这警告人们我们国家当前的生产力与发达国家相比还是落后的，我国的东、中、西地区差距，城乡差距仍然较大，现阶段中国的基本国情要求坚持公有制为主体，多种所有制经济共同发展的方式。中国社会主义初级阶段的特殊国情决定，国有经济与非公经济共同发展是生产力发展的客观要求，二者共同发展才能适应当前的生产关系，推动中国经济向前稳步发展。

国有企业混合所有制改革并非国企侵蚀民企，当然也不是国资与民资让利，而是"国民共进"、共享发展成果。公有制经济、非公有制经济应该相辅相成、相得益彰，而不是相互排斥、相互抵消②。混合所有制企业中如果民营控股才算国企不与民企争利，那么，这即违背了中国的基本制度，与混改的政策也不相符。国企混改，并不是要"一方进一方退"，而是要双方共同发展。混改的目的是做大做强做优国有企业，扩大国有资本的范围，提高国有资本的影响力、控制力。国企混改是要国有资本带动民营资本发展，让

---

① 习近平：在民营企业座谈会上的讲话［EB/OL］. 新华网, 2018 – 11 – 01.

② 刘郝. "国民共进"激发企业活力［N］. 人民日报, 2018 – 01 – 31（005）.

民营资本得到更多的投资机会，享有更多的国家资源，从而发展壮大民营经济。同时，民营企业参与混改，能够优化国企股权结构，促进国企建立与市场经济相适应的多元化的现代企业治理模式。

第二节　混合所有制改革实现路径的制度缺陷

一、产权制度缺陷

（一）国企产权不完善

国企的产权具有公共产权属性，因而国企所有权与经营权的分离以及所有者与经营者的分离，在一定程度上都取决于公共产权的特征。用委托代理理论来解释，委托人把经营管理权委托给代理人即被称为拥有所有权的所有者；而代理人成为拥有经营权的经营者，并通过施展自己的企业家才能实现委托人的利益。委托代理关系双方的实现在于是否以契约形式进行。进而，在委托代理双方关系基础上特殊的利益博弈格局形成。在委托代理条件下，公司的所有权和控制权相应会发生一些变化，公司的所有权就变成了决策权和剩余索取权，公司的控制问题也转向激励和监督问题。国企所有权与经营权分离的是委托代理关系的形成必要条件。委托代理关系的存在为缺乏原始所有权的代理人和缺乏企业家才能的委托人双方提供了实现才能的机会与资产增值的可能。公共利益是衡量所有者利益的指标，所有者利益的最大化也就是企业公共利益的最大化。经营者企业家才能实现的最大化是所有者利益最大化的基础。同时，委托代理关系失效的问题也应重视。由于所有权与经营权的分离，所有者与经营者的目标取向不一致或相背离所导致的利益取向也相差很大。委托代理制度安排不同所导致的委托代理效率也不相同。委托代理关系失效问题尤其是无效代理或"内部人控制"问题的有效解决，关键在于两个方面，一方面在于产权所有关系的确定能否把委托人的收益与企业的经营绩效紧密结合，另一方面在于高效地委托代理关系能否把企业家才能与经理人才市场结合。

（二）委托代理关系失效

一般企业的委托代理关系是：股东（出资人）→董事会→经理层，即出资人直接把企业的经营权委托给董事会，董事会授权给经理层进行经营；而国有企业的委托代理关系要比一般企业的委托代理关系复杂。国有企业中的委托代理关系是：全体人民→全国人大→国务院→国资委（或国有资产管理机构）→国有企业董事会①。这长长的委托代理链条，造成了问题的复杂性。这主要是由于中国的国有企业资产归属全体人民，而全体人民是比较抽象的概念，全体人民直接监管国有资产实现起来比较困难，中国的国有企业进行了40年的改革，一直在探索解决这个问题，目前仍然没有解决。其委托代理的问题来源于以下几点。一是委托代理主体不明。从全体人民到国资委没有明确的委托主体，有些人在委托链条中既是委托人又是代理人，作为委托人委托的权利、义务界定不清楚，作为代理人（受托人）对上一级的委托人的权利、义务界定也不清楚，在国企实际的运行中，就会出现国资部门和党委会"缺位""越位"的现象并存，违背了公司治理的权、利对等机制。二是委托代理关系不流畅。在一般公司中，股东（出资人）把企业的经营权委托给董事会，董事会选聘具有专业素质的职业经理人对企业进行经营管理，董事会在公司的治理结构中具有主导的地位和作用，对企业的治理具有完整的人事任免、重大事项决策的权利，而国有企业的董事会不具备一般企业董事会的权利和职能。从国资委→企业董事会→经理层这层级的委托代理关系中，由于国有企业的领导班子是行政任命，并且具备行政级别，这就剥夺了董事会选拔任命经理层的权利，董事会在这次的委托代理中"虚化""缺位"并存。在国有企业中甚至具备现代企业制度的大型国有企业中，董

---

① 李锦. 国资归谁管？管什么？怎样管？ ［N］. 经济参考报，2018 - 01 - 24 - （005）.

事会的职能还不完全具备，从国资委到国有企业中间的委托—代理关系是形式上的，甚至可以说是中断的。三是委托代理形式不规范。在国有资产的委托代理关系中，不是层级的契约授权，而是以行政命令或者党委文件的形式授权，这也是委托人、代理人之间的权、利界定不清晰的原因。还有，国资委到国有企业的委托代理关系中，也往往是上级委托人用行政人员的选拔标准，对企业的经理层直接进行行政方式任免，缺乏一般企业的经理人市场化选聘、退出机制，国资委在企业人员的选聘中出现"越位"的现象。所以，委托代理关系在国有企业内部是失效的。

目前国企中的委托代理关系失效主要表现为：一方面，国企的经营者对国资所有者的委托行为代理失效，另一方面，国资所有者对国资经营者的代理行为低效监督。产权主体缺位理论对监督效率低的问题进行过专门研究分析。产权主体缺位理论认为，有效监督代理人不能被作为最终所有者的全体劳动者所代表，否则监督关系就出现模糊，即使成立监督机构也不会出现高效率。究其原因，公有制背景是国企的生产资料所有关系的主要特征，因而在利益制约机制上享有所有权的最终委托人缺乏制衡和约束。同样，作为所有者的全体人民对国企的经营行为承担的义务与其所享有的权利不对称，导致所有者缺乏利益制约。产权所有者的行为与收益之间的利益关系明确与否在于产权所有关系的确定性。明确的产权所有关系会推动产权所有者的利益激励机制和利益制约机制的逐步建立。完善国企互相制约的监督制衡机制，实现所有者与经营者责、权、利协调统一，在于所有者通过委托代理对经营者的行为施加监督约束和有效推动，所以需要完备的产权制度解决国企委托代理关系失效的问题。

（三）产权交易市场不成熟、产权交易平台尚未完善

产权制度随着国企改革也在不断改革，出台了许多与国企改革相配套的产权改革的法律法规，但是，中国处于迅速发展的状态，又由于法律法规具有时效性，特别是国企改革是打破单一公有制的改革形式，所以要通过引入其他产权的方式，以产权多元化为基础，建立相互制衡的现代企业治理结

构。由于产权制度的改革滞后于国有企业的整体改革，在改革过程中造成大量国有资产流失。加快完善产权交易平台，对混合所有制改革有着十分重要的现实意义。中国的产权交易和产权市场的发展相对经济发展略显滞后，目前出现不同形式的产权交易中心、资产调剂市场、租赁市场等。产权交易市场必须具有信息集聚、价格发掘、规范制度、中介服务的功能；产权交易呈现覆盖面广泛、内容丰富，在产权市场上可以进行各种形式的交易，如收购、参股、收购、承包、租赁等；其支付的方式也比较灵活多样，现金支付、资产与证券的抵押、分期付款等多种多样；产权的活动方式也多样化，产权的交易比一般的贸易复杂得多。所以，产权交易市场交易与一般实物市场不同之处在于专业性强，这是由于产权交易市场得客户都是专业能力很强的投资者、企业家；再者，由于行业不同，企业间的差距比较大，各种产品差别比较大，这就要求产权经纪人必须具备行业的专业知识；产权交易要求制度严格，主要是产权制度改革是随着中国改革才建立起来的，产权不仅关系到国家财政、企业、职工的利益问题，而且关系到国家宏观调控等重要问题。产权交易问题涉及面比较广，涉及国家财政、国资委、工商、金融以及参与投资单位的问题，所以在这过程中要求有严格的制度做保障，否则容易使参与交易的主体受到损失。随着信息化现代化的高度发展，产权市场呈现出产权交易主体的多样化，产权收购、并购、参股等方式的多样化，产权市场的品种也多样化发展，由于目前中国的产权市场刚刚起步，产权交易平台尚未健全，相关法律法规缺失，尚不具备资产自由进出产权市场的条件，产权的交易存在严重的风险。

（四）国有资产流失严重

首先，国有资产流失。国企制度缺陷导致国企产权主体"越位""错位""缺位"现象存在，造成国有资产严重流失。自十八大以来，据官方公布，国企高管腐败达150多人，有的个人贪污金额高达上亿元人民币，特别是某些央企出现腐败"窝案"，国企高管腐败前所未有，这主要是国企管理制度本身造成的。一些国企高管借国企的行政垄断地位，把企业作为谋取私利的工具，利用国企的资源进行权利寻租。国企高管的行政任命体制以及官员的政治身份，成为一些高管"横行霸道"的资本，他们采用一些非法手段进行利益输送，进行内部交易，窃取大量国有资产。一些国企高管借混改之机，钻政策的漏洞，趁机贱卖国有资产，为自己谋取更多的利益，损害国家和人民的利益，造成大量国有资产流失。由于目前大量国有资产没有市场化，国有资产的评估和作价比较困难，一些高管和利益相关者联合，故意压低国有资产的价格进行交易。

其次，国企的人才流失是国有资产最大的损失。近几年，央企高管频繁跳槽、离职的现象应该引起高度重视。特别是近期高管扎堆辞职，据统计，不到一个月的时间（2018年12月12日到2019年1月15日），电力系统的14家电力企业约有24位高管辞职，其中有11家国企的19位高管离职，国投电力的副总经理、董事会秘书、财务主要负责人以及监事会主席纷纷辞职。除个别高管是存在问题被迫离职外，大部分高管辞职后都去了民营企业；上海一家国企连续两年有7名高管被民企挖走。国有企业成了为民营企业培育高管的基地。民营企业对人才的重视远远高于国有企业，如碧桂园科技有限公司①（简称："碧桂园"）是一家非常重视人才的民营企业，该企业有1300多名博士，这是其他民营企业甚至是国企都难以达到的规模，近年来花费30亿元进行高管队伍建设，从央企挖走5名高管，有的高管年薪甚至上亿元。在知识经济社会中，人才是企业的核心竞争力，国有企业人才流失、特别是优秀人才的流失会导致企业竞争力下降，给整个国企带来的损失是物质资本无法比拟的。

国企人才流失的主要原因有以下几点②：首先，国企薪酬体系与绩效考核体系不匹配。大部分国企垄断行业的管理方式仍然是传统的人事管理方式，薪酬分配是"大锅饭"的平均分配方式，绩效考核基本上是"走过场"，

---

① 碧桂园官网.
② 葛培健. 新时代国企混改机制创新与路径探索［C］. 中国企业改革发展优秀成果（第二届），2018.

奖罚不分明，薪酬分配无差异，存在干多干少一个样，考核好坏一个样现象，薪酬分配丧失激励性。国资委研究中心对国企高管和中层管理人员的收入与其他所有制做了比较分析，他们认为国企的收入仅是其他所有制的1/3。2017年3月30日楚序平在人大宏观经济报告上讲，从国企的分配本身看，国企内部分配存在严重的平均主义现象；从分配结构看，分配结构缺乏长期激励，当前收入过高（主要体现在工资方面），中长期的激励不足。但从收入数量上看，同样的岗位，民营企业的收入可能高出国企几倍甚至数十倍。近几年国企高管限薪，一些优秀的管理人员薪酬与能力不匹配，激励不足，能力得不到体现与充分发挥，成就感受挫，这是优秀的高管选择入职民企的主要原因。其次，国企的人才晋升渠道与官僚体制不匹配。目前的国企内部管理体制仍然带有行政色彩，相互之间互攀关系、讲背景；人才使用往往是"按资排辈"，优秀人才得不到重用，干部"能上不能下""能进不能出"的现象仍然存在，冗余人员过多，最终优秀的人才选择辞职离开。最后，国企的监管政策与容错纠错机制不匹配。十八大以来的一些规定，如"八项规定""限薪"等政策的出台，对国企的行政监管强化，许多高管主动工作的积极性受挫，担心出现差错，所以出现了不做就不犯错的心理，容错机制没有建立起来也没有充分体现出"三个区分开来"① 的要求。而有些专业优秀的人才想做事业，但是国企内存在着过多的非市场因素的限制，创业创新的激情受挫，优秀人才的才能得不到体现和认可，所以，近几年来，许多国企人才流失，这是国企资本最大的流失。

---

① 2018年5月中共中央办公厅印发的《关于进一步激励广大干部新时代新担当新作为的意见》中指出："建立健全容错纠错机制，宽容干部在改革创新中的失误错误，把干部在推进改革中因缺乏经验、先行先试出现的失误错误，同明知故犯的违纪违法行为区分开来；把尚无明确限制的探索性试验中的失误错误，同明令禁止后依然我行我素的违纪违法行为区分开来；把为推动发展的无意过失，同为谋取私利的违纪违法行为区分开来。"

二、国有企业治理结构存在的缺陷

（一）企业的治理机制与市场经济体制之间的错位

目前国有企业的治理机制仍然与市场经济体制的运行不相融合，不能满足市场经济的要求。主要表现在：首先，国有企业的治理结构基本完善，但是其职能没有到位，"花瓶董事""花瓶监事"等不作为的现象普遍存在；其次，国有企业的职业经理人市场尚未建立，激励监督约束的体制机制还有待完善，职业经理人的市场化选聘只在国有企业极少的母公司出现，明显缺乏薪酬激励和递延支付的长期激励计划；最后，国有企业的多元化相互制衡的股权结构尚未实现，目前国有企业的母公司层面仍然存在"一股独大"现象仍然存在。

（二）规范的国企法人治理结构建立尚需完备的产权制度基础

我国国企规范的法人治理结构尚未完全建立的主要原因是国企产权所有关系不清晰，而产权制度的安排决定法人治理结构的形成。产权制度的完备与法人治理结构的规范、相辅相成、互相联系。要促使所有者与经营者之间的利益取向趋同，并在此前提下形成双方的利益共同体。通过产权制度安排和明确界定所有者与经营者责、权、利，促使国家作为全体劳动者最高代表来协同推进对经营者的激励与监督，以此推动二者的相互激励。公司制国企的法人治理路径是否可行在于其内部形成的制衡结构是否有效且具有实践操作性，有效的制衡结构可以促使股东大会、董事会、监事会和经理层之间相互有效监督制衡。同样，还要考虑通过产权结构的优化推动法人治理结构的逐步规范完善。产权结构的变迁包括两方面：其一是产权所有关系的性质变化和占有权、使用权、收益权、处置权和支配（转让）权等个体的变化；其二是产权交易方式的变化如何解决处理好前者的界定是当前我国国企创新的首要问题和当务之急。在此基础上，为进一步提高国企的绩效，逐步推动产权结构的高效运作和法人治理结构的健全和规范完善，需要通过两方面着手：一方面通过市场机制引导和实现产权交易方式的变化，另一方面需要国企产权所有关系的明确界定和产权结构优化升级。

三、国有资产管理存在的缺陷

自 2003 年国资委成立以来，国有资产管理改变了"九龙治水"的局面，但是就目前的管理看仍然在管理方面存在着突出的问题

（一）国有资产管理松散

国有资产管理目前看来，仍然处于松散的管理模式。国资委所管理的国有资产仅限于非金融类的国有资产，具体来说就是央企和地方国有企业，这部分国有资产据统计，在 2017 年约占总国有资产的 20% 左右，而其他大部分国有资产分布在国务院其他部委，如金融企业、文化产业、出版、邮政等。首先，这些国有资产在现实中并没有形成统一的管理，没有具体核算、统计以及清算的统一规则，也没有具体的统一的发展路径和发展模式。其次，中央与地方国资管理框架有着明显的差异，国资委目前负责非金融类的96 家央企的国资管理，而地方国资管理则把地方的所有类型的国资都归为地方国资委。名义上，国资委对地方国资进行指导，但是二者之间的管理范围的差异性，导致国资委对地方的指导基本上不可操作。随着国有企业改革的深化，各类国企开始进入市场，在激烈的市场竞争中，一些其他部委管辖的国企也进入市场，如邮政。国内物流的快速发展，使邮政的业务面临着生存的威胁。国资归属于不同的部门，缺乏统一的评价标准和管理目标，不能对国有资产进行统一的统计，无法对国有企业改革的效果进行总体的有效测算，造成在国有企业改革中工具选择困难，这有可能误导国有企业的改革方向。

（二）国资委的双重身份问题

国资委的组建，形成了"管人管事管资本一体化"，使政府层面对国有企业的管理更加清晰，提高了政府的效率这是不可否认的，但是国资委运行到目前的确有问题。邵宁曾经说有两方面的教训：一是国资委应该是一个专业化要求比较高的机构，在资产监管和股东两个角色上"管人管事管资本一

体化"，必须具备相应的专业知识；二是在国资的实际运作中，国资委内部始终是几张皮，没有形成真正的一体化①。"国资委本身上是行政机构，是行政出资人，作为行政出资人就不适合介入企业经营性活动。"② 这个问题在组建国资委时就意识到了，但是由于国资委的这种性质决定了其必然会对企企业进行行政干预，另一方面国资委既是出资人又是监管者的双重身份，同时外部监管体系缺失，使得国资委自我监督自我激励的局面就出现了。所以在权利和利益面前就导致了国资委与企业比较容易结成利益共同体，追求企业利益与个人利益最大化，滋生大量腐败，最终导致国有资产运行效率低下，国有资产大量流失。

（三）国有资产管理体制缺陷

从国有企业改革的演变路线我们可以看出，从之前的放权让利至扩权至建立现代企业制度一直到现在的"管资产"，其本质就是国有资产的除所有权之外的权力归属问题，即经营、管理、使用、收益分配等权力来源与归属问题。毫无疑问，我国的国有资产归国家所有，也就是国有资产的所有权是国家，这是无可争议的，也是我们必须坚持的原则。针对国有企业的混合所有制改革，其核心问题就是国有资产的产权问题。国有企业混合所有制改革过程中，必须以马克思的产权基本原理来指导，以西方产权理论作为补充。我们依据马克思对财产的权能划分，即"就财产的各种权能因素的重要性看，马克思主义认为对生产资料的狭义所有权，即生产资料归谁所有是最重要的、最有决定意义的权能因素，其他诸如支配权、使用权、处置权和收益权等都是由此决定或派生的因素"③，对国有资产的权利归属进行划分。我国国企产权改革的整个过程，就是改革政府、国有企业和国有资本这三者之间的关系，其本质上就是国有资产的使用权、分配权、经营权、以及收益权

---

① 邵宁. 国企改革亟须厘清的五大问题 [J]. 现代国企研究，2014（09）：4－7.

② 邵宁. 国企改革亟须厘清的五大问题 [J]. 现代国企研究，2014（09）：4－7.

③ 胡希宁，郭威，杨振. 当代西方经济学流派 [M]. 北京：中共中央党校出版社，2016：226.

归谁使用，由谁分配问题。

首先，政府和企业关系的问题，这也是自国企改革以来就非常重视的问题。从现在国有企业的状况来看，政府和企业仍然存在问题。从国资委成立来看，国资委成立的目的是让政府与企业分离，政府不再参与企业的事务，表面上是独立出来了，但实质上仍然是政府行政分权的结果，它仍然是政府特设机构，国资委的管理体制、内部的组织构架、行政职能都与其他部委是一样的。国资委的这种管理架构对于单独管理国有资产是有难度的。国资委的管理权力只能靠国务院授权。国有资产的界定是个大问题，一直没有实际的界限。国资委是政府的委托人，对于政府的资产怎么界定？国资委怎么界定自己所处资产的权力与范围？这些国资委都不知道，它不是企业法人，不承担企业法人的财产责任，也不是民事法人，事实上也不承担任何责任。在资产的使用上，它也不能够分配和调度企业的任何资产，对于资产获得的利润全部要上缴到财政部，没有剩余索取权，而对于所管辖的国有企业，如果要投资扩张，国资委对资本没有支配权、分配权，这些在现阶段都要由国家发展改革委员会来决定。

其次，国资委成立的初衷是"管人、管钱、管事"，但是经过分析，国资委实际上只是履行政府的命令进行行政授权。所以国有企业仍然受政府的控制，国有企业的管理实质也还是行政管理。人事管理权的问题，国资委和国有企业的主要干部的任命与其他政府机构的公务员的任命是一样的，他们的高层管理人员仍然有行政级别。所以说，国资委与企业之间的管理，其方式仍然沿用政府的行政管理方式。对于企业而言，到目前为至，国有企业的高层管理人员仍然是有一定行政级别的官员，国有企业的这种管理制度与现代企业制度还有很大差距。对于新一轮的国企改革方案，十八届三中全会中、十九大报告仍然继续保留"推进授权经营"的思想，但笔者认为国企改革的顶层设计中"授权经营"的思路还是不太明确。

再次，企业与国有资本之间的关系。这里主要阐述国有资本的控制权、使用权、支配权以及剩余索取权的权力来源以及由谁来使用的问题，这个问题在现有的文献中很少提到。目前的国有企业是在国资委的委托下，对国有资本进行经营，具有经营权，但是资本的使用方向企业是不能独立决定的，企业的收益也都归国家所有，也就是企业没有剩余索取权，这些问题，都说明企业仍然无法摆脱控制，没有成为真正的市场主体。当前阶段我国的国有企业正在进行供给侧结构性改革是国有企业没有掌握国有资本独立的经营权与使用权的最严重的后果。比如，生产钢、水泥的国有企业，他们的使命就是生产，对于效益如何？产品出路如何？企业不能决定，企业也不管，这些都是政府订单式管理。再比如，目前的混合所有制改革，改革的目标仍然不清晰，国有企业没有真正体会顶层设计的用意，导致国有企业之间全方位地合并、整合、重组，曲解混合所有制改革的意思。企业的生产发展规划也是由上一级管理单位统一规划，在某种程度上说，仍然具有"计划性"，企业与市场之间，与国家生产计划、产量之间的"对话"仍然存在障碍。企业无权力自我调整产业规划，如果混合所有制企业仍然在并购、重组上做文章，以后的国有企业还会出现像目前一样的"问题国有企业"。

最后，国有企业资产的问题。国有资产的管理是十八届三中全会改革的核心，按照顶层设计的意愿是建立国有资产流动平台，地方国资委大都已经积极地探索各地的流动平台模式。上海国资委已经建立三个国有资产流动平台，以及中国诚通牵头成立的中国国有企业结构调整基金，实际上也已经取得初步的成效。这也就是我们要解决的"隔离带"到底怎么建立以及国有资产的管理权归谁的问题，如果国有资产的管理权交与资金管理平台，那么国资委就只有监督职能，资金的运作模式就可以解决。

第三节　混合所有制企业不同产权主体的矛盾问题

国有企业混合所有制改革过程本质上是国有企业与非公资本的融合过

程，其融合过程面临着诸多矛盾，突出的矛盾如下①。第一，国有企业的特殊使命与非公资本的功利性之间的矛盾。国有企业的功能决定国有企业必须完成国家所赋予的特殊使命，即使是商业性竞争类的国有企业，也必须服从国家战略发展需要，发展前瞻性、战略性产业，保障国家经济命脉。但是，非公资本的目标与国有企业的使命和功能完全不相融，其天性是追逐利益的最大化，这也是其终极目标。在市场经济中，非公资本的流动性比公有资本的流动性强，其逐利性是其加入混合所有制改革的原因，如果能获得更高的利润，其突然撤股或者转让是可能的，所以，非公资本参与混合所有制改革加大了不稳定性。虽然，非公企业也履行一定的社会责任，但是其社会责任还没有法定性，在一定的条件下，非公企业可能履行社会责任，但是有较大的弹性。所以，引进非公资本参与混合所有制改革，国有企业的特殊使命与非公资本的逐利性之间的矛盾，必须认真考虑②。第二，国有企业的保值增值性与非公资本的投机性之间的矛盾。中国的市场经济是在生产力水平极低的情况下发展起来的，1978 年国民生产总值 3624.1 亿元；农村居民家庭年人均纯收入 133.6 元，城镇居民家庭年人均可支配收入 343.4 元，人均储蓄约 22 元。但是，贫穷不是社会主义。中国选择走社会主义道路，必须大力发展生产力，增加国家和人民的财富。经过四十年的发展，中国创造了世界发展史的奇迹，以每年约 10% 的增值速度增值，最高的发展速度达到 20% 左右，到 2017 年，中国的国内生产总值是 818461 亿元，是 1978 年的 225 倍；农村居民家庭年人均纯收入 13432.43 元，城镇居民家庭年人均可支配收入 25973.79 元②。在这过程中，国有企业的改革与发展，发挥着巨大的作用。国有企业不仅承担着国有资产保值增值的功能，而且在民生领域起着基础的保障作用。与此同时，非公企业非公资本在这一发展过程中也发挥了巨大的作用，特别是近几年来，非公企业对中国的发展也做出了巨大的贡献。民营

---

① 鲁国志，黄永康. 国有企业产权制度改革的实现路径 [J]. 江汉论坛，2017 (11)：30 - 34.

② 中华人民共和国国家统计局年度数据.

企业虽然也会履行一定的社会责任，对中国的就业、税收都做出了很大的贡献，但是，由于民营资本具有生产资料私人所有的性质①，其目标是单一的追求利润最大化的本性不会改变。其追求利润最大化的手段也很多，既有合法合规的投资手段，也有投机的手段。在上一轮的国有企业改革中，不少人趁机有投机的手段，掠取了大量的国家资产，一夜暴富的比比皆是，这也是仅仅用了三年的 MBO 手段进行国企改革，就立即叫停的原因。其次，由于目前中国的资本市场、金融衍生品市场等资本交易的手段比以前丰富了很多，这一轮的混合所有制改革，又被一些人认为是新一轮的私有化，当然还有频繁曝光的重组失败，都是投机者趁机攫取国家财产的机会，所以，在新一轮的国有企业改革中要，制度先行，处理好国有资本的增值与非公资本的投机性之间的矛盾。因此，在国有企业混合所有制改革中，国有资本和民营资本必然会表现出增值性与投机性的矛盾，在国有企业混合所有制改革中既要看到民营资本积极的一面，也必须正视民营资本的投机性特征。第三，国有企业管理规范与非公资本管理随意性之间的矛盾。中国的国有企业经历股份制改造，大部分已经建立了规范的现代企业管理制度，相对民营企业，由于其企业资本归个人所有，除民营上市公司必须按照《证券法》的要求，建立相应的管理制度，民营企业的决策和管理大都带有个人主义色彩，其管理上与规范的国有企业相比具有随意性，特别是涉及重大的利益，其决策更能体现资本的逐利性和决策的随意性。民营资本以盈利为唯一目的，一旦在制度规定与企业目的产生冲突的时候，就会为了目的而不择手段，放弃对制度的遵守。在混合所有制企业中，这两种资本之间的竞争斗争将会加剧②。所以，混所有制改革引入非公资本或非公企业后，能不能保证民营资本融合到规范的管理体制中，是混合所有制改革成败的重要环节。

---

① 白暴力. 现阶段产权制度的两重性与现代产权制度建设［J］. 社会科学研究，2015（06）：30－34.

② H·彼得斯，李莉娜. 中国："全面深化改革"将何去何从？—社会力量的多元化与民营资本的进军［J］. 马克思主义与现实，2014（05）：169－174.

第五章

国内外国有企业改革的典型路径及启示

20 世纪 80 年代，世界范围内出现了国有企业退出的模式，即私有化的方式，除了社会主义国家即中国、苏联、东欧国家、越南等国有企业运行效率出现问题，迫切需要转型之外，英、法、瑞典以及美、日等发达经济体的国家也纷纷对国有企业进行改革。除中国和越南外，几乎所有的国家都选择了非常明确的私有化道路①。

第一节　中国联通混合所有制改革模式分析

一、联通混合所有制改革的动因与改革方案介绍

（一）联通混合所有制改革动因

中国的电信行业一直处于垄断地位，而电信属于竞争行业，这种垄断造成企业的运行效率低、机构臃肿，权力寻租的行为泛滥，而行业获得高额的垄断利润。中国的电信一直是移动、电信和联通三大运营商垄断，之所以选择中国联合网络通信股份有限公司（下文中简称"中国联通"）作为第一批

---

① 唐俊. 国有企业混合所有制改革中的金股制度研究［D］. 上海：华东政法大学，2016.

混合所有制改革的试点，主要原因有两点。第一，从中国联通的财务指标看，资产总额变化不是十分明显，营业收入从 2013 年到 2015 年平均减少 4%，并且利润总额和净利润也同时负增长，2015 年到 2016 年利润总额和净利润出现断崖式下降，利润总额从 2015 年 138.68 亿元，下降到 2016 年的 5.81 亿元，下降 96%；净利润 2015 年为 104.34 亿元，2016 年下降到 4.8 亿元，下降约 95%；而营业成本居高不下，2015 年为 2077.04 亿元，2016 年上升到 20115.84 亿元，同比增长了 2%，详见表 5 - 1。可能是受混合所有制改革政策利好的影响，2017 年的利润略有增加，但是总资产与 2016 年比确有下降。中国联通在混合所有制改革方案出台前，经历了三次并购重组，但并没解决中国联通的运行效率问题，反而带来了并购重组的后遗症——机构臃肿、效率低下，直接导致 2015 年到 2016 年利润总额断崖式的下跌。第二，在国内三大电信集团中，与中国移动和中国电信相比，中国联通处于比较弱的地位，中国联通的资产回报率最低，用户最少，利润仅占中国移动的千分之一（2016 年的净利润）。2015 年中国移动、中国电信、中国联通的资产回报率分别是 7.6%、3.2%、1.7%。而 2016 年中国联通的资产回报率更低，仅为 0.1%。2016 年上半年，中国移动的净利润为 627 亿元，中国移动用不到一星期的时间就可以赚到中国联通全年的利润。第三，从电信行业的竞争格局看，中国联通错失 4G 时代，导致与中国移动和中国电信的差距，亟待在 5G 上扭转这种局面，并且中国联通一直是央企中少有的资金短缺的企业（朱慧、卿松，2018）[①]。这两个原因使中国联通有内在渴望参与本次混合所有制改革。

[①]　朱慧，卿松.中国联通引入战略投资者的混改模式探析［J］.现代国企研究，2018（20）：175 - 176.

表5-1 中国联通主要财务指标（2013—2017 年）

单位：亿元

中国联通	资产总额	营业收入	利润总额	净利润	营业成本
2013	5313.64	3037.27	136.77	102.92	2116.57
2014	5916.87	2885.71	158.36	119.68	1999.37
2015	6153.19	2770.49	138.67	104.34	2077.04
2016	6159.07	2741.97	5.81	4.8	2115.84
2017	5736.17	2748.29	23.79	16.84	2069.77

注：作者依据中国联通财务报表整理。

（二）联通混合所有制改革方案介绍

2016 年 11 月公布的第一批混合所有制改革涉及电力、天然气、石油、军工、电信、铁路、民航等行业的 7 家央企，包括中国联通、东航集团、南方电网、中国船舶和中国核建等大型央企。2017 年 8 月 16 日中国联通正式公布混和所有制改革方案，这是首家整体进行混合所有制改革的央企。此次中国联通的改革方案仍然坚持"同股同权"的原则，采用非公开发行和老股转让等方式，引入处于行业领先地位、与公司具有协同效应的战略投资者，募集资金用于 4G 及 5G 相关业务和创新业务建设，推进战略转型，探索建立有效制衡的混合所有制企业公司治理机制，致力于建立"股东 + 公司 + 员工"的利益共同体。其具体方案为：首先，以 6.83 元/股的价格，向战略投资者非公开发行 A 股新股 90.37 亿股，募集资金约为 617.25 亿元；其次，以 6.83 元/股的价格，向结构调整基金协议转让 19 亿股股票，转让价款约 129.75 亿元；最后，以 3.79 元/股的价格向核心员工首期授予约 8.48 亿股限制性股票，募集资金约为 32.13 亿元。上述交易全部完成后，共募集资金约 779.14 亿元，中国联通混合所有制改革后持股比例约为 37.73%，战略投资者约为 35.18%。

二、联通混合所有制改革的路径和效果分析

（一）混合所有制改革的路径分析

联通这次的混改方案主要是引进战略投资者，首先解决中国联通的资金问题，其次通过战略投资者的推动建立现代企业制度，降低国有股的股份比重，再次通过员工持股的方式激发员工的活力，最后建立职业经理人市场化的选聘机制。其方案的实施主要通过增资扩股、股权转让、员工持股三种路径来实现，此次股权变更完成后，中国联通的股份由混改前的 63.7% 降低到 36.67%，引入战略投资者持股 35.18%，其他投资者持股 28.15%，形成了多元化股权结构。如图 5-1 所示。

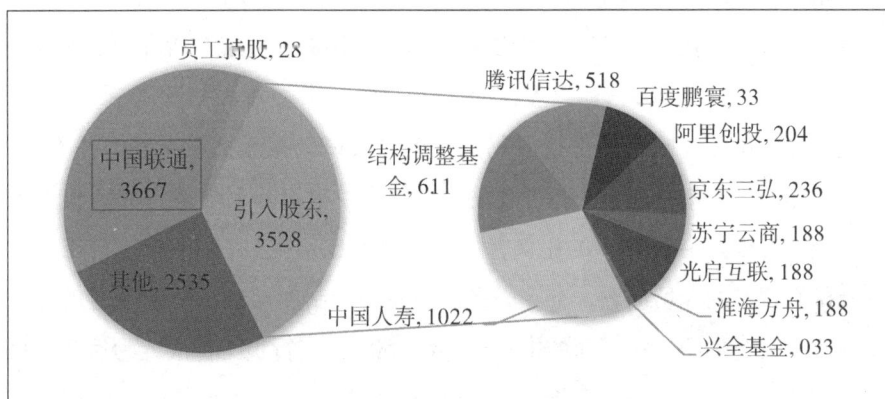

图 5-1　中国联通混改后股权结构图

1. 增资扩股

增资扩股是企业增加资本、拓展新业务的主要手段，其资金主要通过向社会募集股份、发行股票、新股东投资或者原股东增加投资等方式获得。2017 年 8 月 20 日中国联通正式发布的混合所有制改革方案，除了通过股权转让和股权激励募集资金外，拟通过向 BATJ 在内的战略股东非公开发行不超过 90.37 亿股股份，募集资金不超过 617.25 亿元，用于优化 4G 网络、建设 5G 网络以及实现创新业务规模突破。

2. 股权转让

股权转让是公司的股东将自己的股东权益有偿转让给他人，从而获得资金的行为。公司法中规定，股东有权通过法定的方式转让其拥有的全部股份或者部分股份，股权转让是股东行使股东权力的一种常用的、普遍的方式。股权转让有两种形式，一种是内部转股，另一种是向第三人转股。中国联通本次向结构调整基金协议转让其股份，属于第二种转股方式，转让约 19 亿股股份，转让价款约 129.75 亿元。

3. 员工持股

自从 20 世纪 80 年代后国企员工持股被探索以来，出现了不少问题，如利益输送、内部人控制、国有资产流失等，以至于国企改革大都把员工持股视为禁区，改改停停，直到十八届三中全会，以及十八届四中、五中等会议之后，国资委才在 2016 年 8 月份发布了《关于国有控股混合所有制企业开展员工持股试点的意见》，标志着国企员工持股在中央层面扫除了制度障碍。但是在操作层面，国企员工持股仍然是慎之又慎，能够真正突破的并不多，如在具体的实践中，在员工持股比例上，国资委规定的上限是 30%，但是大部分企业都没有突破 10% 的比例，中国联通的比例也只有 2.8%。员工持股涉及国有资产的保留问题，存在颇多需要突破的制度瓶颈。中国联通借助此次混改，央企集团公司层面的中层干部约 7500 人实行员工持股，为后续中央层面的混合所有制企业员工持股制度打破了坚冰，不能不说是国企改革员工持股的一大步，很多地方省市也出台了国企员工持股的地方规定，如北京、上海等地方。联通的价值在于既为央企也为地方国企提供了可借鉴的模板。员工持股是公司治理中用来激励员工的一种方式，以公司的股权作为载体，有效激励员工的积极性、主动性，激发员工的创新精神，把公司的利益与公司内部员工的利益连接起来，从而形成"劳资利益共同体"，使员工更加积极主动地参与企业的经营管理，提高企业的运行效率，从而实现多方共赢（参见第三章员工持股部分）。

（二）联通混合所有制改革的效果分析

1. 整体效果

中国联通混合所有制改革的具体实践，并不是一帆风顺的，历经9次停牌和4次澄清公告，于2017年的8月16日终于公布最终混改方案，标志着混合所有制改革在集团层面改革的开始。中国联通此次混改主要是引进战略投资者，通过"增资扩股＋股份转让＋员工持股"的路径实现。2018年12月初，中国联通的董事长王晓初表示混改已经完成了92%。历经一年多的实施，混合所有制改革的红利也初步显现。

首先，与战略投资者在资本和业务层面的合作取得积极进展，探索营销创新模式，成立了中国联通5G工业互联网产业联盟、物联网产业联盟和5G实验室，产业链合作向纵深方向发展，营造了产业合作新业态。

其次，混改后，新董事会顺利组建，探索建立中国特色的现代企业制度；实施"418"人才工程，在实践中优化网络运营团队，员工队伍的精神面貌有所改善，创新领域的人员数量增加，企业的经营活力和内生动力进一步改善。中国联通混改协同效应产生，创新了商业模式，积极探索以投资或融资方式开展资本层面的合作，实现了股权多元化和轻资产运营，增强了创新发展的新动能。

最后，2018年上半年的财务状况明显好转，产业互联网业务收入规模达到人民币117亿元，同比增长39%，其中云计算收入同比增长39%。受益于创新业务快速增长拉动，公司固网业务止跌转增，固网主营业务收入达到人民币491亿元，同比增长5.5%。整体上看，2018年上半年营业收入比上年同期增加7.9%，其中主营业务收入比上年同期增加8.3%，税前利润达到人民币77亿元，归属于母公司净利润达到人民币26亿元，同比增长232%，公司自由现金流再创历史新高，达到人民币408亿元，资产负债率进一步下降至43.5%，公司财务状况更趋稳健①。

---

①　中国联通集团2018年上半年财务报表。

2. 股权结构分析

中国联通的混改最突出的特点是中国联通经过混合后，首先，中国联通国有股的持股比例由原来的63.7%降低到36.7%；其次，混改后进行员工持股，员工持股比例约2.8%，员工持股的引入，激发了员工的工作热情，员工积极主动配合公司的工作，精神面貌有所改善；最后，战略投资者引进了与中国联通业务关联性极强的国内互联网四大巨头"BATJ"，其比例达到12.88%，战略投资者的总持股比例约占35%。整体上看，混改后中国联通实了现股权多元化、相互制衡的股权结构模式。目前，中国联通的这种股权结构，在一定意义上说，对国有企业长期"一股独大"现象有所改变。

对中国联通混改前后的股权进行分析如图5-2，混改后可从两个角度看中国联通的股权结构：一是中国联通、外部投资者、员工持股、公众持股如图a，从图a到图b看股权结构，中国联通的股权结构基本上是三三三的状态，员工持股比例较小，这种股权结构可以说是比较理想的股权结构；二是把国有资本、非公资本、公众资本和员工资本分别计算，如图c，从图a到图c看股权结构的饼图，可以非常清晰的看出，国有资本所占比例占有明显优势，从这方面看，中国联通混改在股权结构设计上仍然没有突破国有资本掌控控股权的思维禁锢。

3. 公司治理结构分析

公司的股权结构决定公司的治理结构，一般是遵守"同股同权"的原则。然而，中国联通混改后对董事会进行改组，董事会规模由原来的7名扩大到13名，独立董事5名，非独立董事8名，其中4名非独立董事分别来自四大战略投资者"BAJT"，占非独立董事的一半，从董事会席位的设置看，这也是重大的突破，由于这四大战略投资者的比重约占19%，而董事会席位约占30%，其中百度股权约占3%，也占董事会一位席位。这都充分说明在联通这次董事会种出现"超额委派董事"现象，这在国有企业中是少有的，笔者认为一方面这种"超额委派董事"给予了非公资本一定的话语权，希望能够以此调动非公资本参与本轮混改；另一方面，这种"超额委派董事"虽

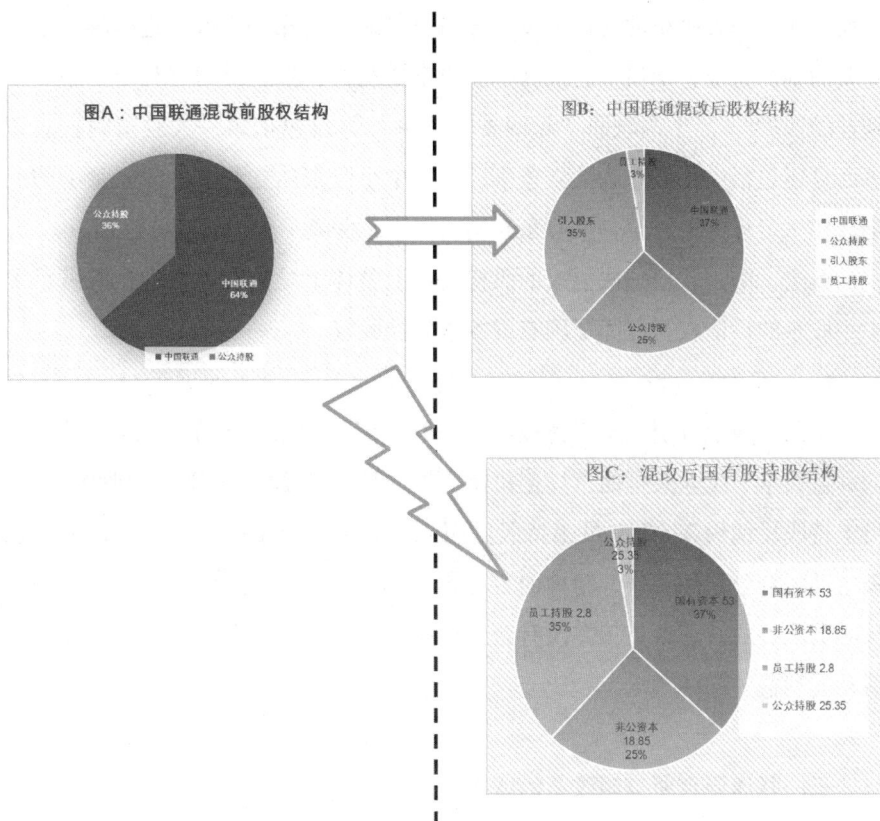

图A：中国联通混改前股权结构

图B：中国联通混改后股权结构

图C：混改后国有股持股结构

图5-2 中国联通混改前后股权结构分析图

然维护中小股东的利益，但是也出现股东所承担的责任和权利不对等的问题。"超额委派董事"在国有企业中并不常见，"超额委派董事，指的是主要股东通过委派更多非独立董事，形成董事会重大决策的实际影响力与其持股比例所反映的责任承担能力'分离'的董事会组织形象"。① 一般来说，第一大股东通过"超额委派董事"，体现股权比例的责、权不对称，即第一大股东通过"超额委派董事"实现公司的控制权，从而侵占中小股东的利益。

① 张继德，刘素含. 从中国联通混合所有制改革看战略投资者的选择 [J]. 会计研究，2018（07）：28-34.

然而，非第一大股东的"超额委派董事"，"将成为第一大股东进行隧道挖掘重要的制衡力量，不仅不会损害中小股东的利益，甚至反而有利于中小股东利益的保护"①。中国联通"超额委派董事"不仅包括第一大股东的独立董事而且还包括中小股东的独立董事，而且中小股东独立董事占独立董事的一半，在一定程度上对第一大股东起制衡作用，保障了中小股东的权利。

总之，中国联通这次混改的股权设计上整体上是比较谨慎的，既满足了中小股东的话语权又保障了国有资本不失控股权。

4. 员工持股分析

中国联通混改引入员工持股制度，其目的是形成"股东＋公司＋员工"的利益共享、风险共担的市场化机制。混改后约有 7000 人享有持股的权利，员工持股比例约 2.8%，员工持股的引入，激发了员工的工作热情，员工积极主动配合公司的工作，精神面貌有所改善。但是，中国联通的员工持股是核心员工持股，普通员工并没有获得持股的权利，并没有真正形成"资本与劳动的利益共同体"。

三、联通混合所有制改革的意义

（一）联通混合所有制改革的特点

中国联通此次混改是央企母公司层面上的混改，坚持在增量改革的基础上，引入战略投资者，战略投资者不仅包括国有资本而且还包括非公资本，战略投资者的选择与中国联通主业以及产业链上的业务相关，总体上看有三个突出的特点：第一，引入非公资本，其战略投资者中非公资本约占 19%，其中百度、阿里、腾讯和京东四大网络巨头即"BATJ"约占 13%；第二，募集资金规模大，此次募集资金达 779.14 亿元，约占中国联通总市值的一半；第三，引入员工持股制度，中国联通混改方案中约 2.8% 的股份，授予业绩突出的中层员工。

---

① 刘志刚．"超额委派董事"是与非［J］．董事会，2018（21）：88－89.

（二）联通混合所有制改革的意义

中国联通的混合所有制改革是电信行业混合所有制改革的探索，其混合所有制改革是从集团层面进行的股权制度改革，引入战略投资者，通过"增资扩股＋股权转让＋员工持股"的路径实现，此模式是"资本＋业务"在电信行业的探索，这种混合所有制改革模式对以后国有企业在垄断竞争类行业改革的路径、经营机制、股权结构和法人治理结构中都会产生较重要的影响（李锦，2017）①。联通混改引起关注，是因为它是国企混改突破性的一个标志性事件。联通的改革具有样本意义，就单个企业来说，是新一轮国企改革中力度最大的一次改革。

从民营资本看，拓宽了民营资本的投资渠道，打开了民营资本进入垄断竞争的市场，为民营资本提供了发展机遇和空间。中国联通的混合所有制改革为中国民营资本打开通往垄断竞争行业的大门，垄断竞争行业不再是"弹簧门""天花板""玻璃门"。民营资本参与中国联通的混合所有制改革，使民营资本充分享受到规模带来的巨大收益，作为战略投资者之一的腾讯享受到了优惠流量套餐，网络访问量迅速增加。除此之外，其余的战略投资者都是与中国联通主业关联度高、优势互补的互联网行业，因此，中国联通和战略投资者的合作领域扩展到云计算、大数据、人工智能等科技前沿领域，可以提升双方的市场竞争力。所以，中国联通此次混改模式为国有企业改革开创了一条新路径，这种互利共赢、共担风险的新的商业模式，不仅壮大了民营资本，同时也盘活了国有资本。中国联通与民营企业的相互合作使得合作的促进优势得以突显，有利于实现资源整合、能力互补、优势叠加、互利共赢的发展格局，使国有资本和民营资本的混合协同效应发挥到最佳状态（刘振华、孙辉东，2018）②。

---

① 李锦. 联通混改的历史价值与改革标杆意义［J］. 现代国企研究，2017（19）：28－35.

② 刘振华，孙辉东. 中国联通混合所有制改革的双赢模式探讨［J］. 财务与会计，2018（10）：22－24.

中国联通混合所有制改革引入境内投资者，降低国有股权的持股比例，实质性地推进混合所有制改革，推动国有资本和非公资本相互促进、共同发展，充分发挥混合所有制改革的协同效应，创新商业模式，实现中国联通的战略转型。协同效应是指企业从事生产、营销和管理在不同的环节、不同的阶段，有不同的利益诉求，但是可以用同一个资源产生整体的效应。与之对应的是互补效应，即对可见资源的使用。协同效应，与之相反，是对隐性资产的使用。比如，企业可以通过共享技能、共享友情资源、协调战略垂直整合、商务谈判以及各种联合力量等不同的方式来实现协同。多元化的战略协同效应的主要体现在人力、设备、资金、知识、技能关系等，用这些资源来达到共享的目的，可以降低运营成本、分散市场风险、实现规模效应。总而言之，就是用各种不同类型的资源来进行整合，从而实现规模效应的目的。协同效应的价值就是通过成本降低，实现规模经济，达成规模经济之后，收入增加。比如，企业并购后，产生新的业务、新的渠道，等等。公司之间、部门之间、业务之间和管理之间以及各种隐性资源之间，其本身都存在自己独一无二的价值，通过协同效应，就会让各个要素自身的价值发挥到极致，同时构建核心竞争力，达到"1+1＞2"的效果，这就是协同效应的价值。

（三）联通混改给其他国企混改的启示

第一，注意完善公司治理结构。改变公司的股权结构是改变公司治理结构的一种手段，股权结构的变化最终在公司治理结构中体现。混合所有制通过引入外部投资者、员工持股等方式完善公司治理结构，形成相互制衡的股权结构。从中国联通的股权结构看，股权结构发生明显的变化，并对董事会进行了改组，一方面，通过"超额委派董事"的方式赋予中小股东在董事会中的董事席位，维护中小股东的话语权权利；另一方面，中国联通混改后，中国联通占有36.67%，中国国有企业的结构调整基金占6.11%，中国人寿占10.22%，这三家控股的比例高达53%，三家联合达到了绝对控股如图5-3，这说明，国有股在联通集团仍然占有绝对控股权，在重大决策时能够保证利益一致，保障国有资本不流失。中国联通混改改变了股权结构，形成了多元化的持股结构，董事会的改组，使外部投资者参与公司治理，也形成了多元化的董事会结构，在一定程度上削弱了中国联通的话语权。虽然董事会比以前有所改变，但是公司治理结构仍然没有大的改变，没有摆脱传统治理模式的设置方式，董事会中没有员工进入，与形成要素利益共同体董事会治理模式尚有一定的距离。

第二，注意职业经理人市场化体系的建立。中国联通混改并没有建立起职业经理人市场化体系，主要表现在：一是职业经理人的选聘上，中国联通在管理层推出契约化和任期制管理，在选人用人上有一定的突破，但是尚未进行市场化管理，没有真正实现"能上能下""能进能出"的用人体系；二是市场化职业经理人的另一个表现是职业经理人的市场化薪酬激励约束机制的建立，虽然中国联通引入核心员工持股制度，对优化核心员工薪酬体系有一定的作用，但是，尚未依据对企业贡献大小设置股权激励，形成短期激励与中长期激励相结合的体系。

第三，注意要素利益共同体的建立。十八届三中全会提出："允许混合所有制实行企业员工持股……形成资本所有者合劳动者利益共同体。"①混合所有制改革目的之一是形成资本要素利益共同体。从中国联通改革过程看，中国联通的整个设计并没有体现出普通员工的利益。首先，在员工持股的授予上，仅是对核心员工和技术人员，虽然员工持股数量上有 7000 人，但是中国联通约 25 万正式员工，员工持股比例仅占 2.8%，仅极小一部分人拥有持股的权利，并不是像有些专家说的持股人数太多，而是少数人获得了改革利益，这容易造成更大的内部员工的收入差距，更容易产生内部矛盾。其次，员工持股作为混合所有制改革的一种方式，员工持股仅是公司股权多元化的一种方法，并不是所有的混合所有制都要进行员工持股，而现在只要一提混合所有制改革，基本上都要进行引入员工持股。员工持股本质是体现人本主义思想，是社会发展进步的表现，是为了实现共建、共享发展理念，共同分

---

① 中共中央关于全面深化改革若干重大问题的决定［R/OL］. 中国共产党新闻网，2013 - 11 - 15.

享发展成果，而不是少数人持股或者菁英持股。从当前混合所有制改革中引入的员工持股方式看，如中国联通、东航物流基本上都是公司菁英持股，普通员工也就是97%以上的员工没有持股的权利，难免会让人误解，认为此次的员工持股又造就了上千万个亿万或千万富翁①。最后，从以前推行员工持股的公司效果上看，并不是引入员工持股就能激发员工的工作的积极性，要体现差异化的设计，体现差异才能体现出个体的差异、岗位的差异，不至于将员工持股演变成"大锅饭"的全员福利。所以，员工持股方案的引入要细化，习近平总书记说过，"发展混合所有制经济，政策已经明确，关键在细则，成败在细则，要吸取过去的教训，不能在一片改革声中把国有资产变成谋求暴利的机会"②。所以，在以后的员工持股上要吸取经验和教训，事关国企改革的大局，事关广大员工的利益，要不断地完善，出现错误及时纠正，避免国有资产流失和侵害职工的合法权益③，引入员工持股是使发展成果由全体人们共享的途径，有利于形成劳动和资本的利益共同体。

第二节　中钢集团案例分析

一、中钢集团并购重组简单回顾

中国中钢集团公司（简称"中钢集团"）是国资委监管的央企，其主要从事冶金矿产资源开发与加工，是冶金原材料、物流等相关的产业链比较齐全的一家大型矿产集团。该集团从1993年改制到进入2009年世界500强企业仅用了16年的时间，该集团曾被国资委评委国有企业的发展样板，是央企的"明星企业"，2010年前后曾有专家把中钢集团的发展总结成"中钢模

---

① 张喜亮.混改企业员工持股是与非［J］.董事会，2017（10）：70 – 71.
② 习近平：发展混合所有制经济关键在细则［EB/OL］.央广网，2014 – 03 – 10.
③ 张喜亮.混改企业员工持股是与非［J］.董事会，2017（10）：70 – 71.

式"作为央企发展的样板。中钢集团经历了前所未有的繁荣，其操作模式在2010 年之前被不断效仿。但是，中钢集团 2012 年从世界 500 强中跌出，随后，国家开发银行透露中钢集团 6.9 亿元贷款逾期，中钢集团陷入尴尬境地，讨论"中钢模式"的焦点这才转到其出现的问题上来。2013 年与 2102 年相比其营业收入大幅下滑，2013 年末总资产 1100 亿元，而总负债达 1033 亿，亏损 15 亿元，而后来曝光的中钢集团 40 亿的财务黑洞使其由顶峰一下子跌到低谷。有媒体曝光国资委曾对中钢集团提供 200 亿的援助，并与银行沟通等，200 亿元的援助无法满足近千亿的债务需求，2013 年 8 月，中钢国际公告重组。国资委使用这些传统的"护犊子"的方式救助央企，这说明政企不分的现象仍然存在，行政干涉企业经营依然存在，其传统国企思想仍然没有根除，国有企业特别是大型央企，仍然处于保护伞的庇佑之下，仍然没有走出温室。研究中钢集团，对国有企业的改革，特别是大型类似的央企，如：中国铝业集团、五矿集团、中冶集团、宝钢集团、风电以及太阳能企业等的混合所有制改革有着一定警示作用。本节通过总结中钢集团发展出现的问题，吸取教训，以免在这一轮混合改革过程中再次出现类似的问题。

二、中钢集团扩张过程

从中钢集团的发展历程看，中钢集团真正的扩张是从 2006 年开始的，2006 年重组 3 家、并与与 Samancor 公司签署年产铬铁 31 万吨、年产铬矿 100万吨等一系列的协议；2007 年是中钢集团海外扩张年，与海外三家公司签署战略协议，国内重组一家，此外，国资委无偿划拨 5 家公司归中钢集团，2008 年收购一家海外公司，拥有 MIDWEST 公司 98.52% 的股权，中钢集团的营业收入在 2008 年达到 1860 亿元，其重组历程见表 5-3。从表 5-2 可以看出，从 2005 年到 2008 年，其营业收入由 410 亿元、610 亿元、1200 亿元、1860 亿元，三年翻了 4.5 倍，到 2009 年入选世界 500 强，其营业收入一下子跃升到 24163.6 亿元，是 2005 年的约 6 倍。2012 年跌出世界 500 强，2011年到 2014 年间中钢集团持续亏损，濒临破产。

表 5 - 2 中钢集团营业收入与利润表（2005—2015 年）

单位：亿元

年份（年）	2005	2006	2007	2008	2009	2010	2011	2013	2014	2015
营业收入	418	610	1200	1860	24163.6	24014	27265.6	–	1374	589.89
利润	–	10	–	–	155.9	42	– 216.7	– 15.95	–	0.83

注：作者依据文献与财富世界 500 强整理。"–"表示数据无法获得。

表 5 - 3 中钢集团重组历程

1993.2.26	中国钢铁炉料总公司、中国冶金进出口总公司、中国冶金钢材加工公司、中国国际钢铁投资公司四家公司由国务院牵头组建成中国钢铁工贸集团公司（后更名"中国中钢集团公司"）。
1996.11	中钢南非铬业有限公司成立，中钢集团获得将近 4500 万吨铬矿资源，而中国铬矿储量约 1000 万吨。
1998.10.26	中国冶金设备总公司、冶钢经济技术开发总公司、中国冶金技术公司三家公司并入。
2002.1.1	中钢集团开始公司制改革
2003.4	国资委代表国务院履行出资人资格
2005.8	投资西安冶金机械有限公司并控股，更名为中钢集团西安重机有限公司
2005.9	投资洛阳耐火材料集团有限公司并控股，更名为中钢集团洛阳耐火材料有限公司
2005.10	中钢集团投资 MIDWEST 铁矿项目，并正式签约，拥有 50% 的股权
2005.12	中钢集团制定国际化发展战略，构建五大海外地区公司
2006.7	重组吉林炭素股份有限公司，更名为中钢集团吉林炭素股份有限公司
2006.7	重组邢台机械轧辊集团有限公司，更名为中钢集团邢台机械轧辊有限公司
2006.8.2	中钢天源 A 股在深圳交易所成功上市

2006.8	重组吉林新冶设备有限责任公司，更名为中钢集团吉林机电设备有限公司
2006.10	中钢集团利用约2.9亿元重组衡阳重机有限公司的破产资产
2006.11	中钢集团与Samancor公司签署年产铬铁31万吨、年产铬矿100万吨等一系列的协议
2007.4.9	中钢集团与PepinNini矿业公司签署共同开发澳大利亚铀矿资源合资企业协议
2007.4.29	重组吉林铁合金股份有限公司，更名为中钢集团吉林铁合金股份有限公司
2007.9.19	中钢集团与津巴布韦Zimasco控股公司正式签署收购ZCE股权项目（铬矿）协议
2007.12.7	国务院国资委将中国国际热能工程公司、中国冶金矿业总公司、中经实业开发公司、日出投资集团公司、经翔房建开发公司，无偿划转入中钢集团管理
2007.12.14	在毛里求斯完成ZCE股权重新注册手续，获得在津巴布韦高达1.08亿吨的铬矿资源
2008.6	中钢集团入选由国资委推选的2008年全国国有企业典型，由中宣部安排人民日报、中央电视台等20余家新闻单位集中宣传报道典型经验
2008.9.15	中钢集团正式收购MIDWEST公司项目，拥有该公司98.52%的股权
2009.6	中钢集团重组广西八一铁合金公司，更名为中钢集团广西铁合金有限公司。
2009	世界财富500强第372位
2010	世界财富500强第352位
2011	世界财富500强第354位
2016	纳入建设规范董事会试点企业
2017	改制为国有独资公司，更名为"中国中钢集团有限公司"，由国资委代表国务院履行出资人资格

注：作者依据文献与深圳证券交易所中钢天源公告整理。

三、中钢集团并购重组分析

第一，中钢并购山西中宇失败。山西中宇钢铁有限公司（以下称"山西中宇"）曾是山西民营龙头企业，主要从事钢材、五金、炼钢等业务（据天眼查山西中宇的经营状态已经呈注销状态）。中钢集团用预付款的方式包销山西中宇的钢材相关产品，山西中宇每月给中钢集团提供 20 万吨钢材，当时价格是 5000 元/吨，每月 10 亿元，为了保证山西中宇正常运转，中钢提前两个月预付约 20 亿元给山西中宇，中钢集团设想采用预付款的方式用较低的成本控制该企业，但是却为自己埋了极大的"雷"。首先，山西中宇在 2006 年自身存在虚开发票、隐瞒销售收入和设置账外账等违规违法行为；其次，山西中宇的运营能力并不能满足中钢集团的需要，是在边建边生产，其生产设备也不配套；最后，山西中宇的加工原材料多从云南和连云港等地运入，其成本自然高出了其他同行企业，其产品交付周期也具有不确定性。中钢集团并没有充分调研与估计山西中宇的各项风险，最终山西中宇在中钢集团每月预付 20 亿元的情况下，也不能正常运转，就导致山西中宇对中钢集团 40 亿元的财务黑洞，最终国丰钢铁在 2008 年 8 月受中钢集团之托开始接管山西中宇，但最终这次并购中钢集团还是损失约 40 亿元。

第二，中钢收购 MIDWEST。从 2005 年开始投资 MIDWEST 铁矿项目，拥有 50% 的股权开始，到 2008 年中钢集团正式收购 MIDWEST 公司项目，拥有该公司 98.52% 的股权，这是敌意收购的典型案例。中钢集团海外扩张的主要目的是寻求海外矿产资源，而 MIDWEST 是澳大利亚的一家小矿石生产商，在澳大利亚有五处矿产投资项目，其探明的产量是 5 亿吨，预估储量 10 亿吨。然而从投资开始，就显现出中国在敌意收购方面的缺陷与经验不足，韩国、日本用买家计划"假消息"刺激中方，中方担心错失收购机会，所以在澳方要挟提价的前提下，授权给并购项目组加快了收购的步伐，从当初 5.6 澳元/股的议价，最终以 6.38 澳元/股的价格完成了收购，花费约 13.6 亿澳元折合人民币 93 亿元，日、韩放出大幅收购的"假消息"的目的是从已购买的股票中获利，而中钢集团直接损失人民币约 6 亿元。

第三，并购重组后的整合。从 2005 年到 2008 年的 3 年间，中钢集团并购重组了约 10 家公司，但并购重组后的整合工作做得不到位。中钢集团的下属二级单位经过多年整合，到 2008 年已有上百家，但是这些公司的管理和业务都是独立的，业务存在交叉，相互之间存在恶性竞争。虽然，中钢集团要求各个公司统一更名为"中钢"系列开头，但这仅仅是表面上的工作，在管理和业务上并没有进行整合。例如，2006 年 12 月，中钢集团重组一家老牌国有企业衡阳有色冶金机械总厂的破产资产，其重组后仅仅是对其进行了更名，随后没有进行任何管理上或业务上的整合。据有关人事爆料，该公司的边角料和钢渣却被当作钢渣一起出售，边角料的价格要比钢渣的价格贵很多，有的出售给竞争对手，有的竟然被买回，甚至连公司的标签都在。并购重组的最终目标是实现产业的整合，最终产生协同效应，使公司获得更多的收益。但是，中钢并购重组后整合不到位，整合后的公司仅在表面上归属中钢集团，仅是体现规模扩张，其原公司仍然各自为政，管理及其混乱。后期发现，其二级公司基本上都没有按照现代公司制度进行改造，其二级公司存在业务趋同、长期亏损等两极分化的状态。其并购后的整合以及内部管理上的混乱，是导致中钢集团重组失败的根本原因。

第四，再重组原因。2012 年中钢集团跌出世界财富 500 强，此后爆发债务危机，从相关报告获知，2013 年中钢集团亏损约 16 亿元，总资产为 1100 亿元，负债 1033 亿元，其资产负债率高达 94%，这是中钢集团自 2009 年开始连续资产负债率达 90% 以上。截至 2013 年底，中钢股份的短期债务为 549.45 亿元，总负债 1033 亿元，短期债务占总负债的 88.65%。2014 年 3 月底，中钢股份的银行授信额度为 877.17 亿元，尚未使用的授信额度仅为 204.21 亿元；此外，2014 年 7 月底，中钢集团对外提供的担保数额较大，接近 60 亿元，其大部分为其子公司中钢股份担保，而中钢股份正是 6.9 亿元债务逾期的实体单位，正是这比债务的逾期，引发了中钢集团的债务风波。中钢集团采取了积极的措施与银行沟通，交代了此 6.9 亿元的逾期事实，争取获得银行的支持，期望给予合理的展期。但是，有几家银行按照一般风控的规定，把中钢集团的贷款列入了被"关注类"中，此后，有些银行就收缩其给予中钢集团的授信额度，有的拒绝了中钢集团合理展期的诉求。在有关部门的协调下，中钢集团的授信银行开始配合，使中钢集团走出破产的风险。另一方面，中钢集团也积极采取措施，2013年8月，中钢集团下属子公司发出公告进行重组。

1. 中钢股份重组前股权结构。

中钢集团目前拥有两家上市公司，其股权结构如图5-3。中钢股份重组前期母公司中钢集团拥有其99%的股权，中钢集团的资产管理公司拥有中钢股份1%的股权，而中钢集团拥有中钢资产管理公司100%的股权，那么，中钢集团就拥有中钢股份100%的股权。重组前中钢股份拥有中钢设备99%的股权，而中钢设备自2011年至2014年资产负债率居高不下。截至2011年12月31日、2012年12月31日、2013年12月31日和2014年7月31日，中钢设备流动资产占总资产比例分别为98.19%、97.22%、94.82%和94.95%，非流动资产占总资产比例分别为1.81%、2.78%、5.18%和5.05%。截至

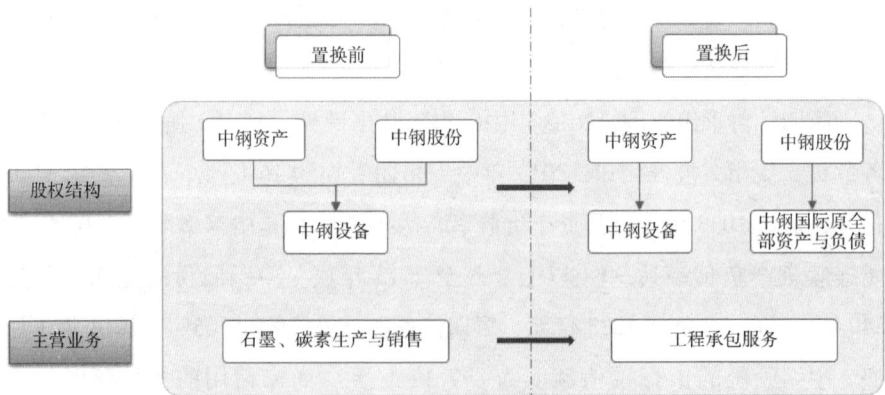

图5-3　中钢集团股权置换前后结构图①

---

① 图片自2017国资报告。

2011 年 12 月 31 日、2012 年 12 月 31 日、2013 年 12 月 31 日和 2014 年 7 月
31 日，中钢设备得流动负债占总负债比例分别为 99.99%、99.99%、
99.98% 和 99.95%。所以，中钢设备只能走破产重组之路①。

（2）重组方案。

中钢国际公告说明，拟用其全部资产与负债，置换中钢股份所持有的中
钢设备 99% 的股权，并通过发行股票的方式，募集资金用以填补中钢资产所
持有中钢设备 1% 的股权以及中钢股权置换的差额。中钢国际 2014 年 9 月发
出公告，宣布重组完成，重组后的股权结构变化如图 5-4。2016 年 9 月 28
日，中钢国际公告称，公司已收到控股股东中钢集团的通知，中钢债务重组
方案已正式获得批准。这也意味着，时隔 17 年后，国内新一轮债转股正式破
冰启动，中钢集团成为本轮债务重组当中首家推行债转股的国有企业。经德
勤审计后，中钢集团的债务规模约 600 亿，在此次债务重组方案中，中钢集
团留债规模近 300 亿元，转股规模近 300 亿元，而此次债转股并非直接将债
权转为股权，而是转为"可转债"。其中，留债部分，中钢需付息，不过利
率较低，在 3% 左右；转股部分，该"可转债"拥有"债券期权"的双重特
性，期限拟定为六年，第四年开始，如果企业经营改善，银行可将这笔债券
转为股权，分享更多收益，若经营未能改善，银行可放弃行权，只求得债券
的固定收益。

---

① 数据来源：2014 年 11 月中钢国际重大资产置换公告书。

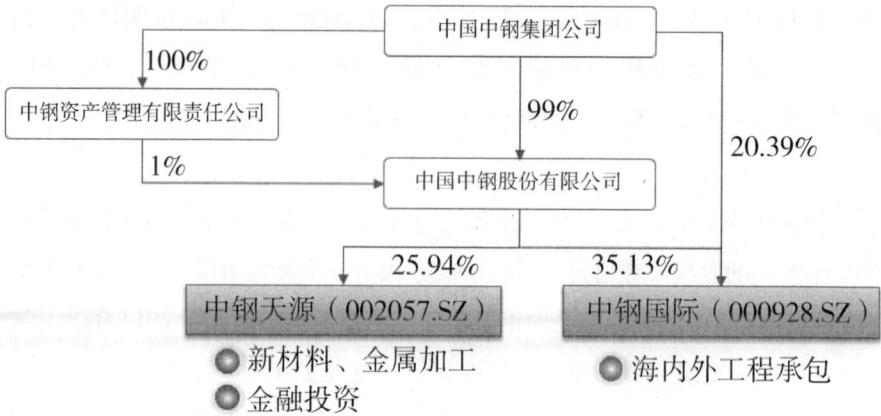

图 5 - 4　中国中钢集团股权结构图①

3. 重组后的效果。

本次通过资本运作的方式，中钢国际将其碳素研发、石墨、生产等其主营业务并更为工程技术和承包业务；公司的盈利状况得到了明显变化，逐步实现扭亏为盈，公司的融资能力逐渐加强。从表 5 - 4 中可以看出，中钢国际重组后，在 2014 年底就扭亏为盈，到 2018 年 9 月底，其资产达 145.59 亿元，净利润 2.89 亿元。

表 5 - 4　中钢国际重组后主要财务指标（2014 年 6 月 30 日 - 2018 年 9 月 30 日）

单位：亿元

日期	2014 - 06 - 30	2014 - 12 - 31	2015 - 06 - 30	2015 - 12 - 31	2016 - 12 - 31	2017 - 03 - 31
资产总计	19.32	107.37	124.11	134.45	136.76	123.68
净利润	- 2.36	1.82	2.47	4.7	5.12	1.01
	2017 - 06 - 30	2017 - 09 - 31	2017 - 12 - 31	2018 - 03 - 31	2018 - 06 - 30	2018 - 09 - 30
资产总计	137.84	137.02	135.48	129.05	129.57	145.59
净利润	2.51	3.23	4.18	0.92	2.36	2.82

注：作者依据新浪财经股票数据整理。

---

① 图片来自 2017 年国资报告.

4. 中钢集团再重组的原因分析

第一轮重组主要是扩张做大国有企业。首先，2003 年国资委成立，时任领导对国有企业提出做大做强的目标，要求把当时 160 多家央企重组为 80 到 100 家（截至到 2018 年 12 月底，央企 96 家，央企的确太大了，重组不动了），行业前三名以外的企业都有可能被重组。而恰在 2003 年底中钢集团新领导走马上任，一方面为了不被重组，另一方面为了自己的业绩，中钢集团开启了大规模的并购重组扩张之路。据公开资料显示，中钢集团从 2004 年资产 200 亿元到 2010 年迅速增加到 1800 亿元，在六年间增加了 9 倍，这是在大规模的企业中少见的增长。其次，由于中钢集团具备央企身份，再加上当时的支持政策，中钢集团就十分容易获得银行的授信，许多研究者认为，导致中钢集团"昙花一现"的最主要的原因是资金链的问题，该问题是由于银行过度授信，企业获得授信后过度扩张导致的。最后，据资料显示，与某企业签署了 5 年以上的产销协议，由于国内外环境，钢价下跌，集团只能疯狂地融资托盘，最终导致资金链断裂，有分析表明，中钢集团风险来自于其 2006 年、2007 年疯狂的重组并购，其扩张的速度过快，杠杆用的太足，风险一下子就爆发了。中钢集团的第二轮债务重组。由于中钢集团在 2013 年到 2014 年债务逾期，逾期规模约上千亿元，而且其自 2009 年开始到 2013 年，其资产负债率达 90% 以上，其间资产负债率最高达 98% 以上，再加上钢铁价格下降，其下属企业管理混乱，除北京之外的子孙企业小而不强，已无造血功能，并且已经无法从银行得到债务展期，最终资金链断裂。如果进行破产清算，会对国有资产造成极大损失，浪费巨大的资源。所以，中钢集团决定重组。

四、中钢集团重组给其他国企的启示

第一，重视并购风险。纵观国际上的一些优秀的企业大都是通过并购重组成长起来的，并购是企业做大的比较有效的路径之一，但是，企业并购效应可是说是一把"双刃剑"，成功的并购是并购重组后产生协同效应，而失

败的并购会使并购企业之间的管理、文化等方面不相融合，最终导致企业并购失败。在使用并购重组时要充分考虑并购的风险，中钢集团在一系列的并购重组中，对于并购前期调研、中期风控研究以及后期的整合都没有严格按照企业的内部控制制度执行，这是最终陷入困境的主要原因。首先，并购的前期，对并购重组对象企业的信息掌握不准确。如山西中宇，在列入并购对象前，山西中宇就是一个问题企业，企业规模小、生产能力差，并且有偷税避税等不良行为，中钢集团漠视这些问题仍然坚持并购，最终损失40亿元。其次，并购中期的信息把控，比如，与澳大利亚 MIDWEST 铁矿从合作到完成并购的三年时间，其实有充足的时间去研究该企业，但是由于在并购中期出现日、韩虚假信息干扰，决策失误，担心错失收购时机，最终在澳方提价的情况下完成收购，其收购价高出原价约6亿人民币，这是盲目国际化的代价。最后，在并购重组后的整合上，几乎没有进行任何业务上的整合，中钢集团的子孙公司之间，业务雷同、业务交叉，内部交易现象十分严重。

第二，重视企业的整合。并购重组的本质是通过并购重组，整合企业的业务流程，减少同业竞争，从而实现资源互补，效率提升，最终实现协同效应，即管理上的协同、财务上的协同。阅读中钢集团的并购重组材料发现，中钢集团的并购重组可以总结成"并而不合，组而不整，重而又重"，也就是说，中钢为追求快速扩张，快速并购重组，而不整合，集团内部业务雷同，子分公司之间甚至出现恶性竞争，管理混乱，没有做到整合企业的同质业务，并购重组没有产生协同效应。企业的并购重组并没有带来规模收益递增反而造成规模收益递减，最终导致企业的破产。

第三，规范企业治理规范。首先，董事会是公司的经营与决策机构，执行股东大会的决议，并向股东大会负责，同时对公司的经营决策有重大的决策权。我国的公司法第四十六条中就明确规定："决定公司的经营计划和投资方案"，对于企业的重组并购要由董事会决策。在中钢集团的并购重组案例中，其董事会的职能丧失，基本上没有对并购重组有决策权，虽然中钢集团有一套并购重组标准，但是在实践中没有具体落实，这与中钢集团的董事会治理结构不完善有着密切的关系。例如，中钢集团在收购澳大利亚 MID-WEST 铁矿的过程中，聘请了世界比较著名的摩根大通担任并购的财务顾问，但是摩根大通向中钢集团提出并购方案后，中钢总经理为了减少一些他个人认为的所谓"繁琐"汇报环节，擅自做主取消了决策层的最终决策制度，把本次重组并购的决策权授予了项目组，并购项目组拥有了自主决策权，这就使整个并购决策过程失去内部控制，其企业的并购内部控制成为一纸空文。其次，缺乏市场化的选聘职业经理人制度，主要是国有企业的任命制度，企业高管"空降"现象不断出现，而且频繁更换。有些报道说，中钢集团的陈年内耗是"中钢危机"的源头，中钢集团高管的人事关系极其复杂，而且高管之间存在几个派系，同时高管从一个企业可以"空降"另一个企业，在同行业中也出现恶性竞争，中钢集团内部关系协调，人事任命方面存在的问题特别突出，曾任中钢集团总经理的黄天文的话一语中的："公司被搞乱了，人心被搞散了，业务被搞黄了，这样的企业能好得了吗？"消除内耗的办法是建立高管的市场选聘机制，制定严格的聘期考核和任期考核与激励制度，最终建立"能上能下、能出能进"的市场化的职业经理人管理体制。

第四，要重视企业规模。在经济学中企业的最佳规模有两种，一种是边际收益等于边际成本决定的产量，这时的产量就是企业的最佳规模，由交易成本决定；另一种是科斯的关于企业边界的界定，他认为企业内部交易的边际成本等于市场交易的边际成本或者等于其他企业的内部交易的边际成本的那一点，就是决定企业最佳规模的点，科斯的企业规模并不是企业的产量而是指企业的资源配置规模。而在实际中，企业重组并购的动机是追求企业的规模经济效益，但是企业这个规模经济效益的前提是在市场上产品有需求，如果市场上没有需求，那么产品就是过剩，产品销售不出去，就无法实现其价值，那么就不会实现规模效益。在此产品有需求的前提下，进行兼并重组使企业达到最佳规模，如果规模过大边际成本大于边际收益，那么企业规模收益不仅不增反而会减少。所以，这就是给兼并重组的企业一个启示，企业并不是越大越好，不能盲目扩张，关键是要将企业做优做强。中钢集团在六年内将企业规模扩大了九倍，这是在大型企业重组并购中罕见的。快速的扩张为企业埋下许多隐患，过度追求"大"，忽视对企业规模的控制和把控，同时对市场的产品需求调研不足，产品过剩是导致中钢集团最终破产的重要原因之一。

总之，中钢集团在其发展历程中，经历了大规模的并购重组，在短时间内上千亿的资产几乎亏尽，研究中钢集团案例，对新一轮的国企改革有着非常重要的意义。

第三节　国外国有企业改革典型路径模式分析

一、新加坡的国有企业改革典型路径模式

（一）新加坡的国企改革思路

新加坡的国有企业发展整体上可以分为两个阶段，一是1961—1986年的建立和发展阶段。在1967年之前，政府投资的主要方向是基础设施，工商业类的投资不多。1968年之后，政府开始大量投资，国有企业发展得非常快，据有关资料显示，1986年新加坡的三家国有控股公司下共有538家国有企业，几乎扩展到新加坡的所有经济领域，这对新加坡的经济发展起着重要的作用[1]。二是1986年至今的国有企业混合所有制发展阶段。1985年受世界经济的影响，新加坡国内的经济受到严重的冲击，国有企业亏损严重。新加坡政府成立了专门的经济研究委员会，调查经济衰退的原因，这个小组调查的结果是国有企业缺乏竞争力是引起经济衰退的主要原因。当时世界各国国有企业都进行了私有化改革，特别是以英国为首的西方资本主义国家推崇"全面私有化"的浪潮。受"私有化"浪潮的影响，新加坡政府也开始重视国有

---

① 李路曲. 新加坡道路［M］. 北京：中国社会科学出版社，2018：547.

企业私有化的问题，在当时新加坡国内形成了两派观点，一方的观点认为并非国有企业的所有权改革才是解决国有企业效率的途径，对国有企业实行开放竞争的策略是解决国有企业问题的关键，这是所谓的"管理观"（Managerial View）；另一方的观点认为国有企业本质上就是缺乏效率的，政府对企业的介入扭曲了国有企业的管理层，所以国有企业要退出，这是所谓的"所有权观"（Ownership view）①。事实上，并非所有的私有化都是有效率的，新加坡政府对于是否采用当时盛行的方式走私有化道路做过深入研究，他们1985年成立了私有化改革委员会，研究并制定国有企业私有化方案。1987年，公布了《公共部门私有化报告》，标志着新加坡国有企业私有化改革全面开展，这份报告是新加坡政府国有企业私有化的纲领性文件，对当时国有企业起指导作用。

新加坡依据私有化报告的思想，对国有企业进行分类并提出以下几种私有化的方式②：第一，国有企业部分私有化，也就是说，政府只把国有企业的一部分股权出售，仍然对企业掌握着控制权；第二，二次私有化，进一步降低国有股比例，国家仍然控股；第三，实效私有化，管理权的转让，国有股变成小股东，国家参股形式；第四，全部私有化，国有股完全退出。当时新加坡政府的指导思想是，政府减少不需要政府直接经营和控制的企业，如面粉厂；政府应找私人不愿意做、无能力做的领域或行业，如国防；尚未上市的条件成熟推行上市；需要政府保留股权的保留，余下的留给民众。依据这些指导思想，新加坡确立了当时私有化的目的：国有企业退出商业领域或部门；通过出售、上市的方式进行国企改革。新加坡政府依据私有化报告的指导思想和原则，把国有企业分成三类：应该私有化的、需要进一步研究的和不应该私有化的。

---

① 胡改蓉. 新加坡国有控股公司的制度设计及面临的挑战［J］. 法学，2014（06）：81－91.

② 蒋乾浩. 对新加坡国有企业私有化实践的思考［J］. 上海商业，2001（05）：61－65.

（二）新加坡的分类改革

新加坡的国有企业是世界上经营得比较成功的国有企业，新加坡的国有企业也经历了国有资本的退出与战略投资过程，形成了新加坡独特的"淡马锡模式"国有资产投资运营平台。20世纪80、90年代，新加坡的国有企业同其他资本主义国家一样存在效率低的问题，为提高国有资产的经营效率，新加坡政府对拥有的国有企业，即新加坡官联企业（Government – Linked Company）进行分类管理，第一类是系关国家战略资源的企业，主要包括供水、燃气、港口、能源、机场，以及承担公共政策的企业，主要包括医疗、住房、教育、广播、公共设施等，这些企业必须在国家的法律体系保证下运行，并且是国家绝对控股状态或国家独资；第二类是竞争类的企业，这些企业必须是有实力参与地区之间、国家之间或国际竞争的企业，这些企业国家不以控股为目的，以投资回报为主，用淡马锡资本平台进行投资①。

（三）新加坡国企改革的效果和特点

新加坡的私有化改革呈现出以下特点：（1）由政府确定私有化的步骤，优先对指定上市的公司和政府参股公司私有化，然后再对政府控股公司私有化；（2）对于国有公司的私有化，政府倡导通过管理层购买、初创者购买、挂牌上市与二级市场公开发售等多种方式进行，并要求任何公司无论何时都应积极寻求上市；（3）对法定机构采取部分私有化的方式，并允许政府在极特定的领域享有黄金股或者管理股。通过这些股份，政府可对公司的人事任命以及修改章程等事项行使一票否决权。

新加坡国有企业私有化有其典型的特点，新加坡国有企业私有化之后，其政府在企业的股份和资本并没有减少，也不意味着政府在私有化企业的作用降低，这主要是新加坡采用的是一种"滚动式私有化"方式②，即政府除

① 张占奎，王熙，刘戒骄. 新加坡淡马锡的治理及其启示［J］. 经济管理，2007（02）：90 – 96.
② 吴士彦，杜金文，伟特，等. 亚太地区的私有化［J］. 南洋资料译丛，1994（Z2）：1 – 7，24.

对私有化的企业采取措施之外，还重新投资更新的优先领域，这个资金来源于私有化企业的收入，政府通过出售国有企业的股份，实现从一个企业转向另一个企业。在私有化的过程中，政府并没有从中退出，而是将投资转向了优先领域。从新加坡的私有化进程可以看出，新加坡国有企业的私有化每一个环节都体现着政府的意志和控制。政府有策略地进退，某些行业部分私有化（如航空和运输业）、某些行业全部私有化（如快捷交通行业）、某些行业采用承包的方式（如服务行业）私有化。新加坡国有企业私有化的结果表明，政府选择"滚动式私有化"的方式，逐步从不必要的经济活动中有序退出，能增强企业的自主能力和企业的竞争力，最终企业成为公司的直接管理者和经营者。但是，新加坡政府并没有对这些企业彻底放手，或者失去对这些企业的控制。对于政府来说，从一个领域退出，再对新领域投资，使新加坡的公共企业的地位逐渐提升，政府保持着对公共企业的间接控制，而且在市场经济中的影响也越来越大。新加坡私有化的经验证明：国有企业私有化并不是必须减少国家的控制，只要政府措施适当，国有企业能够在市场竞争中自主发展，以市场化的方式经营，同样能取得较好的经济效应。

　　新加坡私有化的好处体现在政府和社会两个方面。政府方面，国有企业上市民众持有国有企业的股票，更多地关注国有企业股票的价格，对公司的运营起到监督作用，同时一些难以解决的公营企业也能得到民众的支持，比如，公交公司的运行，大部分国家的车票一旦上涨，就会立刻有民众对此抗议，而新加坡的民众不同，他们更关心企业带给他们的收益。对于社会来说，李显龙总理曾指出："政府企业私营化之后，也将大大扩展本地未来的股市。以30亿—40亿新元为资本的政府企业加入之后，不但将助长股票市场，也将使整个金融市场的活动空前活跃。"私有化过程扩展了新加坡证券市场的广度，使更多、更好地公司上市，给投资者提供了良好的投资环境，使更多普通人有更多更好地机会分享国家发展带来的好处①。

---

① 李曲路. 新加坡道路［M］. 北京：中国社会科学出版社，2018：548.

新加坡的私有化过程其实就是国有企业混合所有制改革的过程，其实质是通过市场化的方式引入其他资本或者其他股东，解决国有企业的运行效率问题。从1986年新加坡国有企业开始私有化到1993年，有30家企业参与了私有化改革，其中15家新挂牌上市，20家出售全部的国家股权，完全私有化，国家的收益不少于70亿新元①。截止1995年底，国有企业完全私有化的企业仅有10多家，对于绝大多数国有企业来说，私有化仅仅意味着政府在国有企业的持股比例降低，国家的持股比例可以高于、低于50%，或者更少的股份，但股权比较分散，政府仍然是企业大股东，也就是自始至终，新加坡政府都对企业掌控着控制权②。

（四）新加坡的改革给中国改革的启示

任何经验都不能照搬照抄，但是解决问题的思路总会给我们思考。淡马锡的成功与新加坡高度开放和灵活的公司管理机制密不可分，可以堪称国际上国有资本运营的典范，在企业市场化基本前提下，淡马锡的发展从多个层面迎合了当时世界经济发展的方向和趋势。

首先，国有资本管理层政企分离，使国有资本的所有权和经营权分离。淡马锡下属企业在市场化的经营中拥有充分的自主权和治理权，就是"让听得见炮火的人经营决策"。政企分开是目前我国国企改革必须要做的事情。政企分开是国企改革成功的基础和前提，要建立完善的法人治理结构，将所有权和经营权分离，使出资者和经营者的委托代理关系有效发挥。其次，"淡马锡模式"并不是什么创新，就法人治理结构而言，淡马锡的治理结构本质上是现代企业普遍采用的常见的公司治理制度，包括董事会、股东会、经理层，并没有什么特别之处，而且，淡马锡的这套管理体制，其实来源于美国的公司管理体制。政府和淡马锡、淡马锡和下属企业之间有明确的管理边界，同时淡马锡对下属企业进行战略性的引导。第三，公司经营层面选用

---

① 李曲路.新加坡道路［M］.北京：中国社会科学出版社，2018：547.
② 李曲路.新加坡道路［M］.北京：中国社会科学出版社，2018：548.

专业的人才，选用市场化的方式，保证公司经营的效率。进行市场化选聘是中国国有企业建立职业经理人道路，进行国企改革的必由之路。如果国有企业经营层继续实行政府任命制，国资委任命制，那么经营层的独立决策丧失，经营层就是传达上级的命令或者完成上级的任务来经营，这样的话企业还是回到老样子。经过这么多年的改革，我国的国有企业也在实行这套制度，三会职能，只是某些职能没有执行或者说没有真正的落地实施，或者说是按照行政化的方式来进行改革。

二、法国的国有企业改革典型路径模式

（一）法国的职工持股

法国在私有化过程中也推行了职工持股制度，其制度被认为是搞活国有企业的重要途径。二战以后，法国的经济主要特征就是股权分散化，其改善途径是发行小额股票和实行职工股份制。法国的职工持股制度是企业向本企业职工发行股票或为本企业职工代买本公司的股票。法国的职工持股也称职工股份制，是法国股份制企业的一种，是职工参与国有企业管理的重要形式，曾对改善法国的国有企业经营机制，解决企业资金问题，加强国有企业的内部管理以及完善企业的利润分配起到了重要的作用。

法国的一些经济学家认为，法国实施的职工股份制度，主要是在资本主义与社会主义之间寻求的第三条道路，目的是进一步开发和利用人力资源，促进企业的发展。但是，职工持股的企业又担心失去企业的控制权，所以法国的职工持股企业的持股比例一般都在10%左右。法国的雷诺汽车公司，在1994年开始开放国有资本，其职工持股的股份是5%，以低于对外售价的20%给本公司员工，员工必须持有满2年才能出售，当时约有10.2万的职工参与，占当时职工的61%，其中绝大多数选择了5年期的股份。另外其他的一些大的国有公司也纷纷推出职工持股，员工的积极性很高，认购的人数较多。职工持股的初衷是调动职工的积极性，让其发挥主人翁的精神去关心、参与企业的管理，增强企业的活力，使企业效率提升，但是，这种方式的改

革没能起到预期的效果。重要原因是：首先，法国的员工持股比例上线是10%，雷诺公司员工持股的比例是5%，而这5%的股份被10.2万人持有，太分散，而且每个人的持股比例太小，每个人持股比例相差不大，所以"搭便车"的心理在职工中就会出现，这就导致雷诺公司职工持股的推行对员工的激励微乎其微；其次，法国的一些人认为，职工持股操作比较容易，认为职工持股就是分给职工一点股份，但没有意识到，职工持股时管理机制和企业文化也应作相应调整，要明确职工参与管理的制度规范、激励机制以及企业运行的环境。

（二）法国的分类管理

法国在国有企业改革过程中采用分类管理，把国有企业分成垄断性国有企业和竞争性国有企业。国家是其唯一股东或者国家控股51%以上的企业称为垄断性国有企业。这类企业的产品在国内市场上不存在竞争，产品由国家垄断经营，也基本上不存在国际竞争的威胁，主要涉及民生领域，即电力公司、煤气公司、邮局、煤炭、铁路、城市公共交通等。国家不控股的企业（低于49%）或者国家股份仅占少数部分的国家参股的企业归入竞争性国有企业。这类国有企业国家参股的原因是：某种行业的基础研发费用较高，需要国家支持，如电子、航空、宇航等；某些行业必须由国家掌控，如武器的生产制造；某些行业一直亏损需要国家补贴①。

（三）法国的金股制度

法国在私有化的过程中也实行金股制度。在法国的私有化法中，对金股制度做了非常严格的、详细的规定。金股不受时间限制，国家对企业的重大决策有一票否决权。国家向企业董事会派1—2名董事对企业进行监督，但是这些董事没有投票权，国家也可以对企业的董事资格进行审核。

金股适用的行业主要是涉及事关国计民生的电力、铁路等公用事业行业，竞争类的行业并不适用金股制度（陈怡璇，2014）。在水电等资源能源

---

① 杨开峰. 国有企业之路：法国 [M]. 兰州：兰州大学出版社，1999：80.

行业实行金股制是完全可以的，这样不仅对国资在否决权的利用上是新的挑战，同时对民间资本在这类行业保持盈利能力也是一种挑战，政府持有一股的金股，能够保障民营企业在运行时，保持合理的价格，人民的利益不受侵犯①。

此后，德国、新加坡等国也纷纷在国有企业改革中尝试金股的方法。

（四）法国国企改革给中国的启示

1. 分类管理②

法国的国企改革首先对企业进行了分类，法国的分类方法比较多，用从市场结构、资本结构、经营结构三种角度对国企进行了分类；从市场结构的角度，依据企业的规模和市场竞争度分成了竞争类、垄断类企业。由于中国的国企特别是大型央企，经营范围比较广，涉及的行业比较多，同一个企业分布在不同的产业链的不同阶段，对于这类企业不能用统一的方式去改革与管理，要针对具体企业进行具体分析。法国在国企的分类上比较细，采用的方法也比较多，基本上把行业的归属都进行了具体的划分，每个企业都可以依据分类，找到自己所在的类别。在企业分类管理上，交通、能源、邮电以及重要的国防和军工企业归入垄断类企业，承担国家的指令性任务较多，主要采取直接和间接的方法进行管理和控制；对于大量生产一般性产品的企业，归入竞争类企业，其管理方式主要是进行间接管理，国家通过宏观经济政策对企业进行引导。目前中国的国企分类方法采用二分法，简单地分成两大类，使具体的企业无法进行归类，具体的路径无法落实，还有，地方国资委管辖的企业，仅依据政策文件简单地对其管辖的企业进行分类，有的企业分类引起歧义。所以，中国的企业分类方面可以借鉴法国的分类方式，对分类进行调整，提升企业分类的可操作性。

---

① 陈怡璇. 国企金股制：戴着脚镣的舞蹈 [J]. 上海国资，2014（06）：38－39.
② 贺若先. 法国的经验：对中国国有企业改革的启示 [J]. 中国社会科学院研究生院学报，1992（01）：25－32.

2. 立法要先行

法国采用渐进式的改革方式对国企进行股份化改革，主要方法是股权转让。但法国在国企股权转让的过程中，首先法国政府以法律形式规定了有关国有企业股权转让形式、内容、要求、程序的基本内容，这不仅有效防止了国企低价转让，同时也有效的规避了矛盾和冲突。虽然，中国与法国的情况不同，但是其立法先行的做法值得中国借鉴。法律是改革的重要保障，仅有政府政策的推动，没有相关的法律规定，政策没有法律保障，会出现政策不定，甚至随意停止和开启的情况。改革在政策的指导下的重要性是不言而喻的，党的重大决策要及时转换成法律形式，加强顶层设计①，这才是改革的法律基础。目前的改革以政策当先，政策为依据，尚未转化成法律形式，是值得商榷的。

三、英国的国有企业改革典型路径模式

20世纪五六十年代，西方一些国家极力推崇职工参股制度，这种制度是股份制发展的一种形式，股份制主要解决企业资本筹措以及企业的产权界定问题，从而强化企业经营管理自主权和硬化预算约束，而职工参股制除了解决这个问题外，还可以提高员工的积极性和企业的运行效率。20世纪70年代英国受滞涨的影响，经济严重衰退，很多企业资金短缺，面临破产的威胁。在这种情况下，有的企业用职工参股制的方法，既解决公司的财务困境又调动了员工的积极性，摆脱了当时的困境。例如，1954年帝国化学工业公司开始推行职工参股制，是职工参股制拥有较长历史的公司。此外，一些有活力、盈利比较好的公司也推出了职工持股制度，如巴莱克银行（1974年）、密德兰银行（1978）等②。

---

① 李志祥，张应语，薄晓东. 法国国有企业的改革实践及成就 [J]. 经济与管理研究，2007（07）：84 – 88.
② 陈宝明. 国有企业之路：英国 [M]. 兰州：兰州大学出版社，1999：218.

（一）英国的职工参股方式

英国的职工参股主要采用利润分享制、通过储蓄购买股票的方式、自行决定购买股票购买权的方式。

利润分享制。英国的利润分享制来源于英国的合作社的收益分享原则，主要是为了维护全体合作社成员的利益（一部分成员侵占另一部分成员的劳动成果），合作社的劳动成果由全体成员共享。收益分享包括①：（1）合作社成员联合的物质基础是社员的资金联合，社员参股的资金不参加分红但是可以获得利息，这个利息一般高出市场上普通利率；（2）合作社要提留公益金和公积金，用于合作社发展和社员福利的需要；（3）合作社对其社员股份的收购或出售得到的盈余，要在年终是返回给社员。这种按业务交易分配盈余的方法无疑是对传统的按资本收益分配盈余的挑战。英国的利润分享制是收益分享的完善和发展，利润分享制在英国 20 世纪 70、80 年代已经发展得比较成熟，据资料显示，到 1989 年，英国有约 900 家公司采取利润分享制，参与的职工人数达 225 万人。利润来源于公司完税前的一部分利润，有两种支付形式：现金支付和股份支付。一般是委托信托机构用这部分利润购买股票，年底分配给符合条件的职工，这是除工资之外的额外分红。并不是每位员工都能参与年底分红，参与职工分红的条件每个公司自行规定。

通过储蓄购买股票的方法。为鼓励公司职工参与购买本公司股票，有的公司用储蓄购买股票的方式。为鼓励职工购买公司的股票，英国的财政法规定对通过储蓄购买股票给与税收减免优惠政策。这种方法适用在公司工作满 6 年以上的员工，与国家储蓄部门签订一份"发工资时扣存储蓄款"的协议，签订者同意在 6 年内每月储蓄一定的金额，满 6 年后可以获得一笔分 12 月支付的免税红利，如果期满不取，可以获得按较高利率计算的红利。参与这种计划的职工可以享有认购公司上市普通股票 9 折优惠的价格，具体购买数量由公司具体规定。

---

① 陈宝明. 国有企业之路：英国［M］. 兰州：兰州大学出版社，1999：200.

自行决定的购买股票购买权。英国1984年的财政法规定，通过股票购买权获得的收益享受所得税减免优惠。但是这种股票购买权大部分仅适用于公司经理人员，参与程度由公司的董事会具体规定。但是也有部分公司把这种股票购买权的方法扩大到整个公司的员工。

对1977—1983年期间英国实行职工持股和没有实行职工持股的企业的运行绩效进行比较，通过三个主要财务指标，即资本平均收益率、销售收益率和投资收益率进行比较，由表5-5和5-6可以直观的看出，实行了职工持股的公司其运行绩效明显高于传统的企业。这充分证明了职工持股提高了企业绩效水平。

表5-5 英国职工参股企业运行绩效（1977—1983）

单位:%

行业	资本平均收益率	销售收益率	投资收益率
建筑和木材	18.8	8.2	23.9
化学工业	23	11.2	22.8
食品杂货	27.1	5	30

注：陈宝明．国有企业之路：英国［M］．兰州：兰州大学出版社，1999：225.

表5-6 英国传统企业运行绩效（1977—1983年）

单位:%

行业	资本平均收益率	销售收益率	投资收益率
建筑和木材	15.2	5.5	20
化学工业	15.7	6.5	15.3
食品杂货	19.8	3.6	22.7

注：陈宝明．国有企业之路：英国［M］．兰州：兰州大学出版社，1999：225.

（二）私有化模式

英国国有企业改革的私有化方式约有22种，其中主要有：出售、转包劳务、私人提供劳务、私人投资以及在公共部门推行私营运营等方式①。第一，出售国有资产。出售的方式有几种，公开出售与非公开出售、投标认购、管理层或员工购买，在具体的实践路径种，这几种方式可以单独使用或者混合使用。第二，转包劳务。这主要是地方政府的把部分工作承包给私营企业或者个人，并支付劳务费，如学校食堂、公路保养、街道卫生以及垃圾收集等。这种方式主要是限制政府部门向私营企业可以经营的领域扩大经营范围。第三，私人提供劳务以及私人投资。私人在政府的支持与协助下向公共行业领域提供服务，私人参与社会服务，如养老院、精神院以及整修古文化建筑、遗址等。政府与私营部门签订合作计划，主要是私人投资那些不愿意投资的领域和地区，政府提供直接或间接的补贴和政策支持。第四，公共部门推行私营方式。针对公共部门效率低的问题，英国政府直接把私营企业的经营方式和原则推广到公共部门，有的直接借用私营企业的专业人员管理公共部门，目的是引入私营企业的经营机制，树立公共部门的盈利意识，提高公共部门的运行效率。

英国自 1979 年推出私有化以后，直至 1991 年全面私有化的推行，国有企业的经营效率有所提高，就业以及宏观形式好转，打破了国家垄断，财政状况有所好转。表 5-7 中列出了英国当时垄断的、比较大的国有公司，通过私有化的方式，其经营绩效发生的变化情况。从表 5-7 中可以看出，经过私有化改造后，基本上所有的公司都扭转了亏损的状况，这些公司的生产增长速度从改造年到 1990 年，其平均增长速度约为 10% 左右，其中阿默州姆公司增长 115%，是改造后增长最多的一家公司。

---

① 作者依据目前知网有关英国国有企业私有化的文献整理。

表 5 - 7　英国主要国有企业改造前后经营绩效比较

单位：百万英镑

企业名称	实际盈利额（1987 年价格）			营业额（1987 年价格）			生产增长（%）	
	1979 年	改造年	1990 年	1979 年	改造年	1990 年	1979 年至改造年	改造年至 1990 年
阿默州姆公司	11	11	24	71	79	170	11	115
机场管理局	20	91	209	301	439	610	46	39
航空公司	206	244	353	3046	3278	—	8	20
天然气公司	823	1244	894	5519	7610	6514	- 38	- 14
钢铁公司	- 839	458	640	6106	399	4172	- 35	4
石油公司	—	159	67	—	288	275	—	- 5
煤矿管理局	254	—	109	5551	3373	—	—	- 39
铁路公司	- 227		110	4280	2594	—		- 39

注：陈宝明.《国有企业改革之路：英国》 ［M］. 兰州：兰州大学出版社，1999：278.

（三）英国的金股制度

英国是最早实行金股制度的国家，英国在推行国有企业私有化的过程中，担心政府失去对国有企业的控制权，所采用的一种控股权制度。政府颁布法令对金股的特殊权做出规定，财政对参与改制公司的股权结构和管理委员会构成控制权，一般财政部通过以下措施实施其控制权：规定不同投资者的持股上限；规定公司资金新投资和使用方向；对持股比例超过 5% 以上的投资要进行备案、注册登记；政府派代表参加公司的管理委员会，对企业进行监督。在具体的实践中，这几种措施可以单独使用或者联合使用①。有资料显示英国在 1979 年至 1992 年期间，总共有 27 家国有制企业进行私有化，其中有 24 家企业运用金股制度，涉及电力、电信、天然气、自来水，航空、铁路等传统的公用行业。

(四) 公私合营模式

公私合营模式（Public – Private – Partnership，称为"PPP"模式）是英国 1982 年提出的公私合作的模式，主要是指政府与社会组织、私人或者私人组织通过签署特许协议，向社会组织、私人组织或个人授权建设、管理和运营公共设施，为社会提供公共产品和服务的一种方式，政府既减轻财政负担又把部分责任转移到社会组织、私人组织或者私人，从而政府与其授权主体形成共担风险、共享收益的一种合作伙伴关系。英国政府为了增加民间资本投资，采用许多方式扩展 PPP 项目模式，其中比较典型的模式还有私人主动融资模式，即 PFI（Private Finance Initiative），其主要是针对大型基础设施进行建设、投资运营和管理的一种融资模式。在英国，PFI 模式是由政府和私人组建的股份公司，即 Partnership UK 公司运营，该公司私人持股 51%，政府持股 49%。该公司有两项基本的、重要的职能：一是为英国财政部制定公共政策提供必要的技术保障和支持，二是为英国国内所有参与项目的机构提供必要的具体的项目支持和帮助②。

(五) 英国国企改革给中国的启示

1. 引入市场竞争机制

经济学界普遍认为，英国国企改革模式中最典型的是引入市场化的竞争机制，主要方式是成立新企业和出售部分垄断企业的股权，同时对每个企业的市场份额进行限制，目的是形成市场化竞争机制。在经济学中，垄断企业

---

① 周宗安，高晓辉. 国有商业银行股权结构中设置"金股"的探索 [J]. 金融理论与实践，2006（04）：10 – 12.

② 邱闯. 英国 PPP 的新模式 [J]. 中国投资，2015（02）：65 – 66，11.

效率低，但为消费者却花费了更多的成本，垄断行业比竞争行业成本高出2.5%，同时，英国引入市场机制的成功经验表明，引入市场竞争的行业的确减少了消费者的成本，提高了企业的效率①。从目前中国国企的状况看，有些部门的垄断是不合理的垄断，其经营成本高、效率低，伴随国有资产流失等现象。从英国的部分行政垄断企业改革发现，行政垄断企业的改革操作上并不是十分困难，关键是如何在改革后对企业进行政策引导，如果不对企业进行引导，那么改革的结果"只是把国家垄断换成了私人垄断，并不能消除垄断，也就是说一些垄断的私有化并未能正确解决效率问题"②。最重要的问题是私有化后怎么形成有效的市场竞争机制，这是中国在国企混改中应该学习的地方。例如，英国对占据垄断地位的电信公司（British Telecom）的改革方式是，成立一家新的小公司（Mercury），英国通过对小公司政策的扶持，如小公司可以优先使用原垄断公司即电信公司（British Telecom）的电缆设备，从而降低小公司的成本。小公司要与大公司竞争，不能依靠政策无休止的支持，必须采用先进的技术，通过特殊的专项技术进入先进的领域占领市场，形成新一轮的垄断（合理的垄断）。这种方法在一定程度上取得了不错的效果，引入竞争、保护竞争但没有扭转根本的垄断局面。所以，私有化并不能改变垄断，只是从一个垄断走向另一个垄断。总的说来，必须采用政策引导，才能打破行政垄断。所以，在中国的混改中，国有企业或国有资本混改后，还要有更多的配套措施，才能使市场竞争机制更高效地运作，实现资源最优配置③。

2. 分类改革、因企施策

英国国企改革的另一个突出特点就是把国有企业分为商业类、公益类两类分别进行改革。商业类企业主要采用上市、出售两种方式，公益类企业主

---

① 唐湘军. 国有中小企业改制为非公有制企业的党建工作思考［J］. 南方论刊，2010（S2）：4 - 6.

② 陈宝明. 国有企业之路——英国［M］. 兰州：兰州大学出版社，1999：288.

③ 钟红，胡永红. 英国国企改造对中国国有企业改革的启示［J］. 企业经济，2015（12）：17 - 18.

要实施特许经营模式。改革后对企业的管理控制主要以国会主导，极少数重要的企业由国家预算直接授权相关机构并通过特别股、控股、立法等方式贯彻国家的意志。英国国企改革的具体实践表明：分类改革、分类管理是国企改革比较有效的方法。英国对英国的分类、以及改革后的配套措施，特别是商业类、公益类企业的具体的市场化运作方式，值得我们去研究①。

3. 配套的社会保障和法律保障制度

英国国企改革另一个值得国混改中学习的地方就是英国在国企改革中健全了社会和法律制度保障体系，改革可能成功的前提条件是必须具备完善的社会保障制度、法律制度体系。英国国企改革的主要措施就是大规模裁员和缩减机构。如果没有完善的改革配套措施，就会引发社会动荡。例如，英国在 1979 至 1985 年间，失业率增加了 6.3%，1979 年和 1982 的失业率分别为 5.8%、12.1%；新增加失业人口为 200 万人。英国在当时采取了开放劳动力市场、拨付资助金、扶持中小企业等多方面的保障措施，较好的解决了失业人口暴增可能引发的社会问题。英国的国企改革涉及的范围比较广，被认为是国企改革最彻底的国家，除部分基础设施与民生产业、系关政党的政治利益的产业，由政府授予其相关机构经营管理外，目的是贯彻宣传国家的意志，其余的企业全部引入市场机制，追求最大化收益。为了避免改革造成国家动荡和大量的国资流失（事实上已有改革造成了大量的国有资本流失）风险，英国政府制定了非常严格与改革配套的法律措施，并设置了独立于政府的非常专业的行业监督机构，如英国电力管理局、电信局等，这些机构不是国家的行政机构，不受行政约束，主要职能是设立行业的最高限价，对行业进行监督，限制垄断权利滥用，从而保护公民的权利和利益。所以，在中国的混合所有制改革中，必须以法律法规为前提，在出台相关的改革措施之前，要首先制定与改革配套的法律措施和保障机制，加强顶层设计，不能再沿用"边改革边完善"的方式。比如，PPP 项目的推行要慎重，在没有配套

---

① 王瑞红. 转型期英国商业发展及对商人的挑战 [J]. 信阳师范学院学报（哲学社会科学版），2014, 34（03）：135 - 138, 140.

措施之前，很多项目难以落地，后期的使用管理会损害公民的利益①。

四、金股制度

（一）金股制度的涵义

金股源于 20 世纪 80 年代欧洲的国有企业私有化浪潮。英国是首先推行金股制度的国家，英国在国有企业私有化的过程中，为防止政府对改革后的企业失去控制，而使人民的利益受到侵害，在一些私有化后的国有企业中设置金股，即仅保留一股，政府作为这一股的持有者，拥有对重大事项的一票否决权。1984 年英国出台了电信行业私有化的方案，并通过电信法修正案正式引入金股制。此后的英国政府分三次，即 1984 年、1991 年、1993 年不断地减持国有股的比例，最后仅剩一股，被称为"黄金股"，即金股，英国的电信公司终于由政府完全垄断逐渐的转变为多元化经营的完全竞争的市场主体。

黄金股（Gold Share）也有译者称为金股、金边股，来源于特殊权力制度（special rights），主要是国有企业在私有化过程中政府为保持控制权所使用的一种特殊工具，是只能由政府或政府职能部门持有的一种份额极小的类别股，在涉及重大问题时持有者享有一票否决的权力，但是持有者不参与公司收益的分红。由于政府所持有的这种特殊股，具备特殊的权利，在具体的使用过程中被认为具有"黄金般的价值"，所以称为黄金股②。总之，金股是政府所持有的并没有实际经济价值的拥有重大事项一票否决权的特殊股票。

（二）金股制度的特点

金股的突出特点有：

---

① 钱鹤群. 国有企业改革英国模式的启示 [J]. 信阳师范学院学报（哲学社会科学版），2016，36（02）：33 – 37.

② BOARDMAN A E，LAURIN C. Factors Affecting Stock Price Performance of Share – issued Privatization [J]. Applied Economic，2000，32：1451 – 1464.

第一①，金股的一般持有者是政府，赋予持有者特别的控制权而不是管理权。特别的权力是否决权，而不是表决权，这种特殊权力即制约政府也制约企业的经营管理者，制约政府过分干预企业的经营管理，制约企业在重大事项中侵害国家和人们的利益。一般情况下，政府不会动用否决权，该权力主要是对改革后的国有企业起到震慑和警示作用，使管理者和经营层在重大事项决策中要考虑公众的利益。

第二，金股一般在国有企业改革后的企业中设置，通常金股只占比例极少的股份，在实践中一般政府只有一股，并无实际经济价值。

第三②，金股的存在是有一定的时效性。主要指国有企业改革后，金股到一定的期限，转化成普通股，不再对企业拥有特殊的权力；若没有设置金股期限，政府根据企业运行的情况决定退出时间。

第四③，金股由政府和企业股东共同商榷制定，并没有统一的法律内涵和安排，是政府持有的对特定事项行使否决权的股权。

① 张红强．"国有金股"可以在大中型企业改制中实行［C］．陕西省体制改革研究会 2007 优秀论文集，2007.
② 郭武平．"金股"：国有银行吸引战略投资者的有效途径——兼论国有银行股权设计［J］．金融研究，2004（08）：78－85.
③ 周宗安，高晓辉．国有商业银行股权结构中设置"金股"的探索［J］．金融理论与实践，2006（04）：10－12.

第六章

混合所有制改革实现路径的优化

第一节 混合所有制改革实现路径的突破口

一、重视国企的人力资本

混合所有制改革的目的是做大做强国有企业，国有资本保值增值。其中国有资本不仅包括国有企业的物质资本还应该包括国有企业的人力资本，国有企业的保值增值也应该包括国有企业人力资本的保值增值。我们知道，人力资本对经济增长的贡献远远超过物质资本的贡献，在企业生产中，人起决定性作用。现代的人力资本理论认为，人力资源是各种资源中最重要、最稀缺的资源。在企业的各种要素中，人力资本也应当作为一种要素投入，该要素的投资收益要远远大于其他要素投入所带来的经济效益。而人力资本要素投入就是使人的能力得到充分发挥，实现人自身的价值，让人积极主动地工作，为企业带来更多的价值。国企人才流失主要是国企的人才管理体制机制僵化，束缚人自身的发展，国企用人"论资排辈""能进不能出""能上不能下"等现象严重阻碍人的发展，特别是优秀的人才在国企的价值不能充分体现。近年来国有企业的高管离职率比较高，北京大学经济研究中心发布的《中国企业领袖调查》显示，国企的高管有54%的人认为自己两年内会离职，

34%的人持观望态度，而仅 12% 人认为自己不会离职；有 59.8% 的国企认为面临人才危机，而 35.1% 的国企认为人才危机对企业产生了严重的影响①。与之相反，民营企业灵活的用人机制，高收入，以及中长期的市场化激励，更能激发人的潜能。比如，中国比较优秀的民营企业华为，重视人才是其最突出的特点之一，主要体现在一是用高薪留人；二是用人不分辈分，只分潜质；三是研发资金充足，华为吸引了许多高校教师、科研院所的研发人员，这些研发人员主要是看重华为充足的研发资金和华为的高薪②。中国还有许多民营企业重视人力资本，近几年许多国有企业的高管不断跳槽到民营企业，国有企业被民营企业誉为民营企业人才来源的"黄埔军校"。国企混改应该在人力资本的管理体制上实现突破，实现市场化的突破，要树立人才强企的观念，探索国企的人力资本与实物资本相结合的体制，重视人力资本的投入，不断创新用人体制机制，要学习优秀民营企业的用人体制，在混合所有制企业中，吸收民营企业在市场化管理方式上的先进管理理念，使其融入国有企业。国有企业人才的流失，是国有资本最大的流失。要培育国有企业发展成具有全球竞争力的企业，核心是要打造建立一批优秀的、具有国际视野的、勇于创新的、勇于担当的优秀经营管理人才。所以，国企混改要通过改变国企的用人管理体制，打破制约国企用人机制的瓶颈，探索人力资本和物质资本共享发展的体制，解决国企内生动力不足和国企用人机制激励失灵的问题。

二、分类改革

中国国有企业现状表明，国有企业进行分类是国有企业改革的必由之路。首先，目前的中国国有企业涉及的行业领域较广，在中国的工业企业分类中，几乎都存在国有独资或者控股企业。其次，各个领域和行业的国有企

---

① 葛培健. 国企争一流核心在人才 [J]. 董事会，2017（11）：29 – 30.
② 潘云良. 中共中央党校经典案例教学选编 [M]. 北京：中共中央党校出版社，2017：4.

业运行效率不同，国有企业的运行效率呈两极分化趋势，在 2017 年世界财富 500 强企业中，有 97 家国有企业，占 500 强企业约 20%，上榜的这些企业既有盈利能力强的，也有亏损的。同样，在一般的工业企业中，国有企业的运行绩效也呈两极分化状况。最后，国有企业的功能不同，有些具有公益性职能、有些具有商业性职能，所以不能用统一的方法进行管理与经营。比如，商业性国有企业其承担的功能也有细分，有的是以盈利为目的，有的是满足国家战略布局的需要同时又兼具盈利性，这类国有企业承担着国有资产保值增值的主要职能，所以，这类企业要进入市场参与市场化的竞争，要用市场化的方式进行经营，要遵循企业的运行规律和市场优胜劣汰的规律。对于公益性职能的企业，主要是以服务社会、保障民生、提供公共产品的功能，其中提供纯公益产品的企业，如国防，就不能以盈利为目的；提供非纯公益产品的企业，如教育、医疗等企业，可以在满足社会基本保障的前提下，通过特许经营、购买服务、委托代理等方式进行管理与经营。最后，西方国有企业的改革经验表明，基本上所有经历国有企业改革的国家，都首先对国有企业进行分类，然后分步骤去实践，如新加坡、英国、法国以及西欧的一些国家。

第二节　混合所有制改革路径优化

一、优化的原则

1. 坚持党的领导原则

2015 年 6 月 5 日，习近平主持召开中央中央深改组第十三次会议，会议通过了《关于在深化国有企业改革中坚持党的领导加强党的建设的若干意见》和《关于加强和改进企业国有资产监督防止国有资产流失的意见》，习近平在会上强调，坚持党的领导是我国国有企业的独特优势。这两份文件在另外两份重要的国企改革文件发布之前出台，其用意十分明显，这就是在新一轮的改革中防止出现重大的颠覆性的失误，国企改革坚持党的领导，是国有企业性质不改变、不走私有化道路的底线原则①。2016 年 10 月 11 日，习近平在全国国有企业党的建设工作会议上强调，坚持党对国企的领导不动摇，加强党的领导是国有企业的根和魂，这是国有企业的独特优势。"中国特色现代国有企业制度，'特'就'特'在把党的领导融入公司治理各环节，把企业党组织内嵌到公司治理结构之中"②，这就要求，党不仅要从外部领导企业，而且也要从内部领导，一个被外资控制的企业，在企业的内部是基本上不可能实现党的领导的，如果混合所有制改革企业被私人、外资控股，那企业性质就变成成私有制了。为了防止出现这种颠覆性的失误，必须加强党对国有企业的领导。

2. 必须坚持分类改革的原则

国有企业的功能一是促进国有资产保值增值推动国有资本做强做优做大，有效防止国有资产流失，切实发挥国有企业在深化供给侧改革和推动经济高质量发展中的带动作用，二是推动国有经济布局优化调整，推动国有资本配置和运营效率更好地国家战略需要。国有企业的特殊性和一般性没有分开，国企的特殊性体现在服务国家发展和国家战略的需要，一般性表现在国有企业是企业，作为"企业的动机是金钱上的利……谁要是目的并不在于增加财产，他就不会参加企业，更不会在独立的基础上经济企业"③。所以，要把国有企业的特殊性和一般性区分开来。由于中国的国有企业特殊的功能和战略使命，当前国有企业并没有完全分类，国有企业的经营目标与功能错位，这就决定，国有企业改革要进行分类，使国有企业的职能与目标相一致，这样才能充分释放国有企业的生产力。

---

① 宋芳敏. 我国国有产权制度改革的探索与风险［J］. 政治经济学评论，2019（01）：126 – 150.

② 习近平在全国国有企业党的建设工作会议上强调：坚持党对国企的领导不动摇［EB/OL］. 新华网，2016 – 10 – 11.

③ 凡勃伦. 企业论［M］. 蔡受百译，北京：商务印书馆，2012：16.

3. 坚持增量原则

国有企业改革的目的是调整国企的产权结构，形成多元化产权相互制衡的治理结构，而不是减少企业中的国有股绝对数量，这个要必须认识清楚，所以，国企的混合所有制改革要坚持增量改革，盘活存量，绝对不允许在存量上做文章。改革的具体思路有两种，一是国有资本与非公资本合资新项目成立新企业，二是原有项目增资扩股，吸收非公资本进入。对原有项目或者原有国企，采用"减持""退出"的方式，"以买代混"，这无疑是把国有资本转让给私人、外资，不是减少国有资产削弱国企吗？这与做大做强国有企业、国有资产保值增值相悖而行。当然，从国有经济布局上和结构调整上看，必须允许国有资本和国有企业的合理进退，这是针对局部的特殊的状况，但整体上，国有企业的混合所有制改革必须坚持增量改革，但凡是"减持""退出"的资本或国企，必须要有特批，否则，国企的混改过程中国有资本可以随意退出的话，就很难保证做大做强国有企业。再者，如果不区分增量还是存量进行混合所有制改革，存量可以随意动的话，那么国有企业分类改革中的行政垄断类国企控股比例划分，就会被颠倒过来，"变成'出售国有资产比例'，竞争领域的国有企业的'自主退进''没有底线'，那就必然会出现国企大范围撤退、国资大规模减持的浪潮，且出卖的必将大量是国有优质资产"①。最终这场混合所有制改革的结果必然演变成私有化，这是改革成败的颠覆性问题。

4. 必须坚持公开透明的原则

2014年3月9日，习近平参加安徽代表团讲话时强调："发展混合所有制经济，基本政策已明确，关键是细则，成败也在细则。要吸取过去国企改革经验和教训，不能在一片改革声浪中把国有资产变成谋取暴利的机会。改

---

① 宋芳敏. 我国国有产权制度改革的探索与风险 [J]. 政治经济学评论，2019（01）：126－150.

革关键是公开透明。"① 从这几年的实际混改中可以看出，诸多企业借混改之名掏空国有资产，最经典的案例是中彩在线科技有限公司。要有效防止一些人借混改之名，为己谋求暴利。所以，混改的方案、资产评估方法以及产权交易办法、产权交易价格等一些相关的内容，都必须向社会公开，不允许股权私下交易，必须市场公开竞价。混合所有制改革中的每一项关联交易，都必须置于"阳光之下"，才能防止国有资产流失。

二、适合混合所有制改革的企业范围

（一）其他国家国企分类改革的范围

从其他国家的国有企业改革的成功经验看，并不是所有的国有企业都进行改革，中国记者在采访贝法有关法国的国企时，贝法说法国的国有企业100％国有独资，其国企主要集中在垄断行业，如铁路、邮政。法国为了满足欧盟更加开放以及更富有竞争性的一些硬性要求，针对部分国有独资企业引入其他资本变为国家控股的企业。对于满足国家战略性需要的行业，采用了参股的形式②。

新加坡的国有企业对于系关民生的行业也是国家独资。新加坡把淡联公司按照公司的性质，分成了A类、B类、其他类企业，如6-1所示。依据企业的运营风险类型进行分类改革，对于系关国家安全、能源、水资源的企业以及机场、港口等采取国有独资，而公共事业类企业，在满足国家人民需要的基础上，在不影响国家战略略的前提下，有选择地控股或者退出。对于B类具有国际、区域发展潜力的企业，主要是高风险、高投入、收益周期长，私人不愿意投资的领域，采用合并、整合、收购、整体出售、发行新股等方式进行经营与管理。其他类企业，是与淡马锡的企业经营战略不相符的企业，淡化投资，主要采用整合、出售退出。

---

① 习近平：不能在一片改革声浪中把国有资产变成谋取暴利的机会 [EB/OL]. 新华网，2014-03-09.

② 吴杰. 提问贝法：走进法国国企 [J]. 国企，2012 (12)：120-121.

表 6-1　新加坡国有企业涉及行业

类型	经营目标	涉及行业与特征	持股方式	改革方式
A 类	重要资源类	水资源、能源、煤气网络、机场、港口	100% 或绝对控股	完全垄断
	公共事业类	大众传媒机构、医疗、教育、住宅类企业	依据战略情况选取控股方式	在保障国家战略和人民基本需求的基础上，退出或参股
B 类	具有国际、区域发展潜力的企业	新型行业，风险大、投资高、收效周期长的领域	控股	合并、整合、收购、整体出售、发行新股
其他类企业	与淡马锡运营宗旨不相符的企业	吉宝企业、电信	淡化投资	整合、退出

注：莫少昆，余继业．问道淡马锡［M］．北京：中国经济出版社，2015：98-110.

（二）适合混改企业的范围

从世界上其他国家的国企改革经验看，并不是所有的国企都需要引入民营资本。党的十八届三中全会提出要对国有企业准确界定功能定位，对国企进行分类分层改革，这对当前的混改具有重要的指导意义。"根据分层分类改革原则，明确适合引入非国有资本的国有企业类型和范围是推动混改的前提和首要环节。国有企业在我国几乎涉及所有行业和领域，但并非所有国有企业都适合进行混改。一般来讲，非国有资本投资入股国有企业的主要目的是追求经济效益，只有当非国有资本的投资回报大于它的机会成本时，才会选择入股国有企业。原则上，只有具备充分竞争的国有企业才能发展混合所有制。……公益类企业不以经济效益为目标，而是以社会效益为追求，因而不适合进行混改。"① 中国国有企业首先是全民所有的企业，国家的基本制度是公有制为主体，必然国有企业在经济中要占主体地位，在市场经济中不仅要有量的优势，还要有质的优势，要有影响力、控制力，这才能体现出公有制的性质，否则公有制地位就无法保障。所以，并不是所有的国有企业都要进行混改，而且，企业运行效率的提高与企业是国有还是私营没有直接关系，其管理方式决定其经营运行效率和方式。

笔者基于市场结构的类型，把国有企业分成完全竞争类、垄断竞争类、寡头垄断类、完全垄断类四类国有企业。

1. 完全竞争类企业

对于完全竞争类国有企业，由于企业所处的市场是可以自由进入的市场，产品无差别性，可替代性极强，企业无自主定价权，其比较接近的行业有小麦、棉花、大豆等这初级农产品市场，其基本由农民、农场生产，产品进退市场非常容易。在这一领域，出于保障民生的需要，国有企业也比较少，如中储粮、中储棉等，这类领域的国有企业，不需要政府主导进行混合所有制改革。

2. 完全垄断类企业

完全垄断类的企业类型极少，如国防等，从这个意义上来说并不需要进行混改。其实目前国有企业大部分都是垄断竞争类和寡头垄断类这两类企业。

3. 垄断竞争类企业

垄断竞争类企业是提供一般产品的企业，其目的是盈利性，必然要参与市场竞争，其运作方式要按照企业运行的一般规律进行运营，引入市场竞争机制，做大做强企业。从世界上发达国家的经验看，这类企业是改革的重点。

---

① 高明华. 公司治理与国有企业改革：高明华文集［M］. 北京：中国出版集团，2017：203.

4. 寡头垄断类企业

寡头垄断类企业，又可以分为自然垄断、稀缺资源型垄断、行政垄断三类。首先，对于自然垄断类企业，其典型的特点有投资大、成本的劣加性①、沉没成本高②、规模效益递增等，垄断能够降低成本；这种产品需求价格弹性相对比较低，一般是为人们提供基本的产品和服务的企业，企业如果大幅度提高产品的价格，能够获得比较高的垄断利润，但是人们的福利水平会受损，在发达国家一般是由政府直接经营，如法国，电力、邮政、铁路等，政府一般采用平均成本定价，基本上不盈利，以使提高人们的福利水平；但是如果引入私人资本，私人资本的存在必然追求利润最大化，从而会提高产品的价格，导致人们的福利水平受到损害，所以，这类企业一般情况都是国家独资，不宜进行混合所有制改革。其次，稀缺资源型垄断类企业，主要是非再生性资源，此类资源稀缺，为了防止资源消耗过快，必须保障可持续性，所以这类企业必须由国家限制其在国内开发并独资经营，国外市场并不限制，其原因是资源的稀缺性，资源的适用价格必然高，开发这类资源有巨大的利润，而其他资本的进入，必然导致过度开发、资源枯竭，影响国家的可持续发展③。对于自然垄断类、稀缺资源类企业，处于产业链上的某一段可能是提供竞争性产品的，可以进行剥离，然后再进行改革。最后，行政垄断类企业，要依据国家的需要，引入市场机制，进行混合所有制改革，如金融、电信、航空等。

目前国有企业改革的重点应该是行政垄断类、垄断竞争类两大类企业。但是从具体国有企业经营所涉及的行业范围看，目前的国有企业特别是大型国有企业，都存在行业交叉的状况，所以，对于国有企业的改革还要再进行细分，主要依据企业涉及的行业板块进行划分，有的企业涉及的行业板块既

---

① 一家企业生产该产品比两家企业生产该产品其生产成本要低。
② 企业投入之后很难收回而且很难改为他用，如果企业间竞争，其破坏性极大。
③ 高明华. 公司治理与国有企业改革：高明华文集［M］. 北京：中国出版集团，2017：202 – 204.

处于自然垄断类又处于垄断竞争类，企业的分类就归属不准确，那么企业的混改就无法深入推进。比如，国家电网公司①，按照其主业进行划分应该归入自然垄断类，但是从国家电网公司所经营的业务板块看，除其主营业务外，其还涉及银行、保险、资产管理3大板块的金融业务涵盖10个专业金融单位，参股23家金融机构；还涉及房地产、文化等产业。中国核工业集团，按照主业应该归入自然垄断类，但是从其下属5个子公司看，其涉及领域也比较广泛，其中也涉及金融板块，进行投融资活动。再者身处垄断竞争类的中粮集团，其主业就是不突出的一个巨无霸集团，凡是涉及人们日常生活的几乎都会在该集团找到，衣、食、住、行全都涉及，房地产、银行金融都存在。总之，目前的国有企业都是经营业务板块交叉的集团，很难在国有企业中找到一家单纯地提供某一类产品的企业，所以必须对每一个企业的业务板块进行归类，然后进行混改，如果再简单的用二次分类方法或者三次分法，很多企业很难找到归口。如果按照"谁出资谁分类的"原则，那么，企业自己也不知道该归入哪一类企业。同时，如果企业既盈利又要提供公共产品，即：企业既做公益又赚钱，这两个目标是冲突的，那么这种完美的国企的功能是很难实现的，所以，要对国有企业所涉及的板块进行细分，首先要分出提供公共产品的板块、投资运营板块、企业主业经营的板块、其他板块，然后再进行混改的路径设计。

三、混合所有制改革的步骤

混合所有制改革要从国有企业的现状出发，改革路径方案的设定一定要能清晰、有可操作性，否则再完美的方案都是空想。在现存的国有企业中，大部分国有企业都是混业经营、跨业经营，而且国有企业的体量都比较大，特别是央企集团，其经营的范围较广，层级较多，其子孙级所涉及的领域交叉、雷同的现象普遍存在，这就构成的目前国企的复杂性，同集团内部会出

---

① 依据国家电网官网整理。

现恶性竞争现象。再者同一个企业既提供一般商品又提供公共产品，一般商品要具有竞争力，公共产品具有公益性，而公共产品的属性又有差别，有的公共产品可以在保障基础供应的基础上，适当的盈利，而有的公共产品就是纯公益性，公共产品又要细分不同类型，所以要以国有企业所经营的实际情况进行梳理，根据不同的产品类型再做改革方案。整体来说，国企的改革的步骤如图6-1，第一阶段是梳理国有企业的业务板块，即提供一般产品板块、提供公共产品板块、资本运营板块。第二阶段，在第一阶段的基础上进行业务板块分离、分类，再制定具体方案。分类就是在三个板块的基础上按照市场结构类型分类。

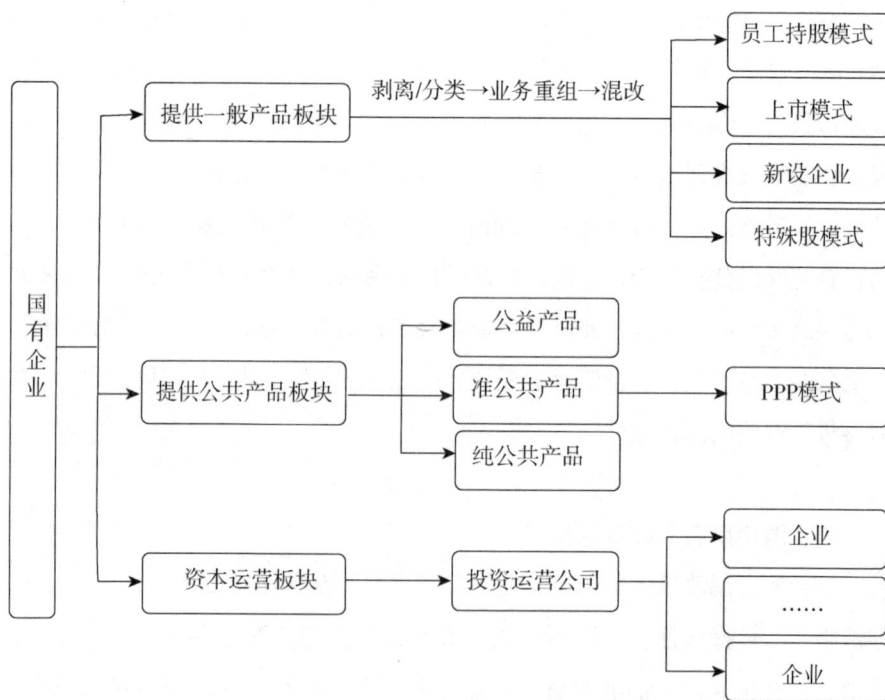

图6-1 国有企业混合所有制改革步骤图

四、优化方案

（一）提供公共产品类国企混改的优化

1. 提供纯公共产品类企业

由于纯公共产品具有非排他性、非竞争性、非分割性的特征①，其最具代表性的产品是国防、军队等。同时，这类纯公共产品的消费也是非排他性、非竞争性、非分割性，很难通过私人部门提供，所以，几乎世界上所有的国家，纯公共产品都由政府之间提供。政府一般在预测该国实际需求的基础上，遵循福利最大化的基本原则设立国有企业，并直接进行管理和经营，向社会提供充足的供应。这种国有企业一般情况下并不需要股权层面的改革，"因为这本身就是一个市场失灵的领域，市场机制难以起到有效配置资源的作用，如果非要进行改革，就相当于增加了企业股权结构的复杂性，使得公司的治理结构过于复杂化，增加企业内部交易成本，降低企业的生产经营效率"②。从企业的本质上说，生产纯公共产品的企业并非完全排斥市场因素，有些国家通过向市场采购的方式，购买部分产品和服务。这就需要对每一种纯公共产品进行细分，在某一产品的供应链上的某一环节是可以引入市场的，如国防可以细分军队、军用品等产品，其中军用品的提供就可以引入非公资本或通过公有资本和非公资本合资成立企业等方式，政府通过公开竞标采购，最终实现产品的竞争性供给，提高产品的供给效率③。

---

① 非排他性是指产品的投入使用，任何人都不能独享，如果想独享此产品的消费，基本上不可能的。例如，环境保护，消除空气中的污染，使人们呼吸新鲜空气，如果排斥其他人呼吸新鲜空气，在理论上基本是无法实现的。非竞争性是指任何人对该产品的消费，都不影响其他人对此产品的消费数量和质量。例如，国防、外交、司法、环保等。非分割性是指产品不能分开，消费者消费这种产品时只能共享，同时又不受其他消费者共享的影响。例如：环保。

② 杨瑞龙等著. 国有企业分类改革的逻辑、路径与实施［M］. 北京：中国社会科学出版社，2017：38.

③ 参见杨瑞龙等著. 国有企业分类改革的逻辑、路径与实施［M］. 北京：中国社会科学出版社，2017：38.

2. 准公共产品类企业

准公共产品可以分成两类，一类是具有非排他性和不充分竞争的产品，如地下水流域、海洋资源、牧区、灌溉渠道等，此为准公共产品一类；二类是具有非竞争性和不充分的非排他性的产品，如公共道路、广播电视、农林技术推广、城市水的供应、电网、邮政、铁路、港口、城市公共交通等，此为准公共产品二类。对于准公共产品一类，要保持国有独资；二类是基础民生的公共产品，借鉴其他国家的经验，一般保持国有独资；对于负面清单以外的，在保障民生的基础上，可以选择政府与非公企业或者引入非公资本进行合作，即采取 PPP 模式（见第三章公私合营模式）。

3. 公益类企业

提供公益类产品的企业，由于具有公益的特性，不盈利，具有完全利他行为，那么此类产品就应该国有独资，或者是由社会团体经营管理。

（二）垄断竞争类国企混改的路径优化

对于垄断竞争类的国企，其主要目标是国资保值增值，对于这类企业改革的方式是股份制改革，扩大国有资本控制的范围，而不是缩小国有资本控制的范围。有部分学者认为，这类企业应该退出竞争领域，甚至还有学者认为让非公资本持股，这些观点都是有失偏颇的。在国企改革中一定要明确国企改革的目标是国资保值增值、做大做强国有企业。

这类国有企业的改革路径一般采用建立股权结构，成立新企业引入市场机制的方式。第一种方式是优化股权结构，优先股和金股的特点是可以满足垄断竞争类企业运行的目标，其改革的方式是分步骤的，不是一次性完全市场化。具体路径如下。

1. 优化方案一①

第一阶段：金股＋优先股＋普通股。对于国有企业的改革，股权优化是

---

① 郭武平．"金股"国有银行吸引战略投资者的有效途径［J］．金融研究，2004（08）：78－85．

重点，很多人认为，国有股一股独大，非公资本参与国企改革，有失话语权，非公资本和非公企业参与混改的意愿和动力不足。可以采用普通股转优先股的方式，同时设立金股①，一方面降低国有股普通股的比例，另一方面金股的引入，可以使国有股有重大事项的否决权。优先股股份持有人优先于普通股股东分配公司利润和剩余财产，但参与公司决策管理等权利受到限制②。在荷兰的国企改革中采用了金股与普通股并存的模式。采用这种股权结构，国有股拥有普通股和无投票权的优先股，使国有股持有的普通股比例降低，非公资本的普通股持股比例就明显上升，非公资本对人员的聘用、企业的重大事项决策就有表决权，这种股权结构有利于增加非公资本的参与混改积极性。优化后的结构如图6-2，图6-2中的公有资本和非公资本其比例要依据具体的企业具体设置，在这里没有实际意义，仅仅是解释说明问题。

第二阶段：金股+优先股。如果企业运营正常，能够达到预期收益，可以继续把普通股转成优先股，可以全部或者部分转移，必要的情况下可以只持有优先股，同时保留金股。在这一阶段，国家只拥有收益权，按照出资比例获得相应的股利，不参与企业的日常经营管理。国家或者政府仅在特殊的状况下，行使金股的否决权，主要是用来维护国家的利益，比如，不按照企业章程或董事会的要求实施改制、以及重大决策不符合国家的基本利益或违反规定大规模裁员等。

---

① 有关金股的内容见第四章第二节。

② 国务院关于开展优先股试点的指导意见中指出："优先股是指依照公司法，在一般规定的普通种类股份之外，另行规定的其他种类股份，其股份持有人优先于普通股股东分配公司利润和剩余财产，但参与公司决策管理等权利受到限制。"优先股作为一种投融资工具，兼具债权和股权的性质。当企业运行良好时，优先股股东能够按照约定的票面股息率，准时足额地取得相应的股息收入，不随企业业绩的好坏而波动。它和债权一样，都是按照事先约定的利率获得相应的利息，都不具有对企业的控制权等，它的这种特征使得其具有债权的特点。同时，当企业经营不善，面临破产、解散、清算时，优先股股东又能够优先于普通股股东获得清偿，这使得其又具有股权的特征。

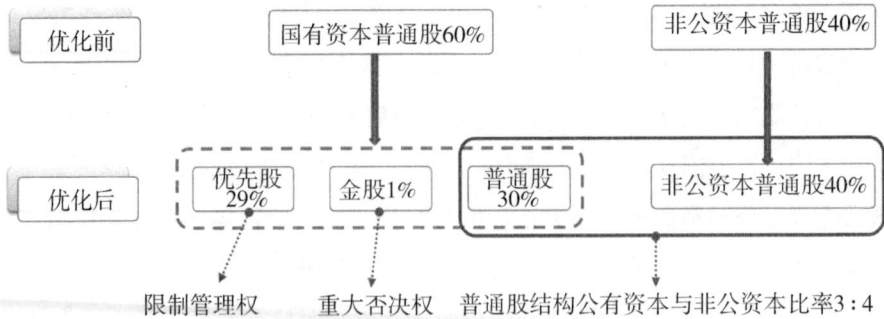

图 6 - 2　引入优先股公司股权结构变化示意图

第三阶段：金股的保留问题。金股的使用有严格的法律做保障，大多数国家都安排了金股存在的年限，但是也有国家一直保留金股。在中国，由于改革的法律配套措施尚不健全，建议保留金股。只有在法律体系健全，确保国有资产不受侵害，国有资产可以保值增值的情况下，才能够考虑撤消金股。

2. 优化方案二

国有企业混改的根本目的是引入市场化的竞争机制，改模式有两种，一种是增资扩股，另一种是成立新企业。增资扩股，是对原有项目通过增资扩股的方式引入战略投资者，吸收增量盘活国有企业存量的办法，中国联通就是这种方式。另一种方式是合资新设，即国有资本与非公资本合资投资新的项目，是扩大国有资本控制范围的一种方式。

（三）资本运作板块改革路径

国有资本管理存在的问题是国有资本比较分散，运营效率低下，虽然建立国有资产统一监管的体制，但是国有资本相对固化的局面没有根本性打破。一方面，一部分国企结构调整所需资金筹集比较困难，过渡依赖债务融资，财务负担比较沉重，在国家亟需投资的领域，难以迅速投入；另一方面，巨额的国有资本处于闲置状态，同时，国企中存在政企不分现象，政府既是出资人又是监管者；政资不分，政府既是国有资本的所有者又是国有资本的投资者、运营者。这是国企一直存在的问题也是改革一直努力去突破的难点之一，组建国有投资运营公司的提出，终于向解决这个问题迈出了实质性的步伐。

十八届三中全会提出"完善国有资产管理体制，以管资本为主加强国有资产监管，改革国有资本授权经营体制，组建若干国有资本投资运营公司"，指出了国有资产监管体制改革方向。2015 年 8 月国务院《关于深化国有企业改革的指导意见》（国发〔 2015 〕22 号）明确指出国有资产管理由"管企业"为主向"管资本"转变的新的改革任务，接着 9 月国务院《关于改革和完善国有资产管理体制的若干意见》（国发〔 2015 〕63 号）提出了具体的国有资产管理的实施路径。2017 年 4 月 27 日出台的《国务院国资委以管资本为主推进职能转变方案》（国发〔 2017 〕38 号）以及在 2018 年 7 月 30 日出台的《关于推进国有资本投资、运营公司改革试点的实施意见》（国发〔 2017 〕23 号）等文件陆续对改组组建国有资本投资、运营公司提出了具体要求。据统计，自 2013 年提出组建国有投资运营公司以来，到目前部分央企和地方国企改组组建了约 150 家投资运营公司。国有投资运营公司承担着实现"政企分离""从管企业为主向管资本转变"、增强国有资本的流动性等多项改革的重要任务，因此，在具体的实践中，"应注重防止将现有集团公司简单翻牌为投资运营公司、防止国有资本运营公司被虚化、防止两类公司回归行政化、防止形成更大的垄断、防止与资本市场相冲突"①。

1. 组建国有资本投资运营公司的意义

中国发展进入新时代，国民经济以前的关键领域、国民经济命脉以及重要行业领域，现在有的已经变成竞争领域，成为制约社会经济发展的瓶颈。虽然有些国有资本在系关国家安全、国民经济命脉的领域，但仍然承担政府实现公共服务的功能；既要完成国有资本的社会效益目标，又要完成国有资本的经济目标。原有的国资管理已经不适应目前发展的要求，过去存在的一些矛盾和问题仍然没有解决。如国资监管仍然存在错位、缺位、越位的现

---

① 李晓慧，敖小波. 国有资产：演变历程、理论逻辑与改革方向［J］. 扬州大学学报（人文社会科学版），2018，22（04）：57–66.

象；部分国有企业尚未真正成为市场主体，国有企业的现代企业制度尚不健全；整体上看配置和运行效率不高，国有资本布局与结构不均衡等，这些问题在新时代逐渐凸显，所以亟需加快深化国资管理改革，推动国资监管、国资经营授权体系改革，释放国资活力，增加国资的影响力、控制力，以适应新时代发展的要求。与原有国资投融资公司不同的是，国有资本投资运营公司是在国家政策的引导下，完成国有经济的战略使命、经济功能和社会功能，如其通过投资活动引导而不是政策控制来增强国有经济的控制力和影响力。2018年7月30日公布的《国务院关于退进国有资本投资、运营公司改革试点的实施意见》（国发〔2018〕23号）中明确提出了试点目标："通过改组组建国有资本投资、运营公司，构建国有资本投资、运营主体，改革国有资本授权经营体制，完善国有资产管理体制，实现国有资本所有权与企业经营权分离，实行国有资本市场化运作。发挥国有资本投资、运营公司平台作用，促进国有资本合理流动，优化国有资本投向，向重点行业、关键领域和优势企业集中，推动国有经济布局优化和结构调整，提高国有资本配置和运营效率，更好服务国家战略需要。"① 国有资产这种管理思想的重大转变，为混合所有制改革实践提供了新的选择路径②。

2. 探讨国有资本运营模式创新

国有企业混合所有制改革可以认为是不同资本的运作模式改变，混合资本的融合必须达到双方共赢，才能出现积极主动地混合。混合的方式主要体现在资本需求和体制需求（黄淑和，2013）③，其方式有国有控股、参股模式。国有企业进行混改时主要考虑两个方面，首先考虑该企业所在行业和企业是否需要国家控制以及如何控制，其次要依据目前我国市场机制和资金的需要明确混合的比例。目前在进行混合所有制改革的国有企业实践和文献探

---

① 国务院关于退进国有资本投资、运营公司改革试点的实施意见［R/OL］. 中华人民共和国中央人民政府网，2018 - 07 - 30.

② 谭啸. 以管资本为主加强国有资产监管［J］. 红旗文稿，2014（14）：22 - 23.

③ 黄淑和. 建立完善产权交易制度强化国有产权交易监管［N］. 中国纪检监察报，2010 - 08 - 08.

讨中，资本的运作模式基本上有以下几种：整体上市、兼并重组、产业链的重组、员工持股。这种探讨主要是站在国有企业的角度，探讨资本融合的模式。公有资本和非公资本既然都有参与市场公平竞争的需求，那么我们在混合所有制改革中，要正确对待非公资本，把公有资本和非公资本都看作资本，其本性都是追逐利润，在此基础上探讨资本运作模式。

（1）探索建立国资流动平台模式

国有资本流动平台是在混合所有制改革的基础提出的，这也是实践中试着探索"隔离带"的形式之一，我国的国情决定了西方国有资本管理模式不能与我国的文化相融合，"淡马锡模式"的具体方案也不能照搬，所以我们要吸取他们的经验，探索适合我国国企资本的具体管理模式。

首先，国有资本流动平台的建立，符合《关于深化国有企业的指导意见》提出的"充分发挥国有资本投资、运营公司的资本运作平台作用，通过市场方式，对重点领域非国有企业进行投资"。该指导意见明确了国有资本的投资方向以及吸引非国有资本投资，有利于提高国企的活力。其次，作为国有资本专业化、市场化运作的运转平台，能清晰界定出资人边界，从而能起到良好的"隔离带"作用，让国有资本充分发挥资本的本质作用。最后，国有资本依法通过证券交易，股权转让、置换等产权交易，建立了国有资本在资本市场顺利畅通的进入与退出机制。例如，国有资本可以用市场化方式增持、减持控股和参股的上市公司股权，从而优化国有资本的布局，提高国有资本的流动性；通过参与资产经营实现国有资本从"资本"向"资产"的形态转换；同时，也可以通过混合所有制改革，通过参股、控股等方式对新兴产业、重点领域，成长性强的、发展潜力大的非国有企业进行股权投资等。

建立国有资产流动平台，一方面可以提高国有资本运行效率，优化国有资本布局，使国有资本发挥资本的本质作用，让资产"保值增值"，做优、做实、做大、做强我国国有企业，为实现中华民族伟大复兴做出应有的贡献；另一方面，有利于积极稳妥推动国有经济的混合所有制改革，提高国有企业的竞争力，激发国有经济的活力，有效防止国有资产流失。

（2）探讨非公资本的基金参与国企混改的模式

民营企业参与国企混改积极性不高，其主要原因是这次混改的门槛限制以及公有资本控制的范围、比例仍然对公有资本有利。信息不充分、信息不透明是非公资本参与积极性不高的主要原因。国有企业分类的具体方案和细则虽然以文件的形式下发，但是国有企业的分类进程、混合所有制改革的立项方向以及参与混合所有制改革的民营企业的意愿也都应该向社会公布（石军，2014)①。从非公资本来说，非公资本的逐利性是本性，良好的预期收益是民营企业家做出决策的参照之一。为了避免资本的损失，又不错过投资的时机，民营企业充分挥发民营企业协会的作用，积极组建非公资本专项基金，以非公资本专项基金的方式参与国企混合所有制改革。

（3）探索信托的管理制度运作模式

首先，信托的根本特征是把财产的管理权与财产获得的利益这两个属性分割开来，具体指受托人拥有信托财产所有权，并且有权对信托财产进行处理，受益人获得因管理信托财产而产生的利益，当信托期限截止时，信托财产要返回给受益人。受益人既可以是委托人，也可以是第三人（委托人之外的），还可以是全社会。信托本质的法律界定，正是信托成为一种优良财产管理制度的全部奥秘所在，信托是非常适合我国国有资产管理的一种财产管理模式（周小明，1997)②。从全世界看，对国有资产进行管理，信托是一种世界潮流（荣兆梓，2016)③。这主要是信托能够解决当前我国国有资产出现的一些问题，首先，信托能有效使国有资产保值升值（周小明，

---

① 石军. 混合所有制现状：民企行动快国企等安排 ［N］. 中国企业报, 2014 – 01 – 21.

② 荣兆梓. 国有经济需要新一轮产权制度改革 ［J］. 学术界, 2016（06）：5 – 15, 325.

③ 周小明. 信托：国有资产经营机制的另一种选择 ［J］. 金融研究, 1997（08）：31 – 37.

1997)①。信托是规避封建法律对财产转移的限制而发展起来的，发展到今天已经成为国外比较流行的一种高级理财工具。信托对社会的最大贡献是为没有时间和精力、不适合自己管理财产或者没有能力管理财产的人管理财产。国家，是信托的最佳客户对象，而目前我国处于高度发展的经济阶段，对于国有资产的保值增值，需要比较高效地、专业化的管理，对于目前我国的国有资产管理体制和国有企业的管理体制而言，少有高效地团队，所以把国有资产交给信托管理是较好的选择。

其次，信托可以较好的替代"隔离带"对国家的资金进行运转，同时能够摆脱目前的行政关系，切断政府对国有资本的层层控制。国资委成为纯粹的监督机构，而政府是委托人同时也受益人，这就彻底解决了"政企分离"，同时也解决了目前我国资产的管理和剩余索取权的问题。信托机构既能保证委托人的财产权益又能阻碍委托人的管理，信托的法律保障为受托人提供了独立运作资本的权力，受益人享受收益的权力。

总之，国有投资公司的组建目的：一是重新界定国资委在国有资产管理体系中的角色，改革原有的国资监管体系；二是解决"政企不分"的问题，界定政府和企业的边界，使政府充分发挥其"守夜人"的作用；三是通过参股控股非公资本，提高国有资产的流动性，扩大国有资本的控制的范围，提高国有资本的影响力、控制力和竞争力，从而达到国有资本保值增值的目的。国有资本投资运营公司首先作为具有一般公司属性的公司，是具有出资人、法律、经济属性的法人主体，通过投融资活动，以服务国家发展战略、培育新型产业体系、优化产业布局为目的，提升国有资本的影响力、控制力和竞争力。可以在现有国有企业的投资运营板块的基础上逐步组建投资运营公司，通过国有企业的投资运营平台，进行投资运营公司行业、产业重组，最终每个行业或产业保留三到五家投资运营公司，最终实现国资委从"管企业"向"管资本为主"转变。

---

① 荣兆梓. 国有经济需要新一轮产权制度改革［J］. 学术界，2016（06）：5－15，325.

第三节　混合所有制改革实现路径应该注意的问题

混合所有制改革的侧重点是"改"而不是"混"，要通过引入非公资本，提高国有企业的活力，盘活国有资产。国企混改的实施路径一定要公开透明，注重路径实施方案的可操作性，规范运作，防止国有资产流失，在混改的过程中应注意以下问题。

一、要坚持增量改革，不轻易放弃控股权

当前许多学者和官员认为，国企混改中，国有股的比例不能太过，对于竞争性领域的国企不必要有控股权，甚至可以退出，否则无法激发民营资本的积极性，很难改变公司治理结构。这种观点是片面的，甚至是错误的。国有企业混合所有制改革关键是"改"而不是"混"，是要通过"混"入非公资本的活力，盘活国有资本，提高国有企业运行效率，最终改变国有企业的治理结构。而有些地方或者官员对混合所有制改革认识不到位，认为只要混了就是混改，"一混了之"。部分官员认为，民营企业参与改革的积极性不高，是因为没有控股权，这种认识也是片面的，国有企业的体量是民营企业不能比的，民营资本的逐利性决定其参与国有企业改革的最终目的是资本的增值，其试图利用国有资本的垄断地位获得更高的垄断利润。民营资本参与国有企业改革的关键在于规范混合的法律制度，保护在混合所有制改革中各类资本的权益不受侵害。不能用降低国有股或者放弃控股权来吸引民营资本或者非公资本参与混合所有制改革，目前，在竞争领域中，国有资本或者国有企业的比重已经非常低，留下的国有企业基本上都是混合所有制企业，国有独资的几乎没有，其运行效率并不低，如果用放弃控股权的方式吸引民营企业或者非公资本，就会造成国有资本流失，这是以牺牲人民利益为代价的混改，国企混改必须遵循"三个有利于"的标准和"因企施策、宜控则控、

宜参则参"的原则，"三个有利于"即有利于国资保值增值、有利于提高国有经济竞争力、有利于放大国有资本功能。

二、国有资本要积极入股非国有企业

从目前混合所有制的实践看，国有企业引入非公资本的方式比较普遍，国有企业与民营企业应当是双向的混合，国有企业既要积极引入民营企业、民营资本、集体资本、外资，同时也要主动地入股民营企业、外资企业，这样才可能扩大国有资本的领域与范围。从目前混改具体的操作模式来看，基本上围绕国企引入民营企业、非公资本的方向推进。混改的最终目标是建立"国民共进"的发展模式，国有资本或国有企业就应当充分利用国有企业资源优势、人才优势、技术优势推动民营企业发展，积极主动参股民营企业，较好地放大国有资本，扩大国有资本的影响力。目前，中国的微小企业和民营企业发展较快，由于不受体制的约束，他们的创新模式和经营模式与国有企业相比具有比较优势，但是技术和资金相对薄弱，很多项目搁浅，如果国有企业或者国有资本能够积极主动参与合作，既能促进小微企业或者民营企业的发展，又能提高扩大国有资本的范围。例如，马云当年创业时缺少资金支持，最终只能去海外寻找资金。类似这类企业很多，积极主动寻找合作的企业与项目，当然这要有配套的审核和评估措施。在这一轮混合所有制改革中，比较成功的中国建材集团和中国医药集团的重组就是国有企业积极主动寻找民营企业进行行业整合的典型混改模式，中国建材集团提出了一个混改公式："央企的实力＋民企的活力＝企业的竞争力"①，其在推进混改过程中，推行央企和民企在资本、资源以及文化领域的深度融合。在混改过程中，这些企业不仅推动企业自身的发展，而且也带动企业的转型升级，从而推动产业结构的转型升级和行业的良性竞争。中国医药集团混改模式是通过构筑产业平台，用上市的方式募集资本进行大规模的并购整合，实现国民双

---

① 晓甘．国民共进：宋志平谈混合所有制［M］．北京：企业管理出版社，2014：188．

方共赢。

三、要注重员工持股公平公正与激励机制的建立

混改企业推行员工持股是要促进物质资本与人力资本形成利益共同体，使员工成为企业的真正主人。新一轮的员工持股自提出以来，不论是央企还是地方国企都积极响应，纷纷出台员工持股的相关政策，截止到 2018 年上半年，全国有 26 个省市出台了员工持股的方案，约 300 多家企业完成了员工持股的手续办理。但是从推出的整体方案看，仅注重部分员工参与持股、员工持股数量、持股方式以及资金来源等问题，很少涉及员工参与公司治理的问题。推行员工持股不能仅仅注重员工的收益，还要赋予员工参与治理的权利，更应该制定有效的监督保障机制。从中国联通的员工持股看，员工覆盖范围窄，基本是管理层和核心人员持股。某航空公司持股更是演变高管持股，据媒体报道，某航空公司员工持股价格是市场价格的约 56%，某高管用质押贷款 3100 万，自筹资金 1000 万，合计 4100 万用来持股，共持有公司股份的约 1%。资金来源的问题暂不讨论，但是这种持股纯粹演变成高管持股，被外界评论新一轮的员工持股造就了无数的"亿万富翁"。中国联通的员工持股的股票价格低于股票市场价格约一半，参与员工持股的人员占联通员工约 1%。这种员工持股方案有失公平性，不仅没有调动员工的积极性，反而挫伤员工的积极性，造成员工与管理层收入差距过大。其次，推行员工持股要让员工参与公司治理，进入公司的董事会和监事会，确保员工参与公司治理的权利，增强员工的归属感和责任感，使员工和企业结成利益共同体。员工有效参与公司的治理，能够调动员工的积极性，激发企业的活力，这是一项长期性、连续性的工作过程①，一旦资本与劳动结合一体，形成利益共同体，将会提高企业的运行效率和企业的竞争力。

---

① 李政，艾尼瓦尔. 美国员工持股计划及其对我国国企改革的启示 [J]. 当代经济研究，2016（09）：71－78，79.

四、要对混合所有制企业有正确的定位

首先，混合所有指企业的资本包括国有资本与非公资本，国有资本有可能控股也有可能参股，不再是传统意义上的国有企业，也不是单一的非公企业，而是由不同性质的资本融合的企业，所以，要对混合所有制企业有正确的定位。国有资本控股和参股企业的定位、发展规划不能相同。与此相对应，国有资本控股和参股的运营方式、激励约束机制、监管方式都应在原国有企业的管理基础上进行规划调整。混合所有制企业应同其他性质的企业一样，遵守企业运行规律和市场规律参与市场竞争，杜绝非市场因素的干扰与束缚。

其次，在推进国有企业混改之前就应当对国企的自身战略定位、发展规划、目标、方向、战略措施等进行清晰的长远规划，从而使国企自身发展方向、目标更加清晰，这样有助于完成国家赋予企业的功能和使命，也有助于国有经济布局优化，使国有企业符合市场经济发展规律与企业运行规律。原则上，混改前后国有企业的战略方向、功能地位以及发展方向不做非常大的调整，这样能使外部投资者能对国企有比较确定的、正确的了解和认识。但是，国企也应该借助混改之机，调整优化自身发展规划、发展目标、战略措施，主要包括优化企业资源配置、主营业务和副业组合以及扩大资产在产业链上的范围，制定更加符合企业自身发展的目标、规划、战略举措，能够抓住机遇加快发展，激活企业的活力，提高企业的运行效率①。

最后，国有企业分类改革与功能定位不清晰。目前国有企业特别是央企，兼具市场盈利性与公共政策性功能，二者的使命和功能明显冲突，在实际的经营过程中过多的注重盈利性功能的使命。对于既有盈利性又承担公共政策功能的国有企业，在混改前要区分盈利性和公共政策性的功能，对企业重新定位，规划其发展目标，符合混合条件的才能进行混改。

---

① 2018 年 6 月中共中央党校"战略思维与领导能力"研究专题。

五、正确认识"管企业"为主向"管资本"为主转变

"管资本"是国资委改革的最终目标和理想状态，并不是建立投资运营公司就能够实现"管资本"。十八届三中全会提出"完善国有资产管理体制，以管资本为主加强国有资产监管，改革国有资本授权经营体制，组建若干国有资本运营公司，支持有条件的国有企业改组为国有资本投资公司"①。2015年8月公布的《关于深化国有企业改革的指导意见》中再次提出："围绕管资本为主加快转变国有资产监督管理职能，改革国有资本授权经营体制"。2018年7月出台的《关于推进国有资本投资、运营公司改革试点的实施意见》中也反复强调要"以管资本为主加强国有资产监管，完善国有资本投资运营的市场化机制"。政策文件中反复强调"管资本为主"，而很多人把"为主"两个字去掉了，变成了从"管企业"向"管资本"转变，并且认为组建国有资产投资运营公司就不用"管企业"，这是对国有企业改革的错误认识，没有认识到国有企业改革的实质问题。

"管资本"的前提条件是国有资产资本化，或者国有企业整体上市之后的一种理想化的国有资产监管模式。据粗略统计，截至止2018年底，国有控股的工业企业数量约占上市公司数量的5%；A股上市的国有资产数量占A股总市值的10%左右，中国国有资产绝大部分没有证券化，管资本还有很长一段路要走。其实目前国有资产上仍然附属沉重的社会负担、冗员，最大的问题是怎么把"国有资产"转变为"国有资本"，即国有资产证券化，"剥离社会负担"并解决国企的冗员问题，这也是国有企业的顽固性问题，需要配套措施的实施。

---

① 中共中央关于全面深化改革若干重大问题的决定［R/OL］．中国共产党新闻网，2013 – 11 – 15.

第四节　混合所有制改革的政策建议

一、加强国有企业混合所有改革的顶层制度设计

在现有的相关文献中，有的学者认为中国的改革路线一直是"摸着石头过河"① 的模式，没有"顶层设计"模式。有学者认为中国的改革模式分成两个阶段，2011 年之前的阶段是"摸着石头过河"模式，2011 年之后的改革模式转向"顶层设计"模式②，当然这两种观点都是不正确的。中国的改革是"摸着石头过河"与"顶层设计"并存的渐进式的改革模式③，一是"摸着石头过河"模式，该模式是新中国成立初期陈云提出的，后来邓小平强调中国的改革要以此模式为主要改革模式来推进，其主要强调改革的步子不要大踏步前进，"要小步慢行"和"试错"，这主要是由中国当时特殊的国情决定的，必须保证中国经济的稳定发展④。二是"顶层设计"模式，该模式是指领导的决策层是以精英群体构成，主要以关切民众、基层建议、专业论证为基础，就国家发展的目标模式、国家的体制机制以及国家重大的、关键的涉及基础领域等的重大问题做出系统性、整体性、战略性和实践性的总

---

① "摸着石头过河"的涵义是中央在没有现成的社会主义国家改革的成功经验，以及具体的改革理论作指导的情况下，所作出的一种渐进的、审慎的、探索性的实践指导思想。

② 王曦，彭业硕. 从摸着石头过河到顶层设计——中国改革模式的演进［J］. 中山大学学报（社会科学版），2018，58（06）：1－8.

③ 从世界上其他国家改革的过程看，改革分渐进式和突变式两种模式。苏联是典型的突变式模式，苏联已解体，这种模式就不再探讨。其他国家的改革大都适用渐进式模式进行改革。

④ 陈云在 1980 年 12 月 16 日中央工作会议上说："我们要改革，但是步子要稳。因为我们的改革，问题复杂，不能要求过急。改革固然要靠一定的理论研究、经济统计和经济预测，更重要的还是要从试点着手，随时总结 经验，也就是要'摸着石头过河'。"

体部署和安排①。

　　十八届三中全会强调："当前，我国发展进入新阶段，改革进入攻坚期和深水区。必须以强烈的历史使命感，最大限度集中全党全社会智慧，最大限度调动一切积极因素，敢于啃硬骨头，敢于涉险滩，以更大决心冲破思想观念的束缚、突破利益固化的藩篱，推动中国特色社会主义制度自我完善和发展。"这说明中国改革的难度比较大，在深水区的主要特征一是水深，二是暗礁和暗涌的激流多，"我们不可能也不应该再像以往那样摸着石头过河。风险在加大，若无顶层设计，零打碎敲，改革将难以向纵深展开"②。习近平在2017年6月26日的中央深化改革领导小组的讲话中再次强调："注重系统性、整体性、协同性是全面深化改革的内在要求，也是推进改革的重要方法。改革越深入，越要注意协同，既抓改革方案协同，也抓改革落实协同，更抓改革效果协同，促进各项改革举措在政策取向上相互配合、在实施过程中相互促进、在改革成效上相得益彰，朝着全面深化改革总目标聚焦发力。"改革开放初期，中国的经济结构相对简单，相对简单的问题，用试错的方式去探索尚能得出一般性结论。但是现在中国的经济结构比较复杂，四十年改革遗留的问题都是比较难解决的，在浅水区的基本上都已经解决，再用"摸着石头过河"的方式去探索清楚深水区的、水底的复杂情况恐怕不是简单的事情。深水区的问题错综复杂，用"摸着石头过河"的方法不能解决问题，所以，要"更大决心冲破思想观念的束缚"，要用新的方法解决现在的问题，要协同、整体、系统推进，各项措施配合，才能对顽疾性的问题聚焦发力。

　　目前的顶层设计还处于比较粗糙的阶段，在执行层面存在困难。再者顶层设计必须有健全的法律制度体系做保障，这是混合所有制改革的攻坚点和难点。然而，这也面临着两大矛盾：一方面，现有的利益相关者竭力维护自

---

①　王曦，彭业硕．从摸着石头过河到顶层设计—中国改革模式的演进［J］．中山大学学报（社会科学版），2018，58（06：1-8）．

②　王东京．中国经济体制改革的理论逻辑与实践逻辑［J］．管理世界，2018，34（04）：1-7．

身利益，顶层设计需要靠改革打破寻租势力对原体系的维护，而这些既得利益的利益相关者往往与顶层设计的主体有着较密切的联系；另一方面，原有法律体系要维持已经建立的秩序，如果新的法律制度要突破已有法律约束，那么，就必须重新建立新的价值观和秩序①。这两个矛盾能否恰当地解决，一是取决于顶层领导是否有"壮士断腕"的决心；二是要正确对待法律和政治的关系。

所以，目前的改革是一个系统性工程，要多部门协同推进，从全局出发，兼顾整体与局部，以关切民众、基层建议、专业论证为基础，就国家发展的目标模式、国家的体制机制以及涉及国家重大的、关键的基础领域等重大问题，做出系统性、整体性、战略性和实践性的总体部署和安排。

二、打破"政企不分"瓶颈方法

政府和企业的问题一直是国企改革中的重要问题，2003 年国资委的成立目的是划清政府和企业的权利边界，把企业的经营权还给企业，政府回归公共服务领域，做好守夜人、监督员、气象员和服务员。改革多年"政企不分"一直没解决，根源不在企业，而是现代企业制度与国资委的管理体制相矛盾，这已经成为决定混改成败的制度性问题。打破"政企不分"的制度性瓶颈关键在于市场化、去行政化、促规范化②，政府要归还企业的经营权，要引入市场机制，使市场在资源配置中起决定性作用，政府要建立规范的以"管资本为主"的监督管理体制，使国企成为真正的微观市场运行主体。实现"政企分开"、推进混改，关键是市场化、去行政化和规范化三者有机统一，措施如下。

第一，界定政府、市场、企业的权利边界。政府的职能是就是要维护社会稳定，提供公共服务，制定法律法规，充当守夜人、监督员、气象员和服

---

① 陈金钊. 法制与改革的关系及改革顶层设计 [J]. 法学，2014（08）：3-16.
② 葛培健. 打破政企不分的制度性瓶颈 [J]. 董事会，2017（08）：90-91.

务员①。政府为市场运行提供必要的产权基础设施，主要包括界定与注册产权、保护产权、化解产权纠纷、提供产权交易平台、监管金融市场运行以及制定宏观经济政策。政府与市场的关系是政府如何更好地为市场顺畅运行提供政策保障，而不是谁做的多一点谁做得少一点得问题，政府就只做市场做不好的事情，市场不能做的事情。政府向市场放权，主要是放资源配置的权利，让市场在资源配置中起决定性作用，政府将经济竞争的角色还给企业②。

第二，围绕政府"放权"，国企"去行政化"，让政府和企业各自归位。"放权"不是放下企业不管，主要是对企业的经营与管理权放手，不干预企业的经营管理；以"管资本为主"也并不是不管企业，而是让政府"看得见的手"归位、市场"看不见的手"到位，让企业真正走入市场，拥有独立的经营决策权，让企业真正成为"自主经营、自负盈亏、自担风险、自我约束"的微观市场主体。要正确理解所有权与经营权分离，在政府由"管企业"为主向"管资本为主"转变的过程中，政府要起把控作用，完善以"管资本为主"的国资监管机制，加快完善分类监管与分类考核体制的建立，建立科学、有效的监管体系。

第三，落实政府"放权"，国企改革坚持"市场化"方向，让政府和企业在各自领域内发挥自己的职能。2017年4月27日国务院国资委办公厅《国务院国资委以管资本为主推进职能转变方案》（国办发〔2017〕38号）的核心思想是转变国资委的职能，国资委"按照政企分开、政资分开、所有权与经营权分离要求，科学界定国有资产出资人监管的边界……根据授权代表国务院依法履行出资人职责，专司国有资产监管，不行使社会公共管理职能，不干预企业依法行使自主经营权"③。所以，国资委从"管人、管事、管资产"向仅"管资产为主"转变，真正行使出资人的身份，把人、事的权

① 潘云良．从无锡尚德破产案看政府与市场的关系〔J〕．领导科学论坛，2018（18）：47 - 67.

② 张燕生，肖耿．政府与市场中国经验〔M〕．北京：中信出版社，2017：16.

③ 国务院国资委以管资本为主推进职能转变方案〔EB/OL〕．中华人民共和国中央人民政府网，2017 - 04 - 27.

利交还给企业，使企业董事会有自主决策权，即日常经营决策权、用人权；国企特别是混改的企业要依法依规完善企业的法人治理结构，要积极主动接住接好国资放给的人、事权利，走向市场。建立职业经理人市场化的选人、聘任制度，完善市场化的薪酬激励机制，彻底改变"空降""行政选拔和指令性"现象。首先，可以先探索国有企业内部的准市场化过渡，即股东大会、董事会以及经理层在国有企业内部选聘，逐步从"行政任命"转向"市场化"选聘；其次，探索契约化管理，建立任期考核激励机制，逐步过渡到董事会通过市场化选聘职业经理人的制度，最终实现现有高管向市场化转换。

三、国有企业产权的改革方向

首先，完善产权交易体制机制。

混合所有制改革已经进行一段时间，混合所有制改革也取得一定的成绩，但是一些大型国企的混合所有制改革仅仅是在其"子孙"公司层面进行改革，有的仅是企业的辅业上进行改革，有的仅仅是某一业务的产业链上一小段的改革，有的是成立新设公司投资新的项目，但是尚没有触及更深层面的改革。有关机构的调研表明，其主要原因是有二：一是迎合政策的需要，完成混合所有制改革的任务；二是担心背上国有资产流失的罪名，对于深层次的混改积极性不高，甚至是上级不催不动的状态。这主要是对混合所有制改革的误解。比如，认为引入非公资本就是减少国有资产的股权资本，会造成国有资产流失，这是对降低股权比例与减少股权资本的混淆，国有企业的混合所有制改革是增量改革，调整国有企业的股权结构，重点是改而不是混。国有资产流失并不是混和所有制改革引起的，关键是国有企业的产权交易的问题。产权交易的市场完善、相应的法律规范完善、交易过程、交易程序、交易内容等相关联的交易公开透明，在混改的过程中就不会造成国有资产流失。所以，要加快完善产权交易体制，确保混和所有制改革的产权交易顺利进行。

混合所有制改革要求国有资本、集体资本、私人资本以及其他性质的资本交叉持股，相互融合，都参与到混合所有制改革中来，这就要求各种资本的产权能够自由流动，自由进出产权市场。这必然要求具备完善的产权交易平台，和产权交易体制机制。但是目前，中国的产权交易市场，尚不成熟，产权交易体制还不具备为混和所有制改革中的各类产权交易提供公开透明的平台，所以，要加快产权交易平台的建设，完善各种法律措施，进一步促进产权自由进退市场的交易机制体制的建立。公开透明的产权交易平台，可以使国有产权自由流动，不仅可以盘活存量资本，同时可以提供资产的配置效率，提高资产的经济效益。

其次，寻找合适的国资产权主体的代理人。

目前国企改革中，许多人认为，国企产权的问题是产权主体不清晰，交易无法进行，认为只有私有产权才是清晰的产权，这是对中国国企产权的错误认识。中国的国有资产属于全体人民，这个是非常清楚的，也是不用争议的。问题是，国有资产经营过程中的委托代理关系链条太长，出现了双重委托人与代理人之间的冲突，在委托代理环节出现了问题。目前，国资委对国有资产进行管理，掌控着国有资产的控制权，导致国有产权主体"缺位"（在上文中已经分析）。国资委作为行政机构不具备合格的国有产权代理人所要求的条件，经营管理职能与行政职能冲突，企业经营决策时必然受行政命令的约束，导致无法做出正确的经营决策，行政职权滥用，这就是典型的政企不分。这么多年的国有企业改革，一直试图去解决政企分离的问题，但是一直都没取得满意的效果，只要具有行政职能的机构充当国有资产的代理人，这个问题就无法解决。所以，具有行政职能的国资委不是国有资产产权主体的合适人选。合格的产权主体应该具备两点：一是经营职能与行政职能不能混为一谈，必须把政府职能分离出来；二是必须严格规范国有产权主体的权、责、利之间的关系。再者，有效的产权主体应该具备一定的投资经营决策权，同时具备一定的经营收益权和剩余索取权。那么，目前看来，具备专业投资能力的投资机构是个比较好的选择，这也符合目前政策的要求，加

232

快组建投资运营公司，其目的就是把国资委的行政职能和经营职能分开，使其有效起到政府和企业之间的"隔离带"的作用，有效的解决国有资本的代理人缺位的问题。

第三，健全国有企业产权制度的配套法律措施。

在国有企业改革的过程中，虽然出台了诸多有关产权制度的法律规范，例如，国有企业的产权交易、资产的相关处理，但是这些相关的法律制度不够完善，覆盖面窄；再者，法律制度存在时效性，国企产权的相关法律滞后于国企改革的速度。在国有企业的改组过程中，有很多国有资产并没有进行彻底的清查和规范的资产评估，致使国有资产处于混乱的状况，要加强国有资产产权的清晰界定。在混和所有制改革前，要进行国有产权和私有产权充分清晰的界定，防止混合所有制改革后产权混乱。要尽快界定国有产权各项权利的归属以及从属权的具体使用者，清晰界定责、权、利与使用者。国有企业的产权包括产权的所有权、使用权、占有权、收益权、处置权等一系列权利束，所以在界定国有企业产权的时候，不仅要界定所有权的归属，还要进一步清晰界定除所有权之外的其他权利的归属，要使各项权利主体的权、责、利相统一。由于目前国有企业的相应产权没有上升法律，而只是在企业的相关法律中有部分规定，所以要尽快完善公司法、企业的国有资产法以及其他相配套的法律措施，关键是要出台有可操作性的实施细则，加强对各类产权主体的保护，使混合所有制改革中的产权主体不受其他产权的伤害。

四、完善混合所有制企业的治理机制

混合所有制改革的目的是提高企业的效率，做大做强做优国有资本，提高企业的经营水平和管理水平，从而使国有企业在市场中具有较强的竞争力，从根本上改变我国公司的治理结构和治理模式。目前我国企业的治理机制相对于国际一流企业而言，处于比较低的治理水平，我国的制度和法律环境与其他国家不同，所以要创新企业的治理机制。

首先，建立管理层的信息共享机制。从博弈论的角度来说，混合所有制

企业的治理，是董事长、内部董事、独立董事以及经理层多方信息博弈的过程，要建立董事与外部董事、董事会与经理层之间的信息共享机制①。企业的职业经理人对企业、市场的信息掌握比较全面，对市场反应也比较敏感。董事有着丰富的知识和经验，但是，董事要把他的知识经验转化成有效的决策，才能体现出董事的价值与作用，才有利于企业的发展。董事必须充分了解市场，充分掌握企业的信息、市场的动态，董事会会议、企业经理人充分的沟通交流是比较好的渠道。除此之外，在董事与董事之间（包括独立董事）、董事会与经理层之间，应该建立比较顺畅的信息平台，企业的这两个管理层的信息共享，有利于抓住市场机遇对企业做出正确的决策。

其次，完善公司治理的权力制衡机制。混合所有制改革的目的之一是建立比较有效的制衡机制，在董事会内部要有董事之间的权力制衡机制，避免董事会的"一言堂"。此外还要形成董事和经理人的权力制衡机制，使董事和经理层充分发挥各自的优势，实现企业利益的最大化。这就要建立比较规范的董事会，按照公司法的相关要求，设置董事会的规模。国外一些公司的经理层不参与董事会，独立董事的选聘是行业的专家，独立于企业，可以给企业比较中肯的建议，独立董事的人数也能够起到制衡公司内部董事的作用，避免公司的内部董事相互勾结，遇到比较重大的决策能够有发言权。可以采用国外一些公司的联席董事长制度，独立董事担任董事长，能够保持董事与经理的独立性，比较有效的是董事与经理相分离，这样公司的决策权和执行权起到了相互制衡的作用。

最后，完善决策机制。公司治理的目标是有效控制经理人权力，但国有企业混合所有制改革也并非是将权力从一方向另一方转移的改革。我国国有企业混合所有制改革后，要形成投资主体多元化、股权结构分散的董事会制度和运行机制，改革后的国有企业以一种复杂的组织形式存在，其特征是决策程序中的决策经营和决策控制的不统一，采用庞德提出的"治理型公司"

---

① 邓林. 国有企业混合所有制改革下的公司治理分析 [J]. 经济研究导刊, 2017 (34): 4-5.

234

模式较为合理。在该模式下，董事会的主要职责是进行决策改善，由经理人负责决策经营（决策的提议和实施），董事会负责决策控制（决策认可和监督），鼓励董事会积极参与企业决策。

五、完善国有企业混合所有制改革的保障机制

当前国有企业的难点就是国企的市场化与打破行政垄断的问题，国企存在着传统国企遗留下的顽固疾瘤，发展到现在已经造成了严重的国有企业流失，主要表现在国企的经营效率下降、亏损面比较大。再者自十八大反腐以来，国企的贪污案令人震惊，国企成腐败的重灾区，特别是行政垄断行业，更是有腐败"窝案"发生。目前国企的这些问题，主要是因为国企的改革与行政体制改革不匹配，这不仅仅滋生了腐败，同时损害了经济效率，导致资源配置扭曲和分配不公，制约改革的进展。所以，国企改革要以此作为突破口，打破行政垄断，营造公平的市场环境，建立有效的监督激励机制，从而提高企业的运行效率。混合所有制改革的实践表明，以"国民共进"为改革导向，无论是国资控股还是国资参股，国企混合所有制改革都能取得一种互利双赢的良好效果。但推进混改过程中遇到的问题和困难也不容忽视，如国有资产流失、民营企业积极性不高等。为有效推进国企混合所有制改革，加快实现《关于深化国有企业改革的指导意见》提出的"到2020年，在国有企业改革重要领域和关键环节取得决定性成果"的目标要求，需要建立和加强相应的保障机制。

1. 进一步完善国资监督管理法律法规体系

国有资产管理体制改革与混合所有制改革相辅相成。混合所有制改革能够促进国有资产管理体制改革，国有资产管理体制改革也能够为混合所有制改革扫清障碍。混合所有制改革的结果是企业的股权结构多元化，不同产权主体的利益诉求不同，对混改企业的监管方式也必然要求改变，针对不同的混改企业类型的要"分类监管"，加快完善国有资本监管法律制度建设，以防国有资产流失。混合所有制改革的另一个目的是转变国资委的双重身份，

使其只具有监督国有资产的功能，实现国资委从"管企业"为主向"管资本"为主转变，这就要求加快建立混合所有制改革的配套措施，准确界定国资委的地位，使之更有利于推进"政资分开"。目前理论界和实务操作都认为要形成"国资委—授权的国有资本运营公司—混合所有制企业"的三层架构模式①。但是笔者认为，国资委只授权是无法根本解决原来的问题的，也无法解决国有企业产权主体"越位""错位"问题，这种所谓的"隔离带"，只不过是在国有企业头顶上又多了一个管理层级，使问题变得更加复杂。要创新国有资本管理方式，包括国有资产的授权管理体制机制，目前国有资本管理运营公司是由政府或者国资委授权，可以探讨人民代表大会的国有资产管理职能部门授权，国资委仅对国有资本进行监管，而不是建立三级授权架构模式。这样才能彻底切断投资运营公司与政府的联系，实现"政企分离"。

2. 完善市场化选聘机制，加快职业经理人市场化的制度建设

国有企业的改革最大的突破是引入市场化方式实现混合所有制改革，但是混合所有制企业的治理是系关混合所有制改革成败的重要环节，为保障混合企业的健康发展，必须改变原国有企业的人事任命方式，建立市场化选人用人选聘机制。这就需要在完善国有企业治理结构的前提下，引入职业经理人制度，加大职业经理人的市场选聘比例，逐步建立市场化的职业经理人体系。要实现构建干部能上能下，员工能进的用人制度。德勤国企改革转型系列白皮书指出，"面对新的人力资本趋势，积极采取行动的企业组织才有可能获取竞争优势。这其中，国有企业人力资本领域的改革力度与难度将远远高于非公有制经济组织。……真正落实人才激励机制，鼓励各种改革探索"。习近平总书记在2016年7月4日对国企改革做出重要指示，强调"发挥国有企业各类人才积极性、主动性、创造性，激发各类要素活力"②。只有"人"的激励机制到位了，才有真心拥护、支持、不断推进改革的主体，改革也才能真正落地成功。同时，明确容错机制，保护和奖励改革先行者，改革的支

---

① 杨瑞龙. 以混合经济为突破口推进国有企业改革 [J]. 改革，2014 (05)：19 – 22.
② 习近平对国有企业改革做出重要指示强调 [EB/OL]. 人民网，2016 – 07 – 05.

持和执行力度才能不断提高。只有建立最优的高管报酬机制才能促使职业经理人将自身利益最大化转化为企业利润的最大化。真正的职业经理人制度应该对应市场化的薪酬体系，把职业经理人的责任心、事业心激发出来。在具体的实践操作中，先用"新人新政策，老人老办法"的政策过渡，在试行一段时间后，逐步推行市场化的用人机制体制，同时企业的发展离不开人才，要建立与市场化相匹配的激励约束机制，给予职业经理发挥企业家才能的动力和舞台，对职业经理人的考核、培育要与激励约束机制配套实施。例如，中国建材集团职业经理人制度值得借鉴，给其他混改国企职业经理人队伍建设提供了以下三条思路：一是有步骤、有重点地从市场中选聘，二是在联合重组中留用优秀民营企业家，三是按照职业经理人的标准进行自我培养①。

3. 建立保护利益相关者的保障机制，充分激发创新潜能

混合所有制改革涉及各方利益，要建立相关利益者的权益保障机制，激发各方面改革创新积极性，成功的国企混改不仅要保障国有资本所有者的合法权益，避免出现利益输送和国有资产流失，也要保障参与混改的非国有资本所有者合法权益不受到侵害，还要保障包括管理人员在内的全体员工的权益并调动其积极性。为此，不仅要建立健全有关产权保护制度，完善公司治理结构，还要加强党的领导，处理好"新三会""老三会"的关系，建立激励约束机制。国企在混改过程中需重新设计激励相容机制，让新的公司治理结构得以平衡不同的利益主体，通过利益平衡满足不同主体的合理利益诉求，使企业价值创造最大化。因此，公司治理模式的优化也是完成混合所有制改革的重要步骤。在混改企业发展过程中，应考虑用长期的激励机制调动企业管理人员和员工的积极性。

4. 完善配套法律保障体系促使政府、企业规范化管理

要确保政府和企业在法律框架下行使各自的权利，现有的法律与政府干预企业的行为冲突，表面上看是行政体制与市场体制的冲突，本质是现有法

---

① 杨瑞龙. 以混合经济为突破口推进国有企业改革 [J]. 改革，2014（05）：19 - 22.

律体系与当前市场规则体系的冲突。所以，要在企业国有资产法、公司法的基础之上，加快调整与完善与混改相配套的法律法规，剔除与当前市场运行不匹配的相关法规；完善与混合所有制改革企业相匹配的企业制度，规范企业中各权力主体的权、责、利以及行权方式，确保深化国企改革与依法治理企业的有机统一。要落实和规范董事会的各项职能，国企混改的最终目的是构建国企的现代治理结构和法人治理体系，关键在优化董事会的结构和董事会的治理模式。转变董事会的治理模式，要探讨并试行职工董事制度，完善独立董事职能，扩大独立董事的席位，发挥独立董事得制衡的作用；引入市场机制、员工持股制度、战略投资者，不仅可以优化公司的股权结构，而且先进的管理理念，可以形成市场化的公司治理模式，从而有利于增加企业活力，达到提高企业的运行效率的目的。

参考文献

参考书目类

［1］福雷德蒙德·马利克．正确公司治理：发挥公司监事会的效率应对复杂情况［M］．北京：机械工业出版社，2018．

［2］斐迪南·滕尼斯．共同体与社会［M］．林荣远，译．北京：商务印书馆，1992．

［3］卢梭．社会契约论［M］．北京：商务印书馆，1987．

［4］W. 钱·金，德妮·莫博涅．蓝海战略（扩展版）［M］．北京：商务印书馆，2016．

［5］彼得·德鲁克．创新与企业家精神［M］．北京：机械工业出版社，2017．

［6］道格拉斯·诺斯，罗伯特·托马斯．西方世界的兴起［M］．北京：华夏出版社，2009．

［7］凡勃伦．企业论［M］．北京：商务印书馆，2012．

［8］亨利·基辛格．世界秩序［M］．北京：中信出版社，2015．

［9］加里·贝克尔．人力资本［M］．北京：北京大学出版社，1987．

［10］杰弗里·萨克斯．文明的代价：回归繁荣之路［M］．杭州：浙江大学出版社，2014．

［11］罗纳德·H. 科斯．财产权利与制度变迁：产权学派与新制度学派

译文集［M］．上海：格致出版社，2014.

[12] 罗纳德·H. 科斯．企业、市场与法制［M］．上海：格致出版社，2014.

[13] 舒西奥多·舒尔茨．论人力资本投资［M］．中译本．北京：中国经济出版社，1987.

[14] 西奥多·舒尔茨．对人进行投资［M］．北京：商务印书馆，2017.

[15] 小艾尔弗雷德·D. 钱德勒．看得见的手——美国企业的管理革命［M］．北京：商务印书馆，1987.

[16] 约瑟夫·熊彼特．经济发展理论［M］．北京：华夏出版社，2015.

[17] 稻盛和夫．企业家精神［M］．北京：机械工业出版社，2018.

[18] 阿尔弗雷德·马歇尔．经济学原理：上卷［M］．太原：山西人民出版社．

[19] 边沁．道德与立法原理导论［M］．北京：商务印书馆，2000.

[20] 戴维·郝尔德．全球盟约：华盛顿共识与社会民主［M］．北京：社会科学文献出版社，2005.

[21] 弗里德里希·奥古斯特·冯·哈耶克．通往奴役之路［M］．北京：中国社会科学出版社，1997.

[22] 马丁·沃尔夫．转型与冲击［M］．北京：中信出版社，2015.

[23] 亚当·斯密．道德情操论［M］．北京：商务印书馆，2008.

[24] 亚当·斯密．国富论［M］．北京：商务印书馆，2015.

[25] 约翰·梅纳德·凯恩斯．就业、利息和货币通论［M］．北京：商务印书馆，1999.

[26]《国资报告》杂志社．国企改革12样本［M］．北京：中国经济出版社，2016.

[27] 常修泽．混合所有制经济新论［M］．合肥：安徽人民出版

社，2017.

[28] 常修泽. 所有制改革与创新：中国所有制结构改革 40 年 ［M］.广州：广东经济出版社，2018.

[29] 陈宝明. 国有企业之路：英国 ［M］. 兰州：兰州大学出版社，1999.

[30] 董有德. 国有企业之路：美国 ［M］. 兰州：兰州大学出版社，1999.

[31] 高明华. 公司治理与国有企业改革 ［M］. 上海：东方出版中心，2017.

[32] 海闻. 改革与未来 ［M］. 北京：中国人民大学出版社，2015.

[33] 胡希宁，郭威，杨振. 当代西方经济学流派 ［M］. 北京：中共中央党校出版社，2016.

[34] 胡希宁. 当代西方经济学概论 ［M］. 北京：中共中央党校出版社，2011.

[35] 李路曲. 新加坡道路 ［M］. 北京：中国社会科学出版社，2018.

[36] 李维安，郝臣. 公司治理手册 ［M］. 北京：清华大学出版社，2015.

[37] 厉以宁. 中国道路与混合所有制经济 ［M］. 北京：商务印书馆，2014.

[38] 厉以宁. 中国经济双重转型之路 ［M］. 北京：中国人民大学出版社，2013.

[39] 列宁. 列宁选集：第 1 卷 ［M］. 北京：人民出版社，2012.

[40] 林毅夫. 解读中国经济（增订版）［M］. 北京：北京大学出版社，2012.

[41] 鲁从明. 资本论的思想精华和伟大生命力 ［M］. 北京：中共中央党校出版社，2015.

[42] 马克思，恩格斯. 共产党宣言 ［M］. 北京：人民出版社，2014.

［43］马克思，恩格斯．马克思恩格斯全集：第23卷［M］．北京：人民出版社，1982.

［44］马克思，恩格斯．马克思恩格斯全集：第25卷［M］．北京：人民出版社，1982.

［45］马克思，恩格斯．马克思恩格斯全集：第2卷［M］．北京：人民出版社，1982.

［46］马克思，恩格斯．马克思恩格斯全集：第3卷［M］　北京：人民出版社，1982.

［47］马克思，恩格斯．马克思恩格斯全集：第44卷［M］．北京：人民出版社，1982.

［48］马克思，恩格斯．马克思恩格斯全集：第6卷［M］．北京：人民出版社，1982.

［49］马克思，恩格斯．马克思恩格斯文集：第1卷［M］．北京：人民出版社，2009.

［50］马克思，恩格斯．马克思恩格斯文集：第2卷［M］．北京：人民出版社，2009.

［51］马克思．资本论：第1卷［M］．北京：人民出版社，2008.

［52］马克思．资本论：第2卷［M］．北京：人民出版社，2008.

［53］马克思．资本论：第3卷［M］．北京：人民出版社，2008.

［54］毛泽东．毛泽东选集：第4卷［M］．北京：人民出版社，1991.

［55］莫少昆，余继业．问道淡马锡［M］．北京：中国经济出版社，2015.

［56］潘云良．中共中央党校经典案例教学选编［M］．北京：中共中央党校出版社，2017.

［57］彭文生．渐行渐远的红利——寻找中国新平衡［M］．北京：社会科学文献出版社，2013.

［58］宋志平．国进民退：习近平谈混合所有制［M］．北京：企业管理

出版社，2014.

　　［59］苏星. 新中国经济史［M］. 北京：中共中央党校出版社，2007.

　　［60］王天义. 马克思主义经济学教程［M］. 北京：中共中央党校出版社，2006.

　　［61］韦森. 中国经济增长的真实逻辑［M］. 北京：中信出版社，2017.

　　［62］卫祥云. 国企改革新思路［M］. 北京：电子科技出版社，2013.

　　［63］吴敬琏，厉以宁，林毅夫. 读懂新常态②［M］. 北京：中信出版社，2016.

　　［64］吴敬琏，厉以宁，林毅夫. 读懂中国改革④——关键五年（2016—2020）［M］. 北京：中信出版社，2016.

　　［65］习近平谈治国理政：第二卷［M］. 北京：外文出版社，2017.

　　［66］习近平谈治国理政［M］. 北京：外文出版社，2014.

　　［67］晓甘. 国民共进：宋志平谈混合所有制［M］. 北京：企业管理出版社，2014.

　　［68］徐向艺. 公司治理［M］. 北京：经济科学出版社，2015.

　　［69］杨开峰. 国有企业之路：法国［M］. 兰州：兰州大学出版社，1999.

　　［70］杨瑞龙. 国有企业分类改革的逻辑、路径与实施［M］. 北京：中国社会科学出版社，2017.

　　［71］张维迎，林毅夫. 政府的边界［M］. 北京：民主与建设出版社，2017.

　　［72］张维迎. 企业理论与中国企业改革［M］. 北京：上海人民出版社，2014.

　　［73］张燕生，肖耿. 政府与市场中国经验［M］. 北京：中信出版社，2017.

　　［74］张燕喜，石霞. 资本论与中国经济理论热点［M］. 北京：中共中

央党校出版社，2009.

[75] 张卓元. 十八大后经济改革与转型 ［M］. 北京：中国人民大学出版社，2014.

[76] 郑有贵. 中华人民共和国经济史 （1949—2012）［M］. 北京：当代中国出版社，2016.

[77] 中共中央文献研究室. 十八大以来重要文献选编（中）［M］. 北京：中央文献出版社，2016.

[78] 中共中央文献研究室. 习近平关于社会主义经济建设论述摘编［M］. 北京：中央文献出版社，2017.

[79] 中共中央宣传部. 习近平新时代中国特色社会主义思想三十讲［M］. 北京：学习出版社，2018.

[80] 国有资产监督管理年鉴编委会. 2015 中国国有资产监督管理年鉴［M］. 北京：中国经济出版社，2015.

[81] 国有资产监督管理年鉴编委会. 中国国有资产监督管理年鉴.［M］. 北京：中国经济出版社，2016.

[82] 仲继银. 董事会与公司治理［M］. 北京：中国发展出版社，2014.

[83] 周其仁. 改革的逻辑［M］. 北京：中信出版社，2013.

[84] 朱克力. 供给侧改革引领"十三五"［M］. 北京：中信出版社，2016.

期刊论文类

[1] H. 彼得斯，李莉娜. 中国："全面深化改革"将何去何从？——社会力量的多元化与民营资本的进军［J］. 马克思主义与现实，2014（05）：169 – 174.

[2] 白暴力. 现阶段产权制度的两重性与现代产权制度建设［J］. 社会科学研究，2015（06）：30 – 34.

[3] 伯娜. 改革开放以来混合所有制经济及其发展 [J]. 特区经济, 2007 (07): 272 - 273.

[4] 曹立. 混合所有制研究 [D]. 北京: 中共中央党校, 2002.

[5] 曾广波. 马克思的人力资本思想及其当代价值研究 [D]. 长沙: 湖南大学, 2016.

[6] 常修泽. 新阶段国企发展混合所有制经济的推进方略研究 [J]. 经济社会体制比较, 2017 (06): 4 - 7.

[7] 陈初昇, 衣长军. 基于人力资本视角的治理模式与企业所有权配置 [J]. 宏观经济研究, 2010 (07): 54 - 58.

[8] 陈东琪, 臧跃茹, 刘立峰, 等. 国有经济布局战略性调整的方向和改革举措研究 [J]. 宏观经济研究, 2015 (01): 3 - 17.

[9] 陈小洪. 国有经济的功能和分类: 理论、趋势和政策 [J]. 产业经济评论, 2015 (01): 11 - 25.

[10] 程恩富, 谢长安. 论资本主义和社会主义的混合所有制 [J]. 马克思主义研究, 2015 (01): 51 - 61, 158 - 159.

[11] 崔向阳, 钱书法. 论马克思社会分工制度理论的科学内涵及其理论贡献 [J]. 马克思主义与现实, 2010 (04): 142 - 148.

[12] 单虹, 龚光明. 国有企业产权制度改革路径及其边界——基于中国上市公司的经验证据 [J]. 江汉论坛, 2016 (08): 37 - 41.

[13] 邓林. 国有企业混合所有制改革下的公司治理分析 [J]. 经济研究导刊, 2017 (34): 4 - 5.

[14] 邓沛琦. 中英混合所有制经济模式比较研究 [D]. 武汉: 武汉大学, 2015.

[15] 董辅礽. 中国国有企业改革的基本思路 [J]. 新疆社会经济, 1995 (02): 18 - 27.

[16] 范伟红. 人力资本参与企业产权分配制度研究 [D]. 济南: 山东大学, 2005.

［17］冯埃生．混合所有制的公司治理效应［D］．大连：东北财经大学，2016.

［18］高明华，杨丹，杜雯翠，等．国有企业分类改革与分类治理——基于七家国有企业的调研［J］．经济社会体制比较，2014（02）：19－34.

［19］高青松，唐芳．国有企业混合所有制改革理论研究进展及评述［J］．改革与战略，2016，32（12）：149－154.

［20］葛培健．独董首先得搞清楚"我是谁"［J］．董事会，2016（05）：86－88.

［21］葛培健．葛培健：国企争一流核心在人才［J］．董事会，2017（11）：29－30.

［22］宫秀川．全球治理视阈下的利益共同体研究［D］．北京：中共中央党校，2017.

［23］郭滨辉．PPP项目的资产权属、会计核算及税务处理［J］．财会月刊，2019（03）：73－77.

［24］郭武平．"金股"：国有银行吸引战略投资者的有效途径——兼论国有银行股权设计［J］．金融研究，2004（08）：78－85.

［25］胡锋，石涛．以管资本为主加强国资监管的路径研究［J］．湖湘论坛，2019（02）：153－159.

［26］黄群慧．新时期如何积极发展混合所有制经济［J］．行政管理改革，2013（12）：49－54.

［27］黄速建．中国国有企业混合所有制改革研究［J］．经济管理，2014，36（07）：1－10.

［28］蒋海曦，田永．用《资本论》研究成果推进我国全面深化改革——全国高等财经院校《资本论》研究会第31届年会综述［J］．经济纵横，2014（10）：122－124.

［29］匡贤明．为何重提混合所有制［J］．中国经济报告，2014（04）：49－52.

［30］蓝定香.建立现代产权制度与国有企业分类改革［J］.经济体制改革,2006（01）: 48 - 52.

［31］李春玲,李瑞萌,李念.国有企业混合所有制改革中高管激励方式选择［J］.财会月刊,2016（33）: 33 - 36.

［32］李锦.当前国企混改12种典型模式［J］.山东国资,2018（09）: 86 - 90.

［33］李维安.深化国企改革与发展混合所有制［J］.南开管理评论,2014, 17（03）: 1.

［34］李晓慧,敖小波.国有资产监管:演变历程、理论逻辑与改革方向［J］.扬州大学学报（人文社会科学版）,2018, 22（04）: 57 - 66.

［35］李燕.《资本论》中的产权理论与我国国企产权制度改革［J］.当代经济研究,2002（03）: 12 - 16.

［36］李政,艾尼瓦尔.美国员工持股计划及其对我国国企改革的启示［J］.当代经济研究,2016（09）: 71 - 78, 97.

［37］李政.“国进民退”之争的回顾与澄清——国有经济功能决定国有企业必须有“进”有“退”［J］.社会科学辑刊,2010（05）: 98 - 102.

［38］刘崇献.混合所有制的内涵及实施路径［J］.中国流通经济,2014, 28（07）: 52 - 58.

［39］刘建华,付宇,周璐瑶,等.我国国有企业性质的重新审视——由“国进民退”或“民进国退”引发的思考［J］.经济学家,2011（12）: 57 - 62.

［40］刘伟.发展混合所有制经济是建设社会主义市场经济的根本性制度创新［J］.经济理论与经济管理,2015（01）: 5 - 14.

［41］刘小鲁,聂辉华.国企混合所有制改革怎么混［N］.中国财经报,2015 - 11 - 10（007）.

［42］刘长庚,张磊.理解“混合所有制经济”:一个文献综述［J］.政治经济学评论,2016, 7（06）: 25 - 41.

[43] 刘仲仪. 中国国有企业发展混合所有制的契约问题研究 [D]. 长春：吉林大学, 2017.

[44] 龙斧. 对"混合所有制经济""交叉持股"概念科学性的唯物主义再认识 [J]. 社会科学文摘, 2017 (01)：39 - 41.

[45] 鲁志国, 黄永康. 国有企业产权制度改革的现实路径 [J]. 江汉论坛, 2017 (11)：30 - 34.

[46] 陆岷峰, 虞鹏飞 "混改"背景下国有企业全员持股与资产关切度研究 [J]. 金融理论与教学, 2015 (05)：1 - 7.

[47] 穆艳杰, 张忠跃. 新时期我国国有企业分类改革问题研究 [J]. 当代经济研究, 2018 (03)：75 - 80.

[48] 邱闯. PF2：英国 PPP 的新模式 [J]. 中国投资, 2015 (03)：65 - 66, 11.

[49] 荣兆梓. 发展混合所有制经济视角的国有经济改革新问题 [J]. 经济纵横, 2014 (09)：71 - 74.

[50] 荣兆梓. 国有经济需要新一轮产权制度改革 [J]. 学术界, 2016 (06)：5 - 15, 325.

[51] 邵宁. 国企改革亟须厘清五大问题 [J]. 现代国企研究, 2014 (09)：4 - 7.

[52] 盛艳, 盛乐. 对人力资本及其产权要求的理论分析 [J]. 商业研究, 2004 (24)：13 - 16, 33.

[53] 石军. 混合所有制现状：民企行动快国企等安排 [N]. 中国企业报, 2014 - 01 - 21 (T02).

[54] 石玉军. 供给侧结构性改革的政治经济学分析 [J]. 未来与发展, 2016, 40 (11)：62 - 68.

[55] 宋方敏. 深化国企改革要构建中国特色社会主义国有经济治理体系 [J]. 红旗文稿, 2014 (23)：18 - 21.

[56] 宋方敏. 我国国有企业产权制度改革的探索与风险 [J]. 政治经

济学评论，2019，10（01）：126-150.

[57] 苏冬蔚，林大庞. 股权激励、盈余管理与公司治理 [J]. 经济研究，2010，45（11）：88-100.

[58] 谭啸. 以管资本为主加强国有资产监管 [J]. 红旗文稿，2014（14）：22-23.

[59] 唐骏. 国有企业混合所有制改革中的黄金股制度研究 [D]. 上海：华东政法大学，2016.

[60] 唐湘军. 国有中小企业改制为非公有制企业的党建工作思考 [J]. 南方论刊，2010（S2）：4-6.

[61] 王东京. 中国经济体制改革的理论逻辑与实践逻辑 [J]. 管理世界，2018，34（04）：1-7.

[62] 王瑞红. 转型期英国商业发展及对商人的挑战 [J]. 信阳师范学院学报（哲学社会科学版），2014，34（03）：135-138，140.

[63] 王义勇. 马克思主义产权理论与国有企业产权制度改革 [D]. 合肥：合肥工业大学，2013.

[64] 夏小林. 2014 年：国企与改革（上）——兼评被污名化的"国资一股独大" [J]. 管理学刊，2014，27（03）：1-15.

[65] 夏小林. 国有企业改革：端正方向，摒弃"僵尸" [J]. 天府新论，2016（03）：115-125.

[66] 肖亚庆. 国务院关于国有资产管理与体制改革情况的报告 [J]. 时事报告（党委中心组学习），2016（04）：120-131.

[67] 谢莉娟，王诗桴. 国有资本应该退出竞争性领域吗——基于行业比较与批发业效率机制的分析 [J]. 财贸经济，2016（02）：127-144.

[68] 徐晓军. 转型期中国社会分配方式的变迁与阶层分化 [J]. 河南社会科学，2004（02）：60-64.

[69] 严汉平，白永秀. 两个层次的产权多元化与国有经济的深化改革 [J]. 经济纵横，2004（01）：39-43.

[70] 杨红英，童露．国有企业混合所有制改革中的公司内部治理 [J]．技术经济与管理研究，2015 (05)：50-54.

[71] 杨瑞龙，杨其静．专用性、专有性与企业制度 [J]．经济研究，2001 (03)：3-11, 93.

[72] 杨瑞龙，周业安．论利益相关者合作逻辑下的企业共同治理机制 [J]．中国工业经济，1998 (01)：38-45.

[73] 杨瑞龙，周业安．一个关于企业所有权安排的规范性分析框架及其理论含义——兼评张维迎、周其仁及崔之元的一些观点 [J]．经济研究，1997 (01)：12-22.

[74] 杨瑞龙．国有企业改革逻辑与实践的演变及反思 [J]．中国人民大学学报，2018, 32 (05)：44-56.

[75] 杨瑞龙．国有企业股份制改造的理论思考 [J]．经济研究，1995 (02)：13-22.

[76] 张红强．"国有金股"可以在大中型企业改制中实行 [C]．陕西省体制改革研究会．陕西省体制改革研究会 2006—2007 优秀论文集，2007：3.

[77] 张涛．企业国有资产管理产权明晰研究 [D]．武汉：武汉理工大学，2005.

[78] 张宇．论公有制与市场经济的有机结合 [J]．经济研究，2016, 51 (06)：4-16.

[79] 张月玲，郝梓秀，Lamya．混合所有制改革下的国有企业公司治理研究——基于利益相关者的视角 [J]．商业会计，2017 (18)：60-62.

[80] 张占奎，王熙，刘戒骄．新加坡淡马锡的治理及其启示 [J]．经济管理，2007 (02)：90-96.

[81] 赵晶．国有经济布局的现状及调整方向 [J]．科技经济市场，2006 (04)：92.

[82] 中国宏观经济分析与预测课题组．新时期新国企的新改革思

路——国有企业分类改革的逻辑、路径与实施 [J]. 经济理论与经济管理, 2017 (05): 5 - 24.

[83] 中国社会科学院工业经济研究所课题组. 论新时期全面深化国有经济改革重大任务 [J]. 中国工业经济, 2014 (09): 5 - 24.

[84] 周娜, 庄玲玲. 新一轮国企改革的功能定位: 沪渝两地城投集团比较 [J]. 改革, 2016 (02): 116 - 124.

[85] 周其仁. 市场里的企业: 一个人力资本与非人力资本的特别合约 [J]. 经济研究, 1996 (06): 71 - 80.

[86] 周小明. 信托: 国有资产经营机制的另一种选择 [J]. 金融研究, 1997 (08): 31 - 37.

[87] 周宗安, 高晓辉. 国有商业银行股权结构中设置 "金股" 的探索 [J]. 金融理论与实践, 2006 (04): 10 - 12.

外文文献类:

[1] YOUNG A. Increasing Returns and Economic Progress [J]. The Economic Journal, 1928: 527 - 542.

[2] AGGARWAL R, DOW S M. Dividends and strength of Japanese business group affiliation [J]. Journal of Economics & Business, 2012, 64 (3): 214 - 230.

[3] BASIUUI J, YAACOB H. Corporate governance model of a state - owned enterprise: evidence from an Asian emerging market [J]. Corporate Governance, 2014, 14 (4): 4 - 33.

[4] BOARDMAN A E, VINING A R. Ownership and Performance in Competitive Environments: A Comparison of the Performance of Private, Mixed, and State - owned Enterprise. [J]. Joural of law and economics, 1989, 32 (1): 33.

[5] BARDMANO A E, LAURIN C. Factors the Affecting Stock Price Perform-

ance of Shareissed Privatizations［J］. Applied Economic, 2000, 32: 1451 –64.

［6］ BRUTON G D, PENG M W, AHLSTROM D, et al. State – owned en-
terprises Around the World as hybrid organizations［J］. Academy of Management
Perspectives, 2014, 29（1）: 92 –114.

［7］ CAHEN F R. Internationalization Of State – Owned Enterprises Through
Foreign Direct Investment［J］. American Journal of Mental Deficiency, 2015,
55（6）. 645 –659.

［8］ CHEN S, LIN B, LU R, et al. Controlling shareholders' incentives and
executive pay – for – performance sensitivity: Evidence from the split share structure
reform in China［J］. Journal of International Financial Markets Institutions &
Money, 2015, 34: 147 –160.

［9］ CHO D S, HUANG F. A study on corporate governance of China's state-
owned enterprises – focus on the role of Baosteel CCP organization［J］. Journal of
International Business Research, 2012, 11: 2.

［10］ BEALED, MUSTCHIN S. The bitter recent history of employee involve-
ment at Royal Mail: An aggressive management agenda versus resilient workplace
unionism［J］. Economic and Industrial Democracy, 2014, 35（2）: 289 –308.

［11］ GROSSI G, PAPENFUB U, TREMBLAY M S. Corporate governance
and accountability of state – owned enterprises［J］. International Journal of Public
Sector Management, 2015, 28（4/5）: 274 –285.

［12］ LIUG S, WOO W T. How will ownership in China's industrial sector e-
volve with WTO accession?［J］. China Economic Review, 2001, 12（2）:
137 –161.

［13］ BELADI H, CHAO C – C. Mixed Ownership, Unemployment, and
Welfare for a Developing Economy［J］. Review of Development economics,
2006, 10（04）: 604 –611.

［14］ HANGM, GAO S, GUAN X, et al. Controlling Shareholder – Manager

Collusion and Tunneling: Evidence from China [J]. Corporate Governance: An International Review, 2014, 22 (6): 440 – 459.

[15] HAUPTMAN L, BELAK J. Ethical Tax Corporate Governance of State-owned Enterprises [J]. Behavioral Science, 2015, 32 (2): 183 – 189.

[16] BENNETT J, MAW J. Privatization, partial state ownership, and competition [J]. Journal of Comparative Economics, 2003, 31 (31): 58 – 74.

[17] LEVIT D, MALENKU N. The Labor Market for Directors and Externalities in Corporate Governance [J]. The Journal of Finance, 2016, 71 (2): 775 – 808.

[18] TIAN L H. Government Shareholding and the Value of China's Firms [D]. London: London Business school, 2001.

[19] HARTO. Incomplete Contracts and Public Ownership: Remarks, and an Application to Public – Private Partnerships [Z]. Working Paper, 2002.

[20] PEDA P, ARGENTO D, GROSSI G. Governance and Performance of a Mixed Public – Private Enterprise: An Assessment of a Company in the Estonian Water Sector [J]. Public Organization Review, 2013, 13 (2): 185 – 196.

[21] TAYLOR R. Industrial democracy and the European traditions [J]. Transfer, 2005, 11 (2): 155 – 162.

[22] CHEUNG S N S. The structure od a Contract and the Theory of a Non-Exclucsive Resource [J]. Journal of law and economics, 1970, 13 (1): 49 – 70.

[23] VICKERS J, YARROW G. Economic Perspectives on privatization [J]. Journal of Economic Perspectives, 1991, 5 (2): 111 – 132.

[24] WANG J Y. The Political Logic of Corporate Governance in China's State-Owned Enterprises [J]. Cornell International Law Journal, 2015, 47 (3): 631 – 669.

[25] WU S, CHEN C M, LEE P C. Independent directors and earnings

management: The moderating effects of controlling shareholders and the divergence of cash – flow and control rights [J] . North American Journal of Economics & Finance, 2016, 35: 153 – 165.

后 记

整理书稿的过程中时常想起在党校生活的时光，特别是书稿写作后期焦躁不安，经常望着天井发呆。当然，脑海浮现最多的是一路伴我走过来的亲朋好友。此书的出版让我有机会再次感谢写作过程中关心帮助过我的家人、老师和同学们。

感恩我的博士生导师潘云良老师。从选题、开题一直到论文初稿完成，潘老师倾注了很多时间和精力，无论什么场合，只要有关国有企业改革的话题与好的思路，潘老师就会联系我记录下来，想尽办法给我讲解。他给我论文的理论构建、框架结构提出了很多宝贵的意见，并且不厌其烦地帮我修改、讲解。此外，潘老师治学严谨的态度潜移默化地影响着我们，他总是为师门的兄弟姐妹们操心，为学生着想，为学生解忧。我也要特别感谢我师母，师母像母亲一样和蔼可亲，特别关心我和我的家人，每次见面师母都询问我的父母和孩子的状况，得知我换了新的工作单位，师母非常高兴。还要感谢同门的兄弟姐妹们，每次见面都给我许多鼓励。

感恩我的家人。感恩公公婆婆对我两个女儿的照顾，感恩兄弟姐妹们对我学业的支持。特别感恩我的爱人，感恩他无怨无悔的支持、理解和万般宽容。他固定每月两次回老家陪伴孩子过周末，我读博士三年期间，他北京到南昌往返200多次，每天一上班就开启火车票抢票软件，他整天开玩笑地说："不是在买火车票，就是在买火车票的路上。"他的奔波使我感觉孩子不是"留守儿童"，让我有时间和精力从事博士论文的写作。感谢我的两位聪明可

255

爱的女儿，在我懈怠时，大女儿总是提醒我赶紧写"作文"，懵懵懂懂的小女儿总是说："妈妈幼儿园毕业就回来了。"

最后，我要特别感恩我的爸爸妈妈。没有爸爸妈妈的支持和鼓励，我就不会再次回到校园。自2017年3月20日至2019年4月20日，整整25个月，爸爸备受病痛折磨，他顽强地与那小小的癌细胞一直战斗，爸爸唯一的精神支柱就是参加我的博士毕业典礼！2019年4月9日早上，接到哥哥的电话，一种不祥的预感袭来，我匆匆忙忙赶到医院，爸爸使劲推我，让我回学校！妈妈告诉爸爸，我论文写完了，爸爸脸上露出一丝自豪的微笑！此后每天，我不断地给爸爸说我博士答辩和毕业典礼日期，但是爸爸最终还是未能参加我的毕业典礼，他把生命定格在2019年4月20日，这是他唯一一次"违约"，给我留下了一生的遗憾与悲痛！

张飞雁
2020年4月22日